中澤高志

ポスト拡大・成長の経済地理学へ

地方創生・少子化・地域構造

旬報社

はしがき

　研究とは，それがわずかであるとしても，既存の知識に何らかの新し
い知識を積み増す行為であるから，研究者はだれしも，既存の研究に対
して何らかのあきたりなさを感じているはずである。本書は，経済地理
学と人口地理学に対して私が感じたあきたりなさから生まれた。

　経済地理学，特に日本の経済地理学は，産業の立地や地域間の分業構
造が創り出す地理，いいかえれば生産の経済地理の分析に偏っていた。
その反面，働いて所得を得て，モノやサービスを消費し，生活を営み，
次の世代を育てる人間が創り出す地理，すなわち再生産の経済地理は，
常に後景に退いているように，私には感じられた。

　人口地理学は，いうまでもなく人間を対象としている。しかも，人間
が人間を産み育てることによる人口の再生産は，人口地理学のとりわけ
重要なテーマである。しかし，人口という数量の状態や分布を客観的・
自然主義的に分析する従来型の人口地理学に，私はあきたりなさを覚え
ていた。

　現在，日本の社会・経済は，もはや拡大・成長を展望しがたくなって
いる。その根底に横たわるのは，生産活動の不振よりも，むしろ再生産
の困難化である。いみじくも地方消滅／地方創生論が提起したように，
少子化として立ち現れる再生産の困難化は，東京一極集中という地域構
造のゆがみと不可分であると認識されている。今日の日本の社会・経済

3

が直面している問題は，再生産の経済地理の問題に集約される。私はそう確信して本書を書き始めた。

第一部「地域構造の過去と現在」では，人口の再生産構造（社会の次元）と国民経済レベルのマクロな地域間関係である地域構造（空間の次元）を一体不可分のもの（マクロな再生産の経済地理）として分析する。第1章では，現在に至る出発点として，拡大・成長が展望できた高度成長期から安定成長期にかけてのマクロな再生産の経済地理の構造を明らかにする。第2章では，その構造が地理的多様性を伴いながら崩れていき，医療・福祉の需要に依存した非自立的な地域経済が広がっていくことを，空間的非定常性という概念を導入して分析する。第3章では，ポスト拡大・成長期における再生産の経済地理を背景として，若者が直面する地域格差を複数の空間スケールの絡み合いの下でとらえる。

第二部「地方創生と再生産をめぐって」では，一体不可分とされる少子化と東京一極集中の問題，すなわち再生産の経済地理が抱える問題の解決が，日本の社会・経済の最重要課題と認識されている現状を，政治経済学的人口地理学の立場から分析する。人口地理学の新しい潮流である政治経済学的人口地理学では，人口の状態や分布の客観的把握よりも，それらをあるべき姿に向けて制御しようとするポリティクスと，それを支えるイデオロギーを分析の中核に据える。第二部の主眼は，出生率の低下や東京圏の人口シェアの上昇といった経験的事実よりも，少子化と東京一極集中がなぜ「問題」と認識され，それらをいかなる手段で解決するべきであるとされ，どのような再生産の経済地理が望ましい状態とされているのかを批判的に検討することに置かれる。

第4章では，「地方創生」が必ずしも文字通りの目的を体現しているとはいえず，少子化と東京一極集中を解決する手段として，地域が扱われていることを批判的に論じる。第5章では，『縮小ニッポンの衝撃』のテキスト分析を通じて，日本各地で起こっている諸現象のうち，何が「問題」と認識され，それが誰にとってどのような「問題」であるとされているのかを読み解いていく。第6章では，ポスト拡大・成長期への転換の洗礼を真っ先に受けた「就職氷河期世代」のかなりの部分が，依然として

不安定就労や非就業状態にあり，再生産の困難に直面していることを示す。第7章では，第6章で提起される再生産の困難性についてより包括的に論じる。再生産の困難性は，結婚・出産を望んでも叶わないことだけでなく，そもそもそれを望まない若者が増えていることにも起因する。いずれにせよ，国家が若者に付託する再生産への期待はボイコットに見舞われている。すなわち少子化は，人口の再生産が個人の主体的な意思決定にゆだねられているからこそ進展する。

　終章では，再生産の困難性の表れである少子化が，資本主義にとっての危機となりうると論じる。柄谷行人は，交換様式論に基づき，労働や消費のボイコットが資本主義を打倒する有効な戦略であるとして，そうした運動を支えるアソシエーションの拡大に期待した。しかし，そうした運動を待つまでもなく，少子化の進展は，資本主義が存続するための絶対的条件である人口の再生産の基盤を切り崩している。このことは，人間の生命が資本や国家にとって外部にあることの表れであり，この外部性は，決して失ってはならない。

　私は本書を書き終えてもまだあきたりなさを覚えている。それはひとえに自分に対するあきたりなさであり，それ自体，今後の研究の推進力になってくれるであろうと信じている。

第一部　地域構造の過去と現在

第 1 章　戦後日本の地域構造・都市構造と再生産

第2章 ポスト拡大・成長期の
労働市場の地理的多様性と
空間的非定常性

第3章 若者のライフコースからみた
地方圏と大都市圏を
めぐる地域格差

第二部　地方創生と再生産をめぐって

第4章　「地方創生」の目的論

第5章　政治経済学的人口地理学の可能性
——『縮小ニッポンの衝撃』を手掛かりに

融けない氷河
——「就職氷河期世代」の地理を考える

再生産の困難性，
再生産と主体性

終章　資本主義の危機としての少子化
──生活の空間的組織化の困難化

第一部

地域構造の過去と現在

第 1 章

戦後日本の
地域構造・
都市構造と
再生産

Ⅰ. 再生産の経済地理学への出発

　アメリカ合衆国主導の政治経済的状況の下で，各国政府がケインズ主義的な総需要管理政策をもって経済活動に介入し，大衆消費社会を成立させてきた政治経済体制は，20世紀システムと呼ばれる（村上1984；橋本1991, 2000, 2001）。これを日本経済の地域構造に引きつけていえば，国内に地域格差を内包しつつ，大都市圏をエンジンとして，高度経済成長を推進する機構であったといえる。日本の経済地理学は，生産の立地を中心に，高度成長期を通じて形成された地域構造の編成を，国民経済的視点から解明しようとしてきた歴史を持つ（矢田2003；加藤1990, 2018）。それは産業の配置および企業の立地を解明することを通じて，日本における20世紀システムの空間的帰結に迫る試みであったと言い換えられる。そうした試みの代表であり，1つの到達点が，矢田（1973, 1982, 2015）による国民経済の地域構造論（以下，地域構造論）であった。

　地域構造論は，社会的分業を産業というメゾレベルでとらえ，産業が形作る産業空間を単位として，国民経済内部の地域的分業体系である地域構造を認識してきた。1980年代の後半になると，産業空間よりも，むしろ大企業の企業内地域間分業が形作る企業空間を，地域構造の形成要素として重視する流れが生じた（山川・柳井編著1993）。その流れの中で，マッシィ（2000〈原著初版は1984年〉）の空間的分業論が導入された（松橋1989）。

　マッシィの空間的分業論は，批判的実在論[1]に立脚している。批判的実在論によれば，産業立地といった目の前に展開している具体的な事象

の背後には，それを生起させている因果連関があるが，それを経験的に観察することはできないと考える。そこで，マッシィ（2000）は，抽象化の力によって生産のとりうる空間構造を現実から逆行的に推論し，「立地集中型」，「クローン型」，「部分工程型」という3つの空間構造の理念型を見出した。これら3つの空間構造は現実を模写したものではないが，空間的分業論が日本に受容される際には，企業空間を重視する時代の空気が作用してか，現実の帰納的モデルとして理解される傾向にあった。その後も，グローバリゼーションの進展に伴い，大企業が空間編成者としての存在感を一層強めていることを反映し，考察の単位を産業から企業へと移行させる動きは続き，1990年代には「企業の地理学」の受容がなされた（近藤2007）。そうした一連の流れの到達点が，グローバル生産ネットワーク論（Global Production Networks, GPNs）であるといえる（宮町2022；藤川2022）。

　これらの研究プログラムは，産業として集合的にとらえるか，企業として個別的にとらえるか，あるいはより抽象的なとらえ方をするかの違いはあるが，いずれも生産が地域構造を形作り，経済地域を特徴づけるという視点を共有している[2]。生産が地域構造の編成において重要な役割を果たし，それぞれの地域における再生産に強い影響を与えることは言うまでもない。しかし，財やサービスを消費し，それによって労働力および世代を再生産する人々の営みもまた，生産とは相対的に独立した形で，地域構造の編成を担ってきたのである。

　経済史学者の武田（2002：12）は，20世紀システム論の成果の1つとして，「高賃金が高い消費水準に結びつくことによって，耐久消費財を核とする大衆消費社会の到来を説明しうる論理を用意するとともに，そうした構造が，マクロ的には反循環的な景気調整策をベースとして，マイルドなインフレーションを伴う持続的な経済成長に結実することが論じられている」ことを挙げた。また，レギュラシオン理論におけるフォーディズムは，大量生産と大量消費の同時進行による好循環の持続を骨子としている（ボワイエ1990）。20世紀システムにせよ，レギュラシオン理論にせよ，20世紀における先進工業国の経済成長を特定のシステムないしは体制の

戦後日本の地域構造・都市構造と再生産

確立と不可分なものと見る概念体系には，消費を通じた労働力と世代の再生産過程，すなわち人々の生活が必須の要素として含まれている。ところが日本の経済地理学では，人々の生活と特定の政治経済体制ならびに地域構造のなりたちを関連づけることを目指す試みは，加藤（1992,2018）を除くと，ほとんど見られないのである[3]。

　本章では，人々の労働力および世代の再生産が，戦後日本の高度経済成長と，それに続く安定成長にとって不可欠の要素であり，それがこの時代特有の地域構造・都市構造を作り出す一端を担ってきたことを明らかにする。Ⅱでは，地方圏から大都市圏への大量の人口流入とその急減の背後には，人工妊娠中絶の急速な普及があったことを明らかにし，高度経済成長の前提条件でもあった戦後日本特有の人口構造が，生産の論理には還元し得ない再生産の論理によって作り出されたことを示す。この事例を通じて，人々の生活の営みがいかに強く政治経済体制に影響を与えうるかを理解することができる。

　20世紀システムの成立は，大衆消費社会の到来を意味する。いちはやく大衆消費社会論を展開したロストウ（1961）は，それを象徴するものとして，自動車の普及による郊外化と，そこに建設された核家族世帯用の住宅における各種消費財の利用拡大を挙げた。ハーヴェイ（1991）は大衆消費社会を唯物論のレンズを通して見ることにより，恐慌を回避し，都市から利潤を得ようとする資本の循環とその空間的固定化（spatial fix）による建造環境の形成によって，郊外に特徴づけられる都市空間の生産がなされることを明らかにした。Ⅲでは，郊外化が高度経済成長にどのように組み込まれていたのかを日本の文脈において検討する。Ⅳでは，世帯構造や家計の消費構造といった再生産の部面が有する地域性を，生産の地域差と結びつけて考察する。本章は，筆者にとって，人々の再生産の論理を意識的に組み込んだ経済地理学を構築する試みの起点である。

Ⅱ．高度成長期を支えた人口構造とその成因

　戦後，日本では地方圏から大都市圏に向かう大量の人口移動が発生し，

それによって労働力が大都市圏に集中したことが未曾有の高度経済成長を支えた。その一部は出身地へと帰還（Uターン）したが，高度成長期の大都市圏流入者のうち，少なからぬ部分は郊外住民となって大都市圏に定着した（江崎2006）。彼／彼女らを郊外第一世代と呼ぶならば，郊外第一世代のライフコースが日本の高度経済成長と相互規定的な関係にあることは間違いない。オイルショックを契機として日本経済が安定成長に移行すると，地方圏から大都市圏への人口流入は急減した[4]。本節では，すでに言い古されたこのプロセスを再整理し，従来見落とされがちであった事実に光を当てることによって，世代の再生産の営みがいかに強く政治経済体制に影響を与えうるかを端的に示す[5]。それは，地方圏から大都市圏への大量の人口移動の発生ではなく，その退潮と深く関わっている。

　まずは大江（1995）を参考に，郊外第一世代とは誰かを明らかにしたい。**図1-1**では，1916-20年コーホートから1971-75年コーホートについて，それぞれの年齢時点での人口に占める東京圏居住者割合（圏内割合）を示している。それぞれのコーホートは，出生地の分布（0〜4歳時の圏内割合）に

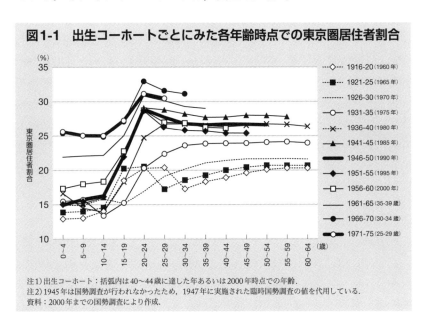

図1-1　出生コーホートごとにみた各年齢時点での東京圏居住者割合

注1）出生コーホート：括弧内は40〜44歳に達した年あるいは2000年時点での年齢.
注2）1945年は国勢調査が行われなかったため，1947年に実施された臨時国勢調査の値を代用している.
資料：2000年までの国勢調査により作成.

戦後日本の地域構造・都市構造と再生産

よって3つに大別できる。まず，1961-65年以降に出生したコーホートは，東京圏で出生した人の割合が高いことによって，それ以前に出生したコーホートと区別される。さらに1960年以前出生のコーホートは，加齢に伴う圏内割合の変化によって2つの世代に分けられる。1つは1930年以前に出生した世代である。この世代では進学・就職に相当する時期の東京圏への流入が緩慢で，中年期以降の圏内割合も20%程度にとどまる。一方，過渡期である1931-35年コーホートを含め，それ以降の世代では10歳台後半から20歳台前半にかけて圏内割合が急上昇をみせ，地域間移動が沈静化する40歳台以降の圏内割合は25%を超える。この1930年代から1960年までに生まれた世代こそ，郊外第一世代と呼ぶにふさわしい人口集団である。ちなみに団塊の世代に相当する1946-50年コーホートはこの世代に含まれるが，同じ世代に属する他のコーホートと比較して，圏内割合が特別高いとはいえない。つまり団塊の世代は，コーホート規模が大きいために東京圏流入者の絶対数は大きいが，流入者の割合が他のコーホートと比べて高いわけではない(中澤2005)。

　コーホートによる圏内割合の差違は，地方圏から大都市圏に向けての移動性向の差違によるところが大きい。こうした移動性向の違いを説明する論理としてよく知られているのが，伊藤(1984)の潜在的他出者仮説である。伊藤は高度成長期における大都市圏への人口集中を，出生力転換と家族制度の2つの要因で説明した。まず議論の前提として，それぞれの世帯は「イエ」の継承を目指すものとする。世代の再生産が行われるためには，単純計算では1組の夫婦当たり2人の子どもが必要となる。あとつぎとその配偶者になる子ども以外は，新しい世帯を形成することになるが，出身地域に十分な就業機会がなければ生活の糧を求めて地域外に他出せざるを得ない。この他出せざるを得ない子どもたちが，潜在的他出者である。

　伊藤は，次に人口学的特徴から近代以降の日本の人口を3つの世代に区分する。1925年以前の夫婦は平均5人の子どもをもうけたが，当時の日本では乳幼児死亡率が高く，多産多死の状態から脱していなかったので，成人する子どもの数はその約半分の2.5人に過ぎなかった(多産多死世

代）。1925年から1950年までの期間では，出生数はやや減少したが乳幼児の死亡率も大幅に低下したため，成人する子どもの数は夫婦当たり3人に増加した。つまり，夫婦当たりでみると潜在的他出者が0.5人から1人に倍増した計算になる（多産少死世代）。1950年以降になると乳幼児死亡率はさらに低下するが，「2人っ子規範」が浸透したため，ほとんどの夫婦は潜在的他出者を持たなくなる（少産少死世代）。伊藤が提唱した多産多死世代，多産少死世代，少産少死世代という区分は，年代的にはややずれるが，**図1-1**において分類した3つのコーホートとほぼ対応している。戦後日本の高度経済成長を支えた郊外第一世代の大都市圏流入は，地方圏における潜在的他出者の増加と関わっているとみてよいだろう。

郊外第一世代と，それ以降の世代との画期となるのは，出生率の急落による潜在的他出者の急減である。伊藤の潜在的他出者仮説は，そのことを教えてくれるが，何が出生率の急減をもたらしたのかについては，何も語っていない。

多産少死から少産少死への転換，すなわち出生力転換をもたらした最大の要因は，人工妊娠中絶の急速な普及である（阿藤2000）。1948年に制定された優生保護法によって人工妊娠中絶は実質的に合法化された。もちろんそれ以前にも堕胎や間引きによる出生抑制は少なくなかったとみられる（本田1959）。しかし公的に把握された中絶件数の急増（**図1-2**）と同時に出生率が急低下（**図1-3**）していることから，それが出生抑制行動として一般化する契機となったことは疑い得ない。人工妊娠中絶の社会への浸透は驚くほど速やかであり，その出生抑制効果は避妊を大きく上回っていた（本田1959）。人工妊娠中絶の普及は大都市圏で先行したものの，ほとんど時を経ずして地方圏にも広まっている（中川2000：278）。このように，地方圏における潜在的他出者を減少させ，1970年代前半以降，地方圏から大都市圏への人口流入が急減した原因を辿ると，人々が人工妊娠中絶によって「望まない出生」を抑制したことにたどり着く。

ベビーブームのただ中に合法化された人工妊娠中絶は，その普及において1950年代の半ばに頂点を迎える。1957年には出生に対する人工妊娠中絶の割合が70%を超え，件数は1953年から1961年の9年間にわたっ

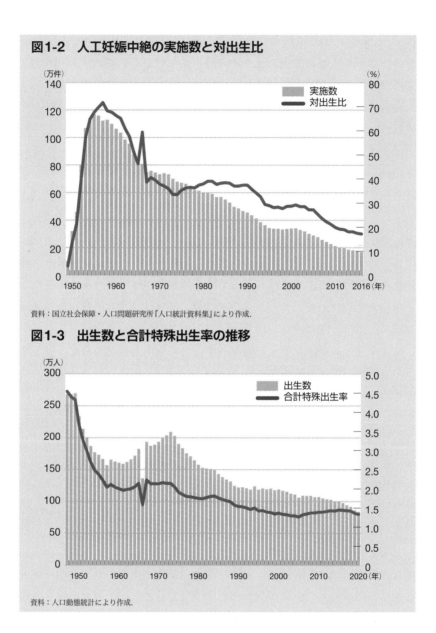

図1-2　人工妊娠中絶の実施数と対出生比

資料：国立社会保障・人口問題研究所『人口統計資料集』により作成.

図1-3　出生数と合計特殊出生率の推移

資料：人口動態統計により作成.

て100万件を上回った。ここにおいて日本の出生力転換は完了し，郊外
第一世代とそれ以降の世代が分かたれた。そして日本は本格的な高度成
長期を迎えることになる。この間，地方圏にあっては潜在的他出者であ

る郊外第一世代が労働力需要の旺盛な大都市圏に大量に流入し，戦後日本の経済的な離陸の推進力となった。出生率の低下と若年労働力の大量流入により，大都市圏には生産年齢人口中心の人口構造が備わった。IIIで述べるように，郊外第一世代は大都市圏で新しい世帯を形成し，耐久消費財を消費することでも高度経済成長を支えることになる（吉川1997）。また，出生率の急落は幼年人口の養育や教育に関わる社会的負担を軽減し，家計の高い貯蓄率の実現へと導いた。出生力転換が高度経済成長にとって最適のタイミングで起こったことは，日本にとって幸運であったといえる（中川2000；松谷2004）。

　野口（2002：115）は，高度経済成長を演出した主役は基幹産業を中心とする大企業と金融機関であり，家計はそこから外されていたと述べている。それは家計の存在が高度経済成長と無関係と述べているのではなくて，家計が高度経済成長に能動的な主体として関わってはいなかったとの趣旨であろう。財政を中心に高度経済成長のメカニズムを分析した場合，あるいは家計の存在感は薄いのかもしれない。しかし家計をより包括的に生活あるいは再生産として見た場合，その振る舞いは大企業と金融機関が織りなす環境の従属変数では決してなく，自律性を有している。ここでの分析に即して言えば，戦後日本の出生力転換と大都市圏への人口流入を，産業構造の変化や産業立地の帰結としてのみ理解するのは短絡的である。「人は雇用の変動に応じて生まれ，また死ぬわけではない」（武田2003：5）のである。環境の変化を受け止めたうえで，人々は独自の論理に則って人工妊娠中絶という選択肢を選んだ。そしてそのことは，高度経済成長という大きな社会変動の基礎ともなった。

　ベビーブームという出産ラッシュの直後に，多くの人々に中絶を選ばせたのはどのような論理だったのだろうか。その問いに答えることは，2人っ子規範がいかにして浸透していったかを明らかにすることにつながる。上述のようなマクロな視点では，そうした点に迫ることはできず，インテンシブな研究が求められるところである。

III. 高度経済成長と郊外化

1. 問題意識

　IIで検討したように，高度成長期における大都市圏への大量の人口流入は，多産多死から多産少死へという人口転換と関わっている。大都市圏に流入した多産少死世代は，世帯の形成と拡大に起因する居住スペースの拡大欲求に基づいて居住地移動を行い，大都市圏郊外に定着し，文字通り郊外第一世代となった。この動きは大都市圏の外延的拡大の原動力となった。居住地移動研究の成果によって，こうしたプロセスはかなり明らかにされている（川口1997；谷1997；中澤・川口2001など）。そこでは，郊外第一世代という特定のコーホートのライフコースが，郊外化という地理的現象と不可分に結びつけられている。

　バブル崩壊によって安定成長期が終わりを迎え，経済の拡大・成長を支えてきた20世紀システムの残照も消えつつあった2000年頃から，社会学を中心に郊外をめぐる議論が活発化した。郊外第一世代が財・サービスの生産に関しても，世代の再生産に関しても現役を退きつつあったこの時期に，戦後日本の経済成長と並行して形成されてきた郊外とそこでの生活様式を総括しようとする動きであったといえる。その主たる問題意識は，人々が郊外という生活空間に何を求め，いかなる意味を付与して住み込んでいったのかであった（小田1997；三浦1999；若林ほか2000；若林2003，2007；篠原2015）。

　居住地移動研究や郊外論の隆盛によって，郊外は単なるベッドタウンとして付録的に扱われるのではなく，都市論の重要な主題に躍り出た。しかし，こうした一連の研究は，郊外が高度経済成長を可能にした政治経済体制（20世紀システム）にどのように組み込まれていたのかについてはほとんど語っていない。居住地移動研究における居住経歴の地理的帰結としての郊外という視点と，社会学などの郊外論における生きられた経験としての郊外という視点の両者を踏まえたうえで，ハーヴェイ（1991）の議論などを参考にしつつ，高度経済成長をもたらした政治経済体制において郊外化が持っていた役割を跡付けてみたい。

2. 住宅取得の経済効果

　1955年に30万戸足らずであった年間の住宅着工戸数は，高度成長期を通じて急増を続けた。着工戸数が最大となった1973年には，年間190万戸を超える住宅が建設されている（**図1-4**）。この間，住宅着工戸数に占める三大都市圏の割合は60%前後に達している。1955年に東京圏（1都3県）で着工された住宅のうち，千葉県，埼玉県，神奈川県が占める割合は37.3%であった。しかし1970年に同割合は61.4%へと増加しており，郊外化が住宅着工戸数の伸びを牽引したことを物語っている。

　それぞれの世帯が手にしたマイホームはささやかなものであったとしても，人口規模の大きなコーホートが時を同じくして持家取得を目指したことのインパクトは，社会的にも経済的にも大きなものであった。そのことは，高度成長期において，GDPに占める民間住宅投資の割合が，住宅着工戸数と軌を一にして上昇したことに表れている。同割合は1955年頃イギリスを，1960年頃アメリカ合衆国を，そして1965年頃には西ドイツを抜いて欧米諸国よりも高い水準に達し（谷1969），高度成長期の後期には対GDP比が7%を超えた。バブル崩壊以降は，住宅着工戸数の減

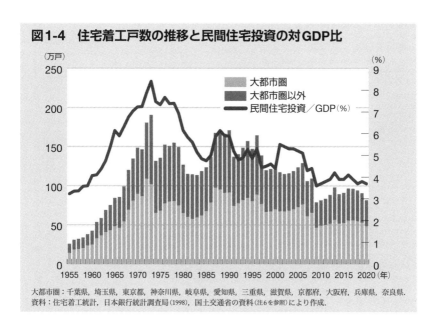

図1-4　住宅着工戸数の推移と民間住宅投資の対GDP比

大都市圏：千葉県，埼玉県，東京都，神奈川県，岐阜県，愛知県，三重県，滋賀県，京都府，大阪府，兵庫県，奈良県．
資料：住宅着工統計，日本銀行統計調査局（1998），国土交通省の資料（注6を参照）により作成．

　　　　　　　　　　　　　　戦後日本の地域構造・都市構造と再生産

少傾向を反映して，民間住宅投資の対GDP比は3%台にまで落ち込んでいる[6]。振り返ってみれば，高度成長期が終焉を迎えて以降，国民経済に占める民間住宅投資のプレゼンスは傾向的に低下してきたといえる。住宅は高度成長期を支える労働力の再生産拠点であったが，それ自体が国民経済にとってきわめて重要な位置を占める商品であった。

　1950年には，公共住宅を直接供給する公営住宅や日本住宅公団に先駆けて，自助努力による住宅取得を後押しする機関である住宅金融公庫が設立された[7]。設立当初の住宅金融公庫は借り手の確保に苦労する状況であったというが，高度成長期には着実に融資実績を伸ばした（住宅金融公庫編2000）。当時，民間金融機関は産業向けの融資を優先させており，個人向けの長期融資はほとんど整備されていなかった（大本1996）ので，住宅金融公庫は住宅取得を目指すサラリーマン層にとって頼みの綱であった。金融機関の住宅ローンが未整備であった1960年代には，総額の3分の1を積み立て終わったところで住宅を建設し，残りは月賦支払いという方式である割賦住宅も大きな実績を残した（本間1987）。1970年前後になると，民間金融機関は住宅専門金融会社を次々に設立した。そして1971年の勤労者財産形成促進法の制定やオイルショックによる産業の資金需要減を受けて，民間金融機関による住宅ローンは飛躍的に拡大することになる（大本1996）。

　住宅金融公庫が住宅取得資金として貸し出していたのは財政投融資資金であり，主たる原資は家計部門の郵便貯金や簡易保険である（吉田・小西1996）。民間金融機関もまた，家計の預金や企業の貯蓄を原資として，住宅ローンの貸し付けを行っている。1950年代の出生率の急落が起こらず，これが高いままで推移したならば，しばしば日本の特徴とされる高い貯蓄率は維持されなかったであろうし，ひいては信用制度による住宅建設も，これほどまでには進まなかったであろう。

　住宅取得資金の融資は，家計を対象とする小口かつ長期の取引であるため，一般的に金利リスクおよび流動性リスクが大きい（高野2003）。そのことは，民間金融機関に住宅ローンの整備を躊躇させた一因ともなった。しかし，ひとまず住宅金融公庫や割賦住宅という形であれ，信用制度を

媒介にした住宅取得が一般化した背景としては，長期安定雇用と年功賃金に特徴づけられる日本的雇用体系の理念が浸透していたことが挙げられる。融資をする側は，安定した雇用を見込めるからこそ融資するのであり，また借りる側も，長期的な返済の見通しがつくからこそ，年収の何倍にも及ぶローンを借りるのである。

　日本的雇用体系との関わりでは，日本では，社宅や寮の直接供給，企業内住宅融資制度，従業員向けに住宅を供給する子会社の設立など，民間企業の住宅施策が持家取得の推進に大きな役割を果たしたことも見逃せない（長谷川1999）。また，ここでは詳述しないが，家族賃金という制度と理念は，稼ぎ手である夫，専業主婦，子どもからなる近代家族を「標準」とするイデオロギーの面でも，夫の賃金だけで家族生活が成り立つように設計されていたという実態の面でも，性別役割分業に根ざした子育ての空間としての郊外を確立させるための不可欠の要素であったことを付け加えておく。

　住宅の建設は，産業としてきわめて広い裾野を持っていた。1975年の住宅建築の生産誘発係数は2.129であった（日本銀行統計調査局1998）。これは，1兆円の住宅建設需要があった場合，他の産業部門に1.129兆円の波及効果をもたらすことを意味する。この係数は1980年には2.139とさらに上昇するが，その後は，1985年が2.106，1995年が1.867，2005年が1.941，2015年が1.842と低下傾向にある[8]。高度成長期には，住宅建設が他産業の生産を誘発する経済波及効果が現在よりも大きかったといえる。

　電気冷蔵庫，電気洗濯機，白黒テレビの「三種の神器」に代表される耐久消費財は，住宅建設の増加とともに爆発的な普及を遂げた（中澤2019：179）。耐久消費財の中でも，とりわけテレビの普及の早さはぬきんでている。テレビの普及によって企業は各世帯に「広告枠」を持つこととなり，テレビドラマなどを通して茶の間に届けられるアメリカ的生活様式は，郊外住民のあこがれと消費への欲望を加熱した（月刊アクロス編集室1989；三浦1999）。そして耐久消費財の急速な普及からわかるとおり，多くの郊外住民にとって，その欲望は近い将来満たされるべきものだったのである。

こうした状況を背景に，国民の間に「中流意識」が広まり，それが均質な消費マーケットの基礎となって，効率的な企業経営を可能にした（荒井2005）。

　耐久消費財の販売についても，消費者信用制度，すなわち月賦販売がかなり普及していた（橋本1994）。1959年の国民生活白書によれば，小売店の多くがすでに月賦販売を導入していた。消費者にとっても，月賦での購入は一般的な経験となっていたようで，1959年の消費動向予測調査（後の消費動向調査）によれば，全国の都市世帯の49.3%は月賦販売を利用していた。とりわけテレビ（45%），電気冷蔵庫（41%），電気洗濯機（41%）など，大型の耐久消費財を月賦で購入している世帯が多い。マイホームを手に入れた郊外第一世代は，労働力を供給することによって生産の拡大を担うだけでなく，旺盛な消費によっても高度経済成長を支えたといえよう。それを礎石にして，家電や自動車などの加工組立型産業は，日本の技術水準の高さを世界に布教する存在にまで成長したのである[9]。

3. 住宅取得と土地資産

　郊外第一世代の住宅観を如実に示すものに，「現代住宅双六」（以下，「住宅双六」）[10]がある。その「上り」に描かれているように，郊外第一世代が自らの住宅遍歴の到達点と定めたのは，「庭付き郊外一戸建住宅」である。地方圏にあってはイエを継げない「潜在的他出者」であった郊外第一世代は，多くが郊外の地で小土地所有者となり，一国一城の主となった。ウサギ小屋とも揶揄された小さな住宅の集合が国民経済において大きなプレゼンスを示したのと同様に，狭小な敷地といえども集めてみれば大きなものであった。それ以前についてはデータが得られないが，民有地資産額に占める家計の所有する宅地の割合は，1970年時点で50.7%に達していた（**図1-5**）。この割合はその後も上昇傾向を示し，2002年時点では民有地の60.8%を家計が保有していた。家計の所有する宅地に占める郊外（ここでは東京圏郊外の3県）の割合は，バブル期に先行した東京都の地価高騰とそれに続く郊外の地価急騰による乱高下を示しつつも，1990年代半ばまでは上昇トレンドを描いており，家計部門の土地資産の拡大が郊外化によって進んできたことがわかる。

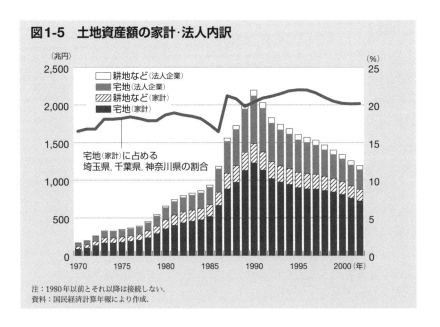

図1-5　土地資産額の家計・法人内訳

（兆円）　　　　　　　　　　　　　　　　　　　　　　　　　　（%）

凡例:
- 耕地など（法人企業）
- 宅地（法人企業）
- 耕地など（家計）
- 宅地（家計）

宅地（家計）に占める
埼玉県, 千葉県, 神奈川県の割合

注：1980年以前とそれ以降は接続しない.
資料：国民経済計算年報により作成.

　国民経済計算年報によれば，国民資産に占める土地の割合は，高度成長期末の1973年には31.7％に達した。これに住宅を加えた割合は36.2％であり，実に国民資産の3分の1以上が土地と住宅であった。オイルショック以降，バブル期を除いては土地資産が国民資産に占める割合は減少し，2021年末では10.3％（1277兆円）である。高度成長期に比べて国民資産に占める割合はかなり小さくなったが，土地資産額はGDP（2021年度540.8兆円）の2.36倍に相当する。少し古いデータだが，土地資産総額の対GDP倍率は，アメリカ合衆国では1前後で推移しており（内藤2002），欧米諸国ではおしなべて土地資産総額はGDPとほぼ等しいという（村藤2004）。日本の土地資産の過半が家計部門の宅地として保有されていることからみて，こうした特異な状況は，郊外第一世代の持家取得と深い関連があるといえる。そしてオイルショック時の例外的な期間を除いて，日本の地価はバブル崩壊まで上昇を続けた。ここでも郊外第一世代が競って「住宅双六」の「上り」を目指したことが，強力な地価下支え要因になった。郊外化は「土地本位制」などと呼ばれる，希有な政治経済体制の基盤の1つであったといえる。

　　　　　　　　　　　　　　　　　戦後日本の地域構造・都市構造と再生産

4. 小括

　以上の議論を簡潔にまとめておきたい。郊外第一世代は，大都市圏に定着し，そこで商品の消費と労働力および世代の再生産を行った。高度成長期には，理念的には日本的雇用体系が成立しており，高い貯蓄率と長期安定雇用に支えられて，住宅市場の規模が拡大した。その住宅市場を媒介に，郊外第一世代は消費の建造環境である住宅を取得し，そこで耐久消費財をはじめとする各種の財・サービスの消費を行った。そして日本的雇用体系が保証した家族賃金は，性別役割分業の下で営まれる郊外的生活様式を成立させた。商品としての住宅の取得と，住宅を拠点とする消費活動は，国民経済の中で大きな位置を占めることになった。また，郊外第一世代の持家志向は，家計部門による土地所有を拡大させ，土地を基盤とする政治経済体制の確立に寄与したと考えられる。

　郊外化は，単なる人口の増大によるあふれ出し現象や景観の変化ではなく，高度経済成長の不可欠の要因としてとらえるべきものである。もちろん，世帯が持家を取得し，土地所有者となる過程には，利潤を追求する不動産資本の論理，言い換えれば生産の論理が介在しており（松原 1988)，世帯はその影響を免れない。性別役割分業に根ざす核家族と耐久消費財の消費を機軸とする郊外的生活様式についても，メディアや大企業によって観念的・物質的に構築された部分もある。しかし，ここで検討してきたように，郊外化には人々の再生産が不可欠の要素として含まれているのであり，生産の論理のみによって，郊外化のメカニズムに対する十全な理解に至ることはできないのである。

IV. 企業内地域間分業と家族構造の地域性

　第一次オイルショックとほぼ時を同じくして，地方圏から大都市圏への人口移動は急速に減少し，一転して「地方の時代」が喧伝されるようになった。それと同時に地方圏への製造業の分散（農村工業化）が注目を集めるようになった。高度成長期には雇用機会を求めて労働力が大都市圏へと移動し，郊外化を帰結したのであったが，今度は労働力を求めて雇用

機会の方が移動することになったのである。

　安東(1986：43-44)は，世帯の労働力編成にも注目しながら，1970年代以降の農村工業化を分析した著書において，「現代における大都市と地方との関係は，古典的な意味における都市と農村との分業関係ではない。その関係は，異質の経済構造を持つ地域間の相互関係ではなく，同質的な単一の生産体系における中心と周辺との関係に変化している」と述べている。すなわち，主導産業である部分工程型の産業[11]において，構想と実行の分離や工程間分業が進展し，それが地域に投影されることによって，大都市圏(中心)と地方圏(周辺)の間に階層的な地域間関係が成立したことを重視している。

　すでに述べたように，日本の経済地理学は，マッシィ(2000)の空間的分業論を独自の潮流において消化し，企業内地域間分業という分析枠組みによって農村工業化に関する実証研究を積み重ねてきた。特に末吉(1999)と友澤(1999)の貢献は大きい。末吉(1999)は，東北地方をフィールドに，単に生産の論理にしたがって企業内地域間分業が成立することだけでなく，それに対する世帯の側からの応答をも含める形で地域的生産体系の展開をとらえた。一方友澤(1999)は，九州を主たるフィールドとし，本来的には空間的な概念ではない労働経済学や農業経済学の地域労働市場の概念(田代1975；木村1985などを参照)を，地理的な実体を与えながら摂取し，歴史的に作られてきた就業と生活の諸条件である地域労働市場(三井1988)が，階層的な企業内地域間分業に組み込まれていることを実証した[12]。

　農村工業化の過程で企業内地域間分業が成立した背景には，賃金格差に代表される地域格差を利潤の源泉として活用しようとする生産の論理と，生活水準の向上を達成しようとする再生産の論理が複雑に絡み合っている。オイルショック以降，地方圏にも都市的生活様式が浸透し，消費面における大都市圏と地方圏の差違は縮小した。実際に，大きな地域格差を持っていた耐久消費財の普及率は，1970年代後半には平準化している。地方圏において，特に農家が都市的生活様式を受け入れようとする場合，さし当たり現金収入を増大させる必要から，農外就業を拡大す

る必要に迫られる。金澤（1994：305）は都市的生活様式の浸透を一定の生活の枠組みの社会的強制ととらえ，生活の枠組みの標準化という社会的圧力に対して，その収入の標準化はなかなか進展していないようにみえると評した。生活様式が一様化してきたとはいえ，地方圏においては世帯主の収入に依存する都市的な核家族の家計構造，落合（1997）の言葉を借りれば「家族の戦後体制」はいまだ一般化せず，農村的な多就業構造が支配的であるというのである。多就業構造が成立した最大の契機は既婚女性の雇用労働力化であり，末吉（1999），友澤（1999）ともに，企業内地域間分業の成立に際して世帯が多就業構造を編成し，既婚女性が安価な労働力として動員されたことの重要性を強調している。

　農村工業化に関する従来の研究は，企業内地域間分業に基づく階層的な地域間関係の成立というマクロな次元と，家族の労働力配分や家計構造の変容というミクロな次元の関係性を明らかにした点において，日本の経済地理学に大きく貢献した。その一方で，地方圏をあまり区別することなく一括して大都市圏と対置してきたように思われる[13]。それでは，例えば末吉（1999）のフィールドである東北と，友澤（1999）のフィールドである九州を比較してみるとどうなるだろうか。**図1-6**は家計調査年報に記された勤労者世帯の世帯主収入を実支出で除したものを示している。世帯主の収入だけで十分に家計が成り立つのであれば，この値は1を超えるであろうし，家計維持のために他の世帯員の収入が必要であれば，この値は1を下回るであろう。

　高度成長期後期以降，関東においてこの値が常に1を上回っていることは，予想どおりといえる。関東は，世帯における性別役割分業が定着している大都市圏郊外を多く含み，世帯主（夫）の収入に依存した家計を営んでいることが予期されるからである。一方東北では，1990年頃までこの値が1を上回ることは少なく，平均的に見て世帯主以外の世帯構成員の収入がなければ，家計が維持できない状態が続いていた。これはまさに，地方圏における多就業構造という一般認識に合致する。注目すべきは九州である。九州では実支出に対する世帯主収入の割合がすべての期間で1を上回り，関東よりも高い水準の時期も少なくない。この値が1

図1-6 勤労者世帯の実支出に対する世帯主収入の割合

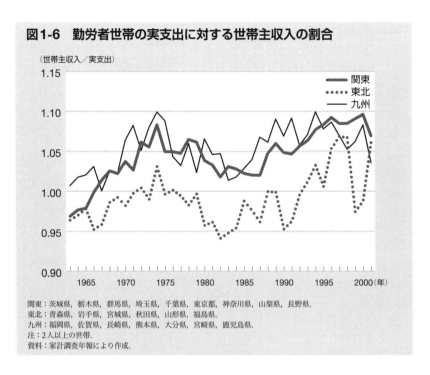

（世帯主収入／実支出）

凡例：
- 関東
- …… 東北
- 九州

関東：茨城県, 栃木県, 群馬県, 埼玉県, 千葉県, 東京都, 神奈川県, 山梨県, 長野県.
東北：青森県, 岩手県, 宮城県, 秋田県, 山形県, 福島県.
九州：福岡県, 佐賀県, 長崎県, 熊本県, 大分県, 宮崎県, 鹿児島県.
注：2人以上の世帯.
資料：家計調査年報により作成.

を上回ることは，世帯主以外の世帯構成員が働いていないことを必ずしも意味しないが，少なくとも九州では多就業に頼る必然性が東北よりも低いと言える。

多就業構造の重要な構成要素は女性労働力である。そこで，東北と九州の女性労働力率を比較してみることにしよう（**図1-7**）。農村工業化が進展した1985年の平均的な結婚・出産年齢に相当する25〜29歳について見ると，北海道を除く東北日本の女性労働力率が，太平洋ベルトや西南日本に比べて際立って高いことがわかる。家計構造と女性労働力率の両観点から言って，多就業構造は九州に比べて東北において顕著であると言える。その要因としてまず思いつくのは，世帯主収入の地域差であるが，その可能性はあまり大きくない（**図1-8**）。1990年前後にやや乖離が見られるものの，関東を基準とする世帯主収入については，九州と東北の間に構造的な差違を見いだすことはできない。東北における冬季の暖房・光熱費など，自然環境に起因する追加的な支出も，十分な説明要因にな

図1-7　25〜29歳の女性労働力率

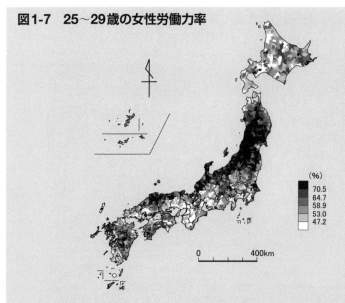

(%)
70.5
64.7
58.9
53.0
47.2

0　　　　400km

資料：1985年国勢調査により作成.

図1-8　関東を1としたときの世帯主収入

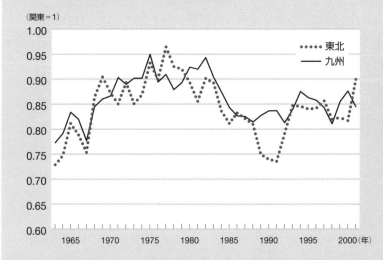

東北：青森県, 岩手県, 宮城県, 秋田県, 山形県, 福島県.
九州：福岡県, 佐賀県, 長崎県, 熊本県, 大分県, 宮崎県, 鹿児島県.
注：2人以上の世帯.
資料：家計調査年報により作成.

るほど大きくない。

　東北と九州の女性労働力率の差違は，両地域の家族構造の差違に起因すると考えられる。長子相続に基づく拡大家族は，一般に日本の家族構造の特徴とみなされることが多いが，北海道を除く東北日本においてその規範が強いのに対し，西南日本ではそれが弱く，地域によっては末子相続や均分相続も見られる（内藤1973；清水1996）。三世代同居世帯の割合を示した**図1-9**は，それを裏付けており，北海道を除くと東高西低のパターンを示す。世帯レベルのミクロな分析からは，拡大家族世帯に属する既婚女性の労働力率は，核家族世帯の既婚女性に比べて高いことが知られている（永瀬1994；前田1998）。三世代同居世帯では，親世代の女性が家事や育児を分担することで，子育て期の女性の就業が促されるのである。製造業の地方圏分散が進んだ安定成長期には，核家族が卓越する西南日本に比べて拡大家族の卓越する東北日本の女性労働力率が高く，それによって家計に占める世帯主以外の構成員の貢献度が高くなる多就業構造が形成されたと考えられる（吉田1995；Kamiya and Ikeya, 1994）。

　農村工業化との関連では，もう1つ興味深いことがある。それは，三世代同居世帯割合と女性労働力率がともに高い東北日本において，女性就業者に占める製造業従業者の割合が高いことである（**図1-10**）。農家や商店で自営業主や家族従業者として働く場合は，職住近接であることもあり，生産と再生産の時空間的調整が柔軟にできるので，世帯の形態は女性労働力率にさほど影響しないであろう。しかし賃金労働者の場合，とりわけ工場労働者は，職場という空間に囲い込まれ，生産の論理が支配する時間の下に置かれる（Pred 1981）[14]ため，工業化が進み，賃労働が浸透するにつれて女性労働力率は低下する（千本1990）[15]。東北日本における三世代同居世帯の割合の高さは，女性が生産の論理に支配されやすい製造業で働くにあたって，好条件として作用したのではないか。

　戦後日本の製造業は，本格的な重化学工業化を迎えた高度成長期以降，東日本主導型の地域構造を形成してきた（北村・矢田編著1977）。その傾向は，円高下において製造業の生産体系が再編成を迫られた1980年代半ばでも認められた（松橋1988）。その背景には，二眼レフ的な地域構造から東京一

　　　　　　　　　　戦後日本の地域構造・都市構造と再生産

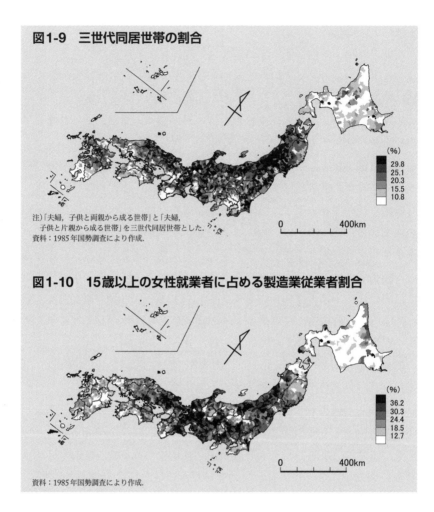

図1-9　三世代同居世帯の割合

(%)
29.8
25.1
20.3
15.5
10.8

注)「夫婦，子供と両親から成る世帯」と「夫婦，
　子供と片親から成る世帯」を三世代同居世帯とした.
資料：1985年国勢調査により作成.

0　　　　400km

図1-10　15歳以上の女性就業者に占める製造業従業者割合

(%)
36.2
30.3
24.4
18.5
12.7

0　　　　400km

資料：1985年国勢調査により作成.

極集中という変化によって，マクロ経済の重心が東日本に移行したこと
があるだろう。しかし企業内地域間分業による階層的な地域間関係が成
立するにあたり，安価な女性労働力の活用が不可欠の要因であったとす
れば，農村工業化の展開が示した地域差を，家族構造や世帯の労働力編
成と関連づけて考察してみる価値があるのではないだろうか[16]。

　山本(2005a)は，経済学の方法だけでは，場所による経済事象の差違を
説明することはできないとし，「文化に埋め込まれた経済地理」の必要性
を提唱する。山本(2005b)では，生活様式をほぼ文化と同義とし，それを

地域構造論の枠組みに含めた「文化論的地域構造論」を模索する試みが
あってしかるべきとの見解を示した。その方向性としては，消費生活の
圏域的広がりを検討することと，社会組織の圏域的広がりを検討するこ
との2つを挙げている。とくに後者に関連して，ヨーロッパの地理的・
歴史的多様性の鍵を家族構造の地域性に求めようとするエマニュエル・
トッドの試み（トッド1992, 1993）を評価している。地域において卓越する
家族構造が，その地域の支配的なイデオロギーを規定し，地域社会の歴
史的軌跡に大きな影響を与えるというのが，トッドの議論の骨子である。
イデオロギーの地域差の解明に力点を置くトッドの姿勢にはやや違和感
を覚えるが，家族構造への着目という意味では示唆に富んだ内容である。

　マッシィ（2000：67）が立地現象の背後にある構造として示した3種類の
空間構造は，抽象的な概念的構築物である。一方で彼女は，部分工程型
の産業が低賃金労働力を求めて周辺地域に進出する具体的な過程を分析
する際には，ジェンダー規範や組合活動の歴史といった地域の文化的履
歴の固有性が強い影響を与えることに目を向けるべきだと強調した（マッ
シィ2000；Massey and Allen 1984）。こうした，「一般的なるものとユニークな
もの」両方への目配りこそが，マッシィの議論が持つ最大の魅力なのであ
る。特に後者への目配りは，ローカリティ研究に引き継がれたが（ジョンス
トン2002；森川2004），日本の経済地理学では，「空間構造による立地類型」
のインパクトが大きかった反面，マッシィの重要な指摘である地域の持
つユニークなものが立地に与える影響はそれほど重視されてこなかった
といえる。生産の論理を重視してきた日本の経済地理学の体系に，再生
産の論理を付加してゆく営為は，マッシィの『空間的分業』の問題意識を
本質的に受容することにつながるであろう。

V. 再生産の経済地理学の発展のために

　本章では，多産多死から多産少死を経て少産少死に至る人口学的変動，
大都市圏郊外における消費を通じた労働力の再生産，および家族構造に
起因する家計構造の地域差という3つのトピックを題材に，労働力およ

び世代の再生産が，戦後日本の地域構造・都市構造を作り出す不可欠の要素であることを確認してきた。本章は1つの試論であり，それゆえに多くの課題を残している。ここでは残された課題のうち，特に重要と思われるものについて言及しておきたい。

加藤（2018）はポラニー（2009）の「二重運動」の概念に依りつつ，市場メカニズムが支配する「市場地域」としての側面と，人間の共同的生活空間である「地域社会」としての側面の親和と反発のプロセスとして，現実の地域や地域構造の編成を見据える必要性を主張している。従来の日本の経済地理学がもっぱら生産の論理に基づいて「市場地域」の側面を問題にしてきたとすれば，本章は再生産の論理に基づいて「地域社会」の側面から，日本の地域構造・都市構造の編成を検討してきたといえる。しかし本当に必要とされるのは，ある時は生産の論理に対応する「市場地域」の側面の拡大に再生産の論理に親和的な「地域社会」が抗い，ある時は「市場地域」と「地域社会」が協働するという「二重運動」のダイナミズムの中で，地域構造・都市構造が編成されるプロセスを明らかにする視点であろう。

本章では考察の対象とする時代を明確には区分せず，おおむね高度成長期を中心としてバブル崩壊あたりまでを扱ってきた。そのことの妥当性も問わなければならない。20世紀システム論では，第一次オイルショックを政治経済体制の1つの画期としている。ただし，それを境に20世紀システムが別のシステムに取って代わられたという説明が明示的になされているわけではない。人々の再生産に力点を置きながら，ある政治経済体制とそれ特有の地域構造・都市構造との関係を考える場合，考察の対象とする時間的射程をどのように取り，何をもって政治経済体制の画期とするかという問題に答えることは難しい。それは実証研究の積み重ねの中で，次第に明らかにしていく以外に方法はないであろう[17]。

こうしたアカデミックな課題をよそに，人々の再生産とその軌跡であるライフコースは，大きく変化しつつある。さまざまな論者がさまざまなキーワードを編み出して，この現状を活写しようとする。例えば2000年前後には，「格差社会」が流行語となった（橘木1998；佐藤2000）。しかし

新語の造成は，そういう言葉で表現される特徴を持った社会が，なぜ生成してきたのかを歴史的に説明することにも，現状がどのように変化していくのかを展望することにも，さして貢献しない。

　来るべき政治経済体制の下で，人々の再生産とその軌跡であるライフコースはどう変化し，それは既存の地域構造・都市構造をどのように変えてゆくであろうか。これまでの日本の経済地理学の蓄積の中には，こうした問いに答えるためのヒントはきわめて乏しい。その理由の1つは，検討の対象が生産の範疇にもっぱら限定され，政治経済体制とそれに対応する地域構造・都市構造を，同時代の人々の再生産との関連においてとらえようとする試みがほとんどなされてこなかったからである[18]。筆者にとって本章は，そうした試みの端緒であり，これまで見落とされがちであった再生産の働きを擁護してきた。しかし，筆者が本来目指すべきは，二重運動論が示唆するような，生産と再生産が相互規定的に絡み合った社会と空間の弁証法的関係を把握しうる経済地理学を打ち立てることであると認識している。

1） 批判的実在論については Sayer (1992, 2000)，富樫 (2000) を参照されたい。

2） マッシィ (2000) の原著の副題もまた，「社会構造と生産の地理 (Social Structures and the Geography of Production)」である。

3） 生田 (1995) は，本章と問題意識を共有している部分があるが，地域を所与としてそこでの人々の生活について論じており，再生産を地域構造や都市構造を作り上げ，変容させていく契機とは位置づけていない。

4） 戦後日本の人口移動に関しては，荒井ほか編 (2002) を参照。

5） 関連する内容は，中澤 (2019：第7章) にも記したので，こちらも参照されたい。

6） 民間住宅投資の対GDP比は，1997年までは日本銀行調査統計局 (1998) の数値 (年) を，2001年以降は国土交通省『住宅関連データ』(https://www.mlit.go.jp/statistics/details/t-jutaku-2_tk_000002.html 2023年8月22日閲覧) の数値 (年度) を用い，データが欠落する1998〜2000年は2012年度版『住宅経済データ集』(冊子版) の数値 (年度) で補った。ここでは，国民経済計算において2006年基準から住宅売買手数料が，2015年基準から住宅の改装・改修と住宅の販売マージンが，それぞれ民間住宅投資に含まれるようになったことに注意が必要である。すなわち，民間住宅投資とされる経済活動の範囲が拡大されているため，対GDP比は以前の基準よりも高く出ている。参考までに2010年の対GDP

比について記すと，2012年度版『住宅経済データ集』では2.6％であるのに対し，上記の国土交通省『住宅関連データ』では3.7％である。

7）高度成長期における日本の住宅政策に関しては，本間(1983)に網羅されている。

8）1995年までは日本銀行統計調査局(1998)，2005年は2012年度版『住宅経済データ集』（冊子版），2015年は国土交通省『住宅関連データ』(URLは注6を参照)による。

9）ロストウ(1961)は，アメリカ合衆国の郊外化と大衆消費社会の成立に対して，自動車の普及が果たした役割を重視している。しかし日本では，高度成長期末における自動車の普及率は30％台にとどまり，大都市圏は鉄道をはじめとする公共交通機関に依存した求心的構造を備えることになった。このことが日本の郊外住民の消費行動にどのような特徴をもたらしたのかを検討する必要がある。

10）朝日新聞1973年1月3日15面に掲載された。その意義については，中澤(2014)および中澤(2019：第8章)を参照されたい。

11）必ずしも製造業ばかりではなく，加藤(2011)が明らかにしたように，ソフトウェア産業も部分工程型の特徴を有している。

12）地域労働市場に関する学史ならびに経済地理学によるその継承については，中澤(2015)を参照されたい。また，他分野と経済地理学との地域労働市場をめぐる近年の対話として，新井ほか(2022)がある。

13）これに対して山崎(2020〈初版は1996年〉)は，1980年代から1990年代初頭までの調査に基づき，「切り売り労賃」層が見出されない近畿型地域労働市場と，それが残存する東北型地域労働市場を明確に区別しており，注目に値する。

14）ただし，生産の論理が時空間を一方的に支配するのではなく，再生産の論理や地域社会の要求が，職場のあり方や労働日・時間に変更を迫る局面もある。具体的には，田子(1994)および中澤(2019：第9章)を参照されたい。

15）中澤(2021)は，工業化と賃労働化が進展しつつあった1920年の第1回国勢調査を用いて，女性労働力率の地域差の要因を分析した。当時の女性労働力率は，従業者のほとんどを農業が占める地方圏ではどの年齢層でも高く，賃労働化が進んだ大都市圏ではきわめて低いというパターンを基調としていた。女性労働力率の東西の違いは見られず，蚕糸業地域や産炭地域において特徴的な女性の働き方がみられた。

16）さらに，同じ電機・電子産業でも，九州は半導体産業の立地に特徴づけられるのに対し，東北では電気機械の組立工程の進出が多いといった，業種および工程の違いとの関連性も検討する必要がある。

17）その重要な試みの1つが，加藤(2018)が提起する空間的組織化論である。

18）山口不二雄は，地域構造論に立脚した生産の経済地理学の有力な論者である。その山口が，伊藤ほか編著(1979)において自ら執筆した箇所で，再生産が地域構造に与える影響について目配りしていることは見逃せない。伊藤ほか編著(1979)の目的は，広義の人口移動を通して日本資本主義の地域構造の解明に寄与することであるが，山口は前提として，「人口現象の背後には人口の再生産という共通の原点があるという認識が」(p.1)必要であるとする。そして，原則的には「資本の配置には労働力の配置が必ず対応する」が，「人口分布の変動は生産資本にとっての市場を変動させるだけでなく，

商業やサービス業の配置をゆさぶり，これらによって新たな生産配置や労働力配置を引きおこす」(p.2)という弁証法的な把握をしている。

　実証部分では，山口は主として就業とライフサイクルに関わる広域的な人口移動に関する分析を担当している。書名である『人口流動の地域構造』を総括する部分も山口が執筆している。伊藤ほか編著(1979)が書かれた1970年代後半は，大都市圏の転入超過が大きく縮小し，人口の「Uターン現象」が注目されていた。山口もまた，「出生数の減少を反映した『家後継指向的Uターン』の増加」に目を留め，「生産配置が労働力移動を規定する一方的関係が崩されているわけで，われわれはこの両者がどのように調整されるのかの難しい課題に直面しているといえよう」(p.285)と締めくくっている。

　山口が，地域構造の編成にかかる再生産の相対的重要性が高まったことを重く見ているのは明らかである。しかし，その指摘が日本の経済地理学における生産重視という大勢を変えることはなく，この論考の山口自身の研究歴における位置づけもはっきりしない。

［文献］

阿藤誠(2000)：『現代人口学——少子高齢社会の基礎知識』日本評論社。

新井祥穂・山崎亮一・山本昌弘・中澤高志(2022)：農業経済学と経済地理学の対話——山崎亮一『労働市場の地域特性と農業構造』をめぐって，『経済地理学年報』68：216-227。

荒井良雄(2005)：社会の二極化と消費の二極化，『経済地理学年報』51：3-16。

荒井良雄・川口太郎・井上孝編(2002)：『日本の人口移動——ライフコースと地域性』古今書院。

安東誠一(1986)：『地方の経済学』日本経済新聞社。

生田真人(1995)：労働と消費の経済地理学に関する1考察——大都市圏生活者と地域市場，『季刊経済研究』18(2)：51-62。

伊藤達也(1984)：年齢構造の変化と家族制度からみた戦後の人口移動の推移，『人口問題研究』172：24-38。

伊藤達也・内藤博夫・山口不二雄編著(1979)：『人口流動の地域構造』大明堂。

江崎雄治(2006)：『首都圏人口の将来像——都心と郊外の人口地理学』専修大学出版局。

大江守之(1995)：国内人口分布変動のコーホート分析——東京圏への人口集中プロセスと将来展望，『人口問題研究』51(3)：1-19。

大本圭野(1996)：居住政策の現代史，（所収　大本圭野・戒能通厚編『講座現代居住1　歴史と思想』東京大学出版会：89-120）。

小田光雄(1997)：『〈郊外〉の誕生と死』青弓社。

落合恵美子(1997)：『新版　21世紀家族へ——家族の戦後体制の見かた・超えかた』有斐閣。

加藤和暢(1990)：地域構造論学説史，（所収　矢田俊文編『地域構造の理論』ミネルヴァ書房：2-12）。

加藤和暢(1992)：生活における空間的組織化——地方「活性化」の分析視点，『組織科学』26(2)：55-63。

加藤和暢(2018)：『経済地理学再考——経済循環の「空間的組織化」論による統合』ミネルヴァ書房。

加藤幸治(2011)：『サービス経済化時代の地域構造』日本経済評論社。

金澤誠一(1994)：地域生活の変貌，（所収　中央大学経済研究所編『「地域労働市場」の変容と農家生活保障——伊那農業10年の軌跡から』中央大学出版部：247-314）。

川口太郎(1997)：郊外世帯の住居移動に関する分析——埼玉県川越市における事例，『地理学評論』70A：108-118。

北村嘉行・矢田俊文編著(1977)：『日本工業の地域構造』大明堂。

木村隆之(1985)：地域労働市場の概念，『経済科学論集(島根大学)』10：52-74。

月刊アクロス編集室(1989)：『WASP——90年代のキーワード』PARCO出版。

近藤章夫(2007)：『立地戦略と空間的分業——エレクトロニクス企業の地理学』古今書院。

佐藤俊樹(2000)：『不平等社会日本——さよなら総中流』中央公論新社。

篠原雅武(2015)：『生きられたニュータウン——未来空間の哲学』青土社。

清水浩昭(1996)：家族構造の地域性——人口変動との関連で，（所収 ヨーゼフ・クライナー編『地域性からみた日本』新曜社：65-91）。

住宅金融公庫編(2000)：『住宅金融公庫50年史』住宅金融普及協会。

ジョンストン, R. J. 著，竹内啓一監訳(2002)：『場所をめぐる問題——人文地理学の再構築のために』古今書院。

末吉健治(1999)：『企業内地域間分業と農村工業化』大明堂。

高野義樹(2003)：住宅金融の特徴と住宅金融システム，（伊豆宏・齊藤広子編著『変わる住宅金融と住宅政策——どうなる金融，どうなる住まい』ぎょうせい：78-97）。

武田晴人(2002)：はしがき，（所収 石井寛治ほか編『日本経済史3 両大戦間期』東京大学出版会：5-24）。

武田晴人(2003)：産業化と地域の変貌——課題と分析視角，（所収 武田晴人編『地域の社会経済史——産業化と地域社会のダイナミズム』有斐閣：1-18）。

田子由紀(1994)：工場進出に伴う就業女性の生活変化に関する時間地理学的考察，『人文地理』46：372-395。

田代洋一(1975)：地域労働市場の展開と農家労働力の就業構造，（所収 田代洋一・宇野忠義・宇佐美繁共著『農民層分解の構造——戦後現段階』御茶の水書房：15-97）。

橘木俊詔(1998)：『日本の経済格差——所得と資産から考える』岩波書店。

谷謙二(1997)：大都市圏郊外住民の居住経歴に関する分析——愛知県高蔵寺ニュータウン戸建て住宅居住者の事例，『地理学評論』70A：263-286。

谷重雄(1969)：国民経済における住宅，（所収 金沢良雄ほか責任編集『住宅問題講座4 住宅経済』有斐閣：1-40）。

千本暁子(1990)：日本における性別役割分業の形成——家計調査をとおして，（所収 荻野美穂・姫岡とし子・長谷川博子・田辺玲子・千本暁子・落合 恵美子『制度としての〈女〉——性・産・家族の比較社会史』平凡社：187-228）。

富樫幸一(2000)：A.セイヤー——批判的リアリズムからのアプローチと論戦，（所収 矢田俊文・松原宏編著『現代経済地理学——その潮流と地域構造論』ミネルヴァ書房：40-60）。

トッド, E. 著，石崎晴己訳(1992)：『新ヨーロッパ大全Ⅰ』藤原書店。

トッド, E. 著，石崎晴己訳(1993)：『新ヨーロッパ大全Ⅱ』藤原書店。

友澤和夫(1999)：『工業空間の形成と構造』大明堂。

内藤完爾(1973)：『末子相続の研究』弘文堂。

内藤純一(2002)：『平成デフレと1930年代米国の大恐慌との比較研究——信用経済がもたらす影響を中心に』PRI Discussion Paper Series（No.02A-12）：財務省財務総合政策研究所研究部。

中川清(2000)：『日本都市の生活変動』勁草書房。

中澤高志(2005)：郊外居住の地理的実在，『関東都市学会年報』7：2-14。

中澤高志(2014)：住宅双六，（所収 藤井正・神谷浩夫編著『よくわかる都市地理学』ミネルヴァ書房：175）。

中澤高志(2015)：地理的労働市場——地域労働市場の概念の再検討，『明治大学人文科学研究所紀

要』76：241-271。

中澤高志（2019）：『住まいと仕事の地理学』旬報社。

中澤高志（2021）：第一回国勢調査にみる戦間期女性労働の地域的多様性，『経営論集（明治大学）』68
　　（4）：145-171。

中澤高志・川口太郎（2001）：東京大都市圏における地方出身世帯の住居移動——長野県出身世帯を
　　事例に，『地理学評論』71A：685-708。

永瀬伸子（1994）：既婚女子の雇用就業形態の選択に関する実証分析——パートと正社員，『日本労
　　働研究雑誌』418：31-42。

日本銀行調査統計局（1998）：最近の住宅投資動向について，『日本銀行調査月報』1998年10月号：
　　35-73。

野口悠紀夫（2002）：『新版　1940年体制——さらば戦時経済』東洋経済新報社。

橋本和孝（1994）：『増補　生活様式の社会理論——消費の人間化を求めて』東信堂。

橋本寿朗（1991）：『日本経済論——二十世紀システムと日本経済』ミネルヴァ書房。

橋本寿朗（2000）：『現代日本経済史』岩波書店。

橋本寿朗（2001）：『戦後日本経済の成長構造——企業システムと産業政策の分析』有斐閣。

長谷川達也（1999）：企業住宅施策と施策住宅の限界——住友金属工業和歌山製鉄所を例に，『経済
　　地理学年報』45：100-119。

ハーヴェイ，D. 著，水岡不二雄監訳（1991）：『都市の資本論——都市空間形成の歴史と理論』青木書
　　店。Harvey, D. (1985): *"The Urbanization of Capital: Studies in the History and Theory of Capitalist
　　Urbanization,"* Baltimore: The Johns Hopkins University Press.

藤川昇悟（2022）：グローバル生産ネットワークと産業集積——九州・山口の自動車産業集積を事例
　　として，『経済地理学年報』68：29-46。

ポラニー，K. 著，野口建彦・栖原学訳（2009）：『新訳　大転換——市場社会の形成と崩壊』東洋経済
　　新報社。

ボワイエ，R. 著，山田鋭夫訳（1990）：『新版　レギュラシオン理論——危機に挑む経済学』藤原書店。

本田龍雄（1959）：戦前戦後の出生力における出生抑制効果の分析——とくに中絶と避妊の抑制効果
　　について，『人口問題研究』78：1-19。

本間義人（1983）：『現代都市住宅政策』三省堂。

本間義人（1987）：『産業の昭和社会史5　住宅』日本経済評論社。

前田信彦（1998）：家族のライフサイクルと女性の就業——同居親の有無とその年齢効果，『日本労
　　働研究雑誌』459：25-38。

マッシィ，D. 著，富樫幸一・松橋公治監訳（2000）：『空間的分業——イギリス経済社会のリストラク
　　チャリング』古今書院。Massey, D. (1995): "Spatial Divisions of Labour: Social Structures and
　　Geography of Production 2nd edition," London: Macmillan.

松谷明彦（2004）：『「人口減少経済」の新しい公式——「縮む世界」の発想とシステム』日本経済新聞
　　社。

松橋公治（1988）：円高下における成長産業の再編成と地方工業——成長産業をめぐる地域経済の動
　　向，『経済地理学年報』34：1-20。

松橋公治（1989）：構造アプローチについての覚書——方法論的特質と「地域構造論」との対比を中
　　心に，『駿台史学』76：1-37。

松原宏（1988）：『不動産資本と都市開発』ミネルヴァ書房。

三浦展（1999）：『「家族」と「幸福」の戦後史——郊外の夢と現実』講談社。

三井逸友（1988）：「地域労働市場」把握と階層性——構造的・動態的分析の考え方と基本概念，（所収

黒川俊雄編『地域産業構造の変貌と労働市場の再編──新産業都市いわきの研究』法律文化社：343-375）。

宮町良広（2022）：グローバル生産ネットワーク論の発展と論争──英語圏の経済地理学理論における「ヘゲモニー化」?，『経済地理学年報』68：4-28。

村上泰亮（1984）：『新中間大衆の時代』中央公論社。

村藤功（2004）：『日本の財務再構築』東洋経済新報社。

森川洋（2004）：『人文地理学の発展──英語圏とドイツ語圏との比較研究』古今書院。

矢田俊文（1973）：経済地理学について，『経済誌林』41（3・4）：375-410。

矢田俊文（1982）：『産業配置と地域構造』大明堂。

矢田俊文（2003）：戦後日本の経済地理学の潮流──経済地理学会50周年によせて，『経済地理学年報』49：1-20。

矢田俊文（2015）：『地域構造論 《上》理論編』原書房。

山川充夫・柳井雅也編著（1993）：『企業空間とネットワーク』大明堂。

山崎亮一（2020）：『増補 労働市場の地域特性と農業構造』筑波書房。

山本健児（2005a）：『新版 経済地理学入門』原書房。

山本健児（2005b）：地域構造論の課題，（所収 矢田俊文編著『地域構造論の軌跡と展望』ミネルヴァ書房：29-40）。

吉川洋（1997）：『高度成長──日本を変えた6000日』読売新聞社。

吉田和夫・小西砂千夫（1996）：『転換期の財政投融資──しくみ・機能・改革の方向』有斐閣。

吉田義明（1995）：『日本型低賃金の基礎構造──直系家族制農業と農家女性労働力』日本経済評論社。

ロストウ，W.W. 著，木村健康・久保まち子・村上泰亮共訳（1961）：『経済成長の諸段階── 一つの非共産主義宣言』ダイヤモンド社。

若林幹夫（2003）：『都市への／からの視点』青弓社。

若林幹夫（2007）：『郊外の社会学──現代を生きる形』筑摩書房。

若林幹夫・山田昌弘・内田隆三・三浦展・小田光雄（2000）：『「郊外」と現代社会』青弓社。

Kamiya, H. and Ikeya, (1994)："Women's Participation in the Labour Force in Japan: Trends and Regional Patterns," Geographical Review of Japan, 67B: 15-35.

Massey, D. and Allen, J. (1984)："*Geography matters!: A Reader,*" Cambridge：Cambridge University Press.

Pred, A. (1981)："Production, Family and Free-time Projects: A Time-geographic Perspective on the Individual and Social Change in the Nineteenth-century U. S. Cities," *Journal of Historical Geography*, 7: 3-36. プレッド，A著，廣松悟・神谷浩夫訳（1989）：生産プロジェクト・家族プロジェクト・自由時間プロジェクト──19世紀アメリカ合衆国諸都市における個人と社会の変化に関する時間地理学的視角，（所収 荒井良雄・川口太郎・岡本耕平・神谷浩夫編訳『生活の時間 都市の時間』古今書院：127-173）。

Sayer, A. (1992)："*Method in Social Science: A Realist Approach 2nd edition,*" London: Routledge.

Sayer, A. (2000)："*Realism and Social Science,*" London: Sage.

第 2 章

ポスト拡大・成長期の労働市場の地理的多様性と空間的非定常性

　高度成長期を通じて平均すると，日本のGDPの年成長率は10%に迫るほどの高水準であった。オイルショックによって高度経済成長が終焉した後の安定成長期も，日本経済は年率平均4%程度という現在と比較するとはるかに高い成長率を維持していた。第1章は，高度成長期および安定成長期，つまり日本の経済および人口の拡大・成長期を振り返り，20世紀システムという政治経済体制の下での労働力・世代の再生産と地域構造・都市構造の相互規定的な関係を描き出してきた。ある時代や地域における具体的な人間の「生」から遊離することなく，しかし政治経済学的でマクロ経済地理学（Peck 2016）的なアプローチから，従来の「生産の経済地理学」には回収されない「再生産の経済地理学」を構想している点において，第1章は本書の方法論的出発点をなしている。

　ソジャ（2017）は，ルフェーブルの『空間の生産』（ルフェーブル2000）を導きの糸としながら，モダニズムの下では，認識・思考・実践のいずれのレベルでも，知の形成の過程において「歴史性」と「社会性」の動態的関係への関心が過度に優先され，「空間性」の契機が後景に退いていたことを批判する。そして，外の世界と不可分なありのままの存在（世界＝内＝存在）を認識するためには，3つの契機の三元弁証法によらなければならないとする。資本制（歴史性）と家父長制（社会性）の相補的・弁証法的関係に焦点を当てたマルクス主義フェミニズムの問題意識（上野2009＝1990）から空間性が抜け落ちており，そこから実質的に三元弁証法に依拠したフェミニ

スト地理学（例えばHanson and Pratt 1995；McDowell 1997, 1998）が発展してくるまでにかなりの時間を要したことからも，ソジャ（2017）の見立ては妥当である。第1章は，20世紀システムという歴史性，労働力・世代の再生産という社会性，地域構造・都市構造という空間性の三元弁証法に光を当てる研究であったといえる。

　安定成長期がバブル崩壊によって崩れ去ると，日本経済はほとんど成長が見込めない，あるいは感じられない低成長期に突入した。くしくもリーマンショックに見舞われた2008年には，かなり前からそうなることは確実であった人口減少が現実のものとなり，今後も長期にわたって人口減少が続くことは確定している。人口減少が経済を停滞させ，経済の先行き不透明感が結婚や出産を抑制し，さらなる人口減少につながるという，負のスパイラルへの懸念が，社会を覆っているのが現状である。本書の以下の部分，とりわけ第2部の舞台は，こうしたポスト拡大・成長期，もっと言えば縮小・停滞期である。本章の役割の1つは，高度成長期，安定成長期，低成長期の雇用と労働市場の変遷をたどり，本書が中心的に取り扱う低成長期をそれ以前の時期との関係において定位することである。もっとも，低成長期については，以下の各章で様々な側面から特徴づけを行うので，ここでは本章の分析と直接関係する特徴を指摘するにとどまる。

　その特徴とは，産業の空洞化と公共投資の縮小を経た現在，地方圏においては男性向けの現業職が減少し，女性を多く雇用する医療・介護セクターが事実上の基幹産業となっていることである（石井ほか編2017）。第1章では，大都市圏と地方圏の地域間関係を基軸としながら，安定成長期の地域労働市場の展開が東北日本と西南日本で異なっており，家族構造を反映した家計構造の地域性がその背景にあることを示唆した。本章が明らかにするように，低成長期の地方圏における医療・介護セクターの基幹産業化もまた，東北日本と西南日本で異なった展開をみせる。このような事実の指摘は，中心——周辺の二分法の下で，その片割れである地方圏が事実上の等質地域として扱われてきたことに対する批判としては有効である。しかし，単に地方圏を東と西に細分化したほうが良いと

45　　　　　　　　　　ポスト拡大・成長期の労働市場の地理的多様性と空間的非定常性

提案する次元にとどまるならば，理論的な前進はほとんど望めない。

　本章が果たすべき重要な役割は，医療・介護に就業する女性の割合が地域差を示す要因を，地理的加重回帰分析という手法を用いて分析することを通じて，空間的非定常性という地理学の本質にかかわる概念を経済地理学に根付かせることである。空間的非定常性とは，現実の世界においては，距離が近い事物ほど相互に強く関連し合い，また事物間の関連性のあり方や程度が場所によって変化する性質のことを意味する。したがって空間的非定常性は，世界＝内＝存在という存在論と親和的であると言ってよい。

　空間的非定常性の影響は，あらゆるデータに含まれている。しかし通常の多変量解析は，たとえ分析の対象が地域別に集計されたデータや，位置情報を含んだデータであっても，空間的非定常性を考慮することができない。そのため，空間的非定常性の統計的扱いについては，主として計量地理学の分野で長らく試行錯誤が続けられてきた。空間的非定常性を組み込んだ重回帰分析である地理的加重回帰分析（Brunsdon et al. 1996；Fotheringham et al. 2002）は，現時点におけるその到達点といえる[1]。いまでは，日本の地理学者である中谷友樹氏が開発に参画した分析ツールであるGWR[2]が無料で提供されており，地理的加重回帰分析の利用は決して難しくない。

　ところが，少なくとも経済地理学の実証研究において地理的加重回帰分析が幅広く援用されているとはいまだ言いがたく，東京圏の自治体における地方税の徴税率の規定要因を分析した佐藤（2021）のほか，空間疫学（中谷2017）や人口学（鎌田・岩澤2009）などの関連分野で適用事例が散見されるにとどまる。したがって本章は，経済地理学において地理的加重回帰分析を適用した先駆的事例と位置づけられるかもしれない。しかし，そうした評価は，必ずしも筆者の望むところではない。

　本章は，地理的加重回帰分析によってより説明力の高いモデルを構築するという意味での方法論的前進を，主たる目的としてはいない。むしろ地理的加重回帰分析を引き合いに出すことで，われわれが研究の対象として向き合う地域が，本質的に空間的非定常性という性質を帯びてい

ることの重要性に注意を促したいのである。空間的非定常性を帯びた地域という存在論が明確になれば，経済地理学は，いかにして地域に関する知識を求めるべきかという認識論的問い直しを迫られる。

　本章では，空間的非定常性という概念それ自体が，社会課題の解決を目指す政策に潜む前提に対する鋭い批判になっていることを示す。大半の政策は，空間的非定常性と正反対である空間的定常性を暗黙の前提として立案・施行されている。例えば，中央政府が出生率の向上に寄与すると考えられる何らかの政策を施行する時には，通常は国家の全領域で同様の効果が得られることが期待される。しかし，それぞれの地域は質的に異なる社会経済システムであるため，同じ政策的インプットが与えられても，得られるアウトプットは異なる。本章では医療・福祉従業者割合の地域差を分析することで，介護保険制度や後期高齢者医療制度といったナショナルな政策的インプットに対して，そのアウトプットが地域的に異なることを示す。一連の分析を踏まえ，単なる枕詞としてではなく，真の意味で「地域の実情に応じた」政策につなげて行くために，経済地理学がなしうる貢献について考えたい。

II．戦後日本の労働市場の経済地理

　本節では，まず戦後日本の雇用・労働市場の特徴を，高度成長期，安定成長期，低成長期に分けて概観する。その過程で，地域や地域（格）差へのまなざしを学問的アイデンティティとしてきたはずの経済地理学が，実際には労働市場の地理的多様性を十分にとらえ切れていなかったことが示される。本節では，今日の地方圏の地域経済において公共セクターのもたらす所得への依存度が高まっていることが示されるが，やはりそこにも大都市圏/地方圏という二分法には還元できない地理的多様性がある。この地理的多様性をどう把握するかが，続くIIIの課題として提起される。

1. 高度成長期：向村離村とライフコース

　高度成長期は，人口規模の大きな多産少死世代が教育期間を終える時

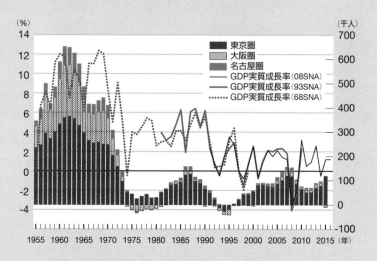

図2-1 GDP実質成長率の推移と大都市圏の転入超過

東京圏：東京都, 埼玉県, 千葉県, 神奈川県.
大阪圏：大阪府, 京都府, 兵庫県, 奈良県.
名古屋圏：愛知県, 岐阜県, 三重県.
資料：国民経済計算, 住民基本台帳人口移動報告により作成.

期にあたっており, 農村にあってはあとつぎおよびその配偶者になることのできない「潜在的他出者」が大量に発生した(伊藤1984)。これに対して, 大都市圏では経済成長に伴って製造業を中心として旺盛な労働力需要が発生した。この需給のギャップを橋渡しする労働市場の媒介項となったのが, 1960年代に進んだ新規学卒労働市場の制度化であり, より具体的には,「集団就職」と表現される現象を支える諸制度の成立であった(山口2016)。これによって, 生産性の高い産業が集積する大都市圏に地方圏の農村に存在した余剰労働力が円滑に供給され, 経済成長が推進されたのであった(加瀬1997；苅谷ほか編2000)。1960年代初頭には, 東京圏だけで毎年30万人を超える転入超過を記録している(**図2-1**)。

高度成長期には, 農業の生産性は圃場整備や機械化などによって向上したが, 都市の製造業に対する農業の相対所得は低下した。この動向に対して, 戦時体制を支えるために作られた食糧管理制度が, 農家の所得を下支えする制度として機能する結果となり, コメ中心の農業経営が一

般化した。それでも，高度成長期の大都市圏／地方圏間の所得格差は，それ以降に比べて大きく，それが地域的不均等発展論（島1951；宮本1967）を惹起したのは当然の帰結であった。

　高度成長期の大都市圏では，新規学卒一括採用をスタート地点として「従業員としてのライフコース」（中澤2008）を歩んでいくことが一般化し，「就社社会」（菅山2011）が到来したと理解されている。「就社社会」は明確な性別役割分業に立脚しており，「従業員としてのライフコース」は男性のみに開かれていた。女性には，稼ぎ手である男性が手にする家族賃金を元に家庭における再生産を一手に担うことが期待され，働くとしてもあくまで家計補助的であった。そうした「再生産をめぐる協約」があったからこそ，男性が安定した日本的雇用体系を享受でき，ひいては高度経済成長につながったとの見方もある（Gottfried 2015）。住まいの面では，持家主義を基調とする住宅政策と日本的雇用体系の下で，人々は「住宅双六」の「上り」である庭つき郊外一戸建てを目指したというのが一般的な理解であろう（第1章）。事実，家族の形成・成長に伴う居住空間の拡大欲求に導かれて，人々が持家の取得を目指したことが，大都市圏の外延的拡大をもたらしてきた。

　しかし，高度成長期を「就社社会」において「従業員（の妻）としてのライフコース」を歩む人々が「住宅双六」の「上り」を目指して郊外化を引き起こした時代としてのみとらえるのは一面的である。東京都における雇用者以外の割合をみると，1960年から65年までの間は，男性についてはこれが上昇しており，高度成長期の初期において「従業員としてのライフコース」が浸透していったことが見て取れる（**表2-1**）。しかしそれ以降は，1980年まで一貫して雇用者以外の割合が上昇している。女性に至っては，1960年から80年まで雇用者以外の割合が一貫して上昇している。

　いわゆる「集団就職」で大都市圏にやってきた地方圏出身者は，大都市圏出身者に比べて条件の劣る就職先しか用意されていなかった（加瀬1997）。「金の卵」といわれた新規中卒者の中でも，地方圏出身者については，その少なからぬ部分が町工場や商店で働くことになったのである。彼／彼女らにとって現実的な目標となりえたのは，日本的な雇用体系に護られた

表2-1　東京都における非雇用者率の推移

(%)

| | 男性 | | 女性 | |
	全産業	製造業	全産業	製造業
1960年	22.3	16.2	22.8	15.5
1965年	15.8	10.8	25.4	19.5
1970年	26.3	22.8	27.9	25.6
1975年	28.2	25.5	30.4	30.1
1980年	29.1	26.5	30.6	31.5
1985年	26.4	24.2	25.2	24.8

注)非雇用者は，民間の役員を含む.
資料：国勢調査により作成.

「従業員(の妻)としてのライフコース」ではなく，仕事を通じて手に職をつけ，多くの場合は雇用主からの支援を受けて，自営業主として独立すること，すなわち「自営業主(の妻)としてのライフコース」であった(佐藤2004；中澤2020)。

「従業員(の妻)としてのライフコース」をたどった人々の多くは，郊外に居を定め，典型的には夫がそこから都心に通勤する職住分離の生活を送った。これに対して「自営業主(の妻)としてのライフコース」を歩んだ人々は，既成市街地に留まって職住近接あるいは職住一致の生活を送った。そのことは，東京都多摩地区においては，常住する男性従業者のおおむね4分の3以上が雇用者であるのに対して，都区部とくに東側のいわゆる「下町」では，雇用者率が低いという明瞭なコントラストとして現れている(**図2-2**)。

2. 安定成長期：「地方の時代」

1948年に優生保護法が施行されると，実質的に合法化された人工妊娠中絶が急速に普及し，第一次ベビーブームはまもなく終結した(第1章)。こうして日本では，多産少死から少産少死への人口転換が短期間のうちに終了した。多産少死世代が新規学卒労働市場に入っていった高度成長期には，地方圏にはあとつぎになれない「潜在的他出者」が数多く存在し，彼／彼女らが大都市圏に移動して経済成長を支える労働力となった。

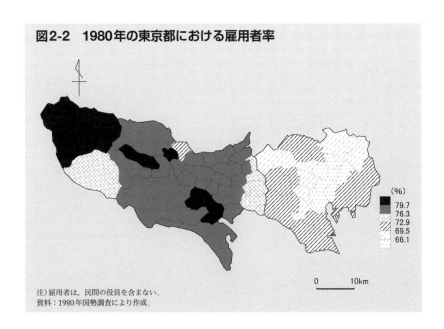

図2-2　1980年の東京都における雇用者率

(%)
- 79.7
- 76.3
- 72.9
- 69.5
- 66.1

0　　　10km

注）雇用者は，民間の役員を含まない．
資料：1980年国勢調査により作成．

1970年代に入ると，新規学卒者となるのは1950年代に生まれた少産少
死世代となり，「潜在的他出者」がほとんどいなくなる「長男長女時代」が
到来した。ほぼ同時期にオイルショックによって高度成長期が終わりを
迎え，大都市圏の側のプル要因も弱まった。

　日本はオイルショック後も先進国の中では相対的に高い成長率を維持
し，安定成長期というべき時期に入った。それでも，高度成長期よりも
経営環境が厳しくなったことは否めず，企業はコストの削減による競争
力の維持・強化を迫られた。製造業の企業は中枢管理機能や試作機能な
ど，知識や技術を有する労働力を必要とする機能を大都市圏内に残し，
労働集約的な生産部門を労働費の安い地方圏に立地させ，企業内地域間
分業を敷くようになった。地方圏に設立された分工場や生産子会社は，
進出先地域において自らを頂点として下請けや孫請け，さらには内職を
階層的に組織化し，地域的生産体系を構築した（末吉1999；友澤1999）。地
域的生産体系の階層性に対応して，雇用の安定性や処遇の点で階層化さ
れ，農家の労働力に依拠した地域労働市場が生み出された。

　このように展開した農村工業化の結果，労働力が地方圏から大都市圏

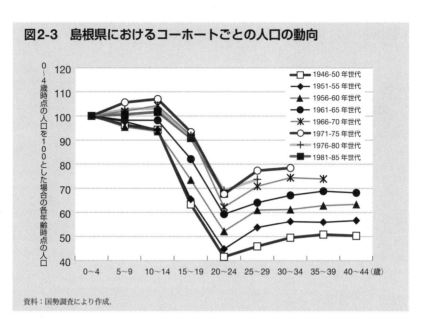

図2-3　島根県におけるコーホートごとの人口の動向

縦軸: 0〜4歳時点の人口を100とした場合の各年齢時点の人口

凡例:
- 1946-50年世代
- 1951-55年世代
- 1956-60年世代
- 1961-65年世代
- 1966-70年世代
- 1971-75年世代
- 1976-80年世代
- 1981-85年世代

横軸: 0〜4　5〜9　10〜14　15〜19　20〜24　25〜29　30〜34　35〜39　40〜44（歳）

資料：国勢調査により作成.

へと移動した高度成長期とは対照的に，安定成長期には雇用の側が地方
圏へと移動した。しかし，生み出された雇用の大半は労働集約的であり，
地域労働市場の階層の底辺に近づくほど，低賃金で雇用形態は不安定と
なり，女性の占める割合が高かった。地場企業の技術・知識の向上がな
いまま雇用だけが拡大する農村工業化の態様に対しては，「発展なき成
長」との批判がなされた（安東1986）。それでも，地方圏出身者が地元に残
る，あるいはいったん他出しても地元に戻る選択肢を手にしたことは，
安定成長期の労働市場を特徴づけるメルクマールであった。

　島根県を例にとって，地方圏出身者の地元定着がどれほど進んだかを
確認しよう。**図2-3**は，各コーホートについて，0〜4歳の時点での人口
を100とした時，それぞれの年齢時点における人口がどう変化したのか
を表している。団塊の世代に相当する1946〜1950年世代では，進学・
就職の時期に人口が流出したため，20歳台前半の時点での人口が出生時
の40%程度にまで減少している。その後，Uターンした人口が加わり，
30歳台に入ってようやく出生時の50%の人口を確保している状況であっ
た。これに対して団塊ジュニア世代に相当する1971〜75年世代では，進

学・就職によると考えられる人口減少は30%程度にとどまっており，その後のＵターン人口を積み増して，30歳台前半の時点では出生時の人口の約80%を保っている。

　しかし，第1章で指摘したように，農家の女性労働力を主体とする地域労働市場が地方圏で一様に展開したと考えるのは一面的である。1985年の女性就業者に占める製造業従業者率は，九州に比べて南東北の方が高かった（**図1-10**）。また，この時期の結婚・出産期に相当する25〜29歳の女性労働力率もまた東高西低のパターンを呈し，とりわけ日本海側が高かった（**図1-7**）。そして，女性の製造業従業者率や労働力率が高い地域は，三世代同居が卓越する地域と重なっていた（**図1-9**）。安定成長期に南東北に製造業が活発に展開したのは，東京圏との近接性も関わっているであろう。これに加えて，家族構造の地理的多様性により，女性が家庭外で就労するにあたっての制約に地域差があったことも作用していたとみられる。すなわち東北日本では，三世代同居によって，世帯内における家事・育児の世代間分業が容易になり，若年女性の労働力化が促されたと考えられる[3]。

　以上で検討してきたような，高度成長期ならびに安定成長期の労働市場の経済地理は，次のような反省を促す。郊外化が高度成長期の顕著な地理的現象であったことは間違いないが，郊外住民の生活様式が典型とみなされる一方で，独立自営を目標とする下町の生活様式に十分な光が当てられてこなかった。安定成長期＝農村工業化という見方もまた一面的であり，実際には家族形態の地理的多様性と関連して，農村工業化は明瞭な地域差を伴って進展した。つまり，経済地理学は，労働市場の経済地理を都心と郊外あるいは大都市圏と地方圏といった二分法に還元してしまい，豊かな地理的多様性を十分にとらえ損なってきたのである。この反省を踏まえた上で，以下では低成長期における労働市場の経済地理の特徴について検討する。

3. 低成長期：地方圏の地域経済・雇用の隘路

　低成長期，とくに2000年以降になると，地方圏の地域経済の消耗と雇用の劣化が顕在化した（石井ほか編2017）。農村工業化によって面的広がり

を見せていた製造業の雇用は，より低賃金の労働力を求めて海外に移転した。閉鎖を免れた工場には，大規模で比較的新しいものが多いが，直接雇用から派遣・請負などの間接雇用への置き換えが進んでいる（中澤2019：第11章）。公共投資の減少による建設・土木業の衰退も著しい。バブル崩壊による景気低迷を食い止めようと，1990年代には公共投資によるケインズ主義的な財政政策が採られたが，政府は2000年頃にその方向性を放棄し，公共投資は大きく縮減した（梶田2009）。こうして典型的な男性職である製造業ならびに建設・土木業の雇用が，地方圏から消えていくことになった。

　こうした喪失を穴埋めするように地方圏で生み出されたのは，高齢者をめぐる制度的な財政移転が作り出す雇用である。2000年に始まった介護保険制度や2008年に始まった後期高齢者医療制度は，相対的に人口構成が若い大都市圏から高齢化が進んだ地方圏に財政移転をもたらす。医療や介護は言うに及ばず，地方圏では，日常的な消費のかなりの部分が高齢者の年金に支えられているため，地域経済全体が制度的な財政移転に基づく「シルバービジネス」に依存しているといえる。医療・福祉を含むサービス業や小売業は女性が卓越する職域であるため，現在の地方圏の労働市場では，これまでであれば製造業や建設・土木業で働いてきた低学歴の男性が，最も厳しい環境に置かれている[4]。

　民間企業が担ってきた製造業や建設・土木業の衰退により，地方圏では公共セクターが雇用者所得の40%以上を支えている県も出てきている（図2-4）。中でも医療・介護による財政移転の貢献度が大きいため，公共セクターによる雇用者所得の約半分は保健衛生・社会事業によって占められている。予想にたがわず，雇用に占める公共セクターの割合および保健衛生・社会事業の割合は，総じて大都市圏で低く地方圏で高い傾向にある。これに加えて，西高東低の傾向が明らかにみてとれる。この傾向は，若年女性就業者に占める医療・福祉従業者割合にも反映されており，大都市圏と地方圏のコントラストとともに，西高東低のパターンが明瞭である（図2-5）。

　全国的にみて，医療・福祉の雇用は重要な位置を占めるが，その重要

図2-4　都道府県別雇用者報酬に占める公共セクターの割合

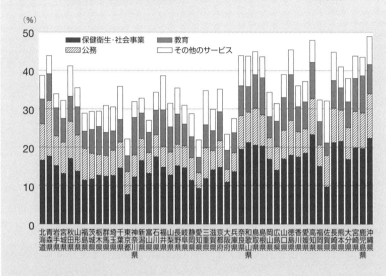

資料：2015年度県民経済計算年報により作成.

図2-5　20〜39歳女性就業者に占める医療・福祉従業者割合

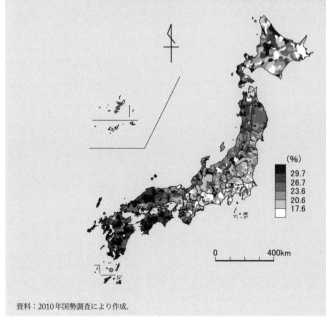

資料：2010年国勢調査により作成.

　　　　　　　　　　　ポスト拡大・成長期の労働市場の地理的多様性と空間的非定常性

度は，大都市圏／地方圏という単純な二分法では説明できない地域差を示すのである。従来の研究が労働市場の地理的多様性を十分に把握できていなかったという反省の上に立ち，次項では，地理的加重回帰分析を適用して，若年女性就業者に占める医療・福祉従業者割合が示す地域差の要因を分析する。

Ⅲ. 低成長期における医療・福祉従業者割合の地域差

1. 一般的な多変量解析の適用

　ここで問題になっているような地域差を説明する際に従来使われてきた手法は，市区町村別の医療・福祉従業者割合を被説明変数とする重回帰分析であろう。まずはそれを適用してみよう。ここでは説明変数として3つの変数を想定する。第1は，後期高齢人口割合である。主たる被介護者である後期高齢人口割合が高い自治体ほど，医療・介護需要の増大に対応して若年女性就業者に占める医療・福祉従業者割合も高まるであろう。したがって，偏回帰係数の符号はプラスとなることが想定される。第2は，後期高齢者のうち夫婦のみ世帯か，後期高齢者のみの単独世帯を構成する人口の割合（後期高齢者のみ世帯構成員割合）である。こうした人々の比率が高い自治体では，同居する子どもなどによる家族介護を期待しがたく，介護の外部化が進む蓋然性が高いため，偏回帰係数の符号はプラスとなることが想定される。第3は，20～39歳の女性就業者総数に占める製造業従業者割合（製造業従業者割合）である。製造業が盛んな自治体では，雇用をめぐって医療・介護との労働力需要の競合が起こる可能性がある。したがって，偏回帰係数はマイナスとなることが想定される。

　それぞれの説明変数の空間的パターンも把握しておこう。後期高齢者割合（**図2-6**）は，高齢化が先行した地方圏が高いという想定通りのパターンを示す。現時点では大都市圏の後期高齢人口割合は低いが，今後団塊の世代が後期高齢期に突入すると，未曽有のスピードで高齢化が進展することになる。後期高齢者のうち夫婦のみ世帯・単独世帯の世帯員割合（**図2-7**）は，後期高齢人口割合とは異なり，大都市圏と地方圏という二分

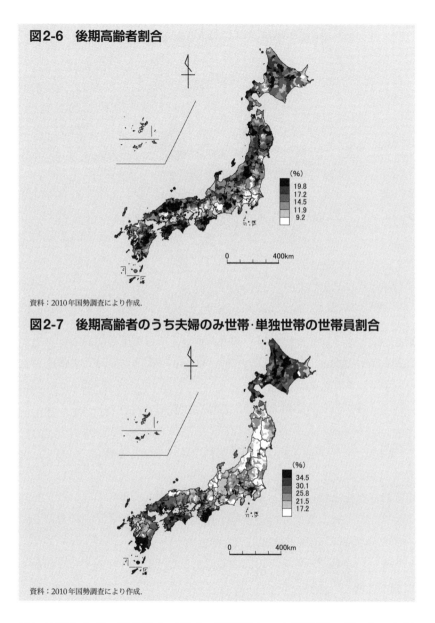

図2-6　後期高齢者割合

(%)
19.8
17.2
14.5
11.9
9.2

0　　　　400km

資料：2010年国勢調査により作成.

図2-7　後期高齢者のうち夫婦のみ世帯・単独世帯の世帯員割合

(%)
34.5
30.1
25.8
21.5
17.2

0　　　　400km

資料：2010年国勢調査により作成.

法には収まらず，東北日本で低く，西南日本の太平洋側で高いという対
照を示す。また，大都市圏の都心部の後期高齢者は，高齢者のみ世帯や
単独世帯を構成する割合が高い。こうしたパターンは，年代は違うが**図**

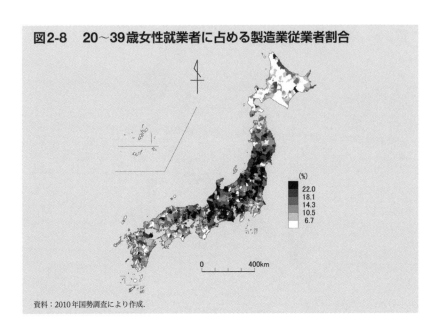

図2-8 20～39歳女性就業者に占める製造業従業者割合

(%)
22.0
18.1
14.3
10.5
6.7

0　　　　400km

資料：2010年国勢調査により作成.

1-9に示した三世代同居世帯の割合とポジとネガの関係にある。製造業従業者割合（**図2-8**）は，1985年の時点（**図1-10**）と基本的に重なる西高東低のパターンを呈している。

以上の3つの説明変数を用い，若年女性就業者に占める医療・福祉従業者割合を被説明変数として，市区町村単位で通常の重回帰分析を行った（**表2-2**）。後期高齢者割合と製造業割合はいずれも統計的に有意で，符号も予想通りである。ところが，後期高齢者のみ世帯構成員割合が高いことは，医療・福祉従業者割合に有意に負の影響を与えるという予想外の結果となった。また，自由度調整済み決定係数は約0.20であり，説明力が充分なモデルであるとは言えない。

加えて，空間データ特有の問題も浮上した。モデルで説明できなかった部分である残差は，サンプル（ここでは市区町村）が相互に独立であれば，空間的にランダムに分布しなければならない。ところが残差の分布をみると，地理的な偏りがみられ，東高西低の傾向を示した（**図略**）。これは，残差の空間的自己相関として知られる現象である（田中1985）[5]。

表2-2 通常の回帰分析（OLS）による推定結果
（被説明変数：20〜39歳女性就業者に占める医療・福祉従業者割合）

	係数	標準誤差	t
後期高齢者割合	0.5150	0.0237	21.766**
後期高齢者のうち夫婦のみ世帯・単独世帯の世帯員割合	−0.0399	0.0172	−2.3182**
20〜39歳女性就業者に占める製造業従業者割合	−0.0508	0.0194	−2.6222**
切片	17.9125	0.7026	25.4944**

自由度調整決定係数：0.199985
有意水準：** < 0.01，* < 0.05
2010年国勢調査に基づく分析結果.

2. 空間的非定常性と地理的加重回帰分析

　空間的自己相関がみられる原因には，大別して2つの可能性が考えられる。第1は，考慮すべきであるにもかかわらずモデルに含まれていない要因Xが存在するケースである。本章について言えば，東北日本で残差がプラス，西南日本で残差がマイナスとなっていることから，東西のコントラストを示す未知の要因Xが存在する可能性がある。この場合，要因Xを特定し，説明変数として回帰分析に取り入れれば，残差の空間的自己相関は解消されることが期待できる。

　第2は，医療・福祉従業者割合と他の変数の関係自体が地域によって異なる可能性である。通常の重回帰分析においては，1つ1つのサンプルは相互に独立とみなされ，説明変数と被説明変数の関係が場所によって異なることは想定されない。しかし，現実の空間データについては，ほとんどの場合において，通常の統計学が想定するサンプル間の独立性が担保されない。この点は，地理学の本質と関わる重要な論点であるので，もう少し掘り下げよう。

　現実の空間データは，相互に独立ではなく，空間的非定常性を帯びている。第1に，近いガソリンスタンド同志ほど，お互いを意識し合って販売価格が近くなるように，空間データは事物間の距離が近いほど，相互に強く関連し合うという空間的従属性を持っている。第2に，自動車

が生活必需品となっている農村と，自動車が奢侈品でしかない大都市とでは，所得と自動車保有率の相関関係が異なるように，空間データは事物間の関連性が場所によって異なる空間的異質性を帯びている。本章との関連では，後期高齢者が増えても，公的医療への依存度や介護の外部化があまり高まらず，医療・福祉従業者率がさほど高まらない地域が存在する可能性を考慮しなければならない。

先ほど試した重回帰分析の結果がまさにそうであったように，通常の多変量解析が空間データの分析において十分な説明力を発揮できない理由の一端は，サンプル同士が独立であり，説明変数と被説明変数の関係がどこでも一様であると仮定しているため，空間的非定常性を扱えないことにある。通常の多変量解析のようにサンプル間の独立性や説明変数と被説明変数の関係の定常性を仮定することなく，地理的現実において確実に存在する空間的従属性や空間的異質性を織り込んだ回帰分析が，地理的加重回帰分析である[6]。

通常の重回帰分析では，観測されたデータとモデルによって予測されるデータの残差の2乗和を最小化するように，パラメータ（$\beta_{0～n}$）を求める。この場合，パラメータや決定係数はどの場所でも同じであり，その意味で通常の回帰分析はグローバルモデルと表現される。

グローバルモデル（OLS）：$y_i = \beta_0 + \beta_1 x_{1i} + \beta_2 x_{2i} + \cdots + \beta_n x_{ni} + \varepsilon_i$

これに対して地理的加重回帰分析では，空間的異質性を想定して各単位地区（本章の場合は市区町村）の位置によって地理的な重みづけを施し，局所的なパラメータを求めるローカルモデルである[7]。

ローカルモデル：$y_i = \beta_0(u_i, v_i) + \beta_1(u_i, v_i)x_{1i} + \beta_2(u_i, v_i)x_{2i} + \cdots + \beta_n(u_i, v_i) x_{ni} + \varepsilon_i$

u_i, v_i は，地区 i の緯度経度

地理的加重回帰分析の場合には，中心となる各単位地区から離れるにしたがって重みが減少するカーネルと呼ばれる重みづけ関数を用い，局所的パラメータを推定する。これは，パラメータは近い地域ほど似通った値になるという空間的従属性に対応している。

カーネル関数のバンド幅の設定方法には，固定型（fixed）と適応型

表2-3 地理的加重回帰分析の適用結果
（被説明変数：20〜39歳女性就業者に占める医療・福祉従業者割合）

	最小値	25%	中央値	75%	最大値	Diff-Criterion
後期高齢者割合	−2.017	0.544	1.524	2.459	7.694	−59.474
後期高齢者のうち夫婦のみ世帯・単独世帯の世帯員割合	−5.148	−1.610	−0.462	0.583	3.169	−41.623
20〜39歳女性就業者に占める製造業従業者割合	−6.050	−1.055	0.063	0.610	3.535	−15.179
切片	16.314	21.331	23.609	26.622	34.757	−240.285

カーネル関数：適応型バイスクエア型　バンド幅= 115.377364
自由度調整決定係数：0.499895
AIC: 11,030（OLS: 11,829）
2010年国勢調査に基づく分析結果.

（adapted）がある[8]。固定型では単位地区からのバンド幅がどの地点においても一定であるのに対し、適応型では局所的パラメータを求めるのに用いる単位地区の数が等しくなるようにバンド幅が地点ごとに変化する。つまり、固定型では単位地区の密度と関係なくバンド幅が一定であるが、単位地区の数を等しくする適応型では、大都市圏のように単位地区の密度が高い場合には、バンド幅が狭くなり、大規模な単位地区が低密度に分布する領域では、バンド幅が広くなる。

　一般に、カーネルのバンド幅が広ければ局所的なパラメータの推計に反映される単位地区は多くなり、パラメータの推定値の信頼性は向上するが、パラメータの空間的変異の分解能は落ちてしまう。そこで、AIC（赤池情報量基準）などのモデル比較統計量を用い、最適なバンド幅を探っていくことになる。

3. 地理的加重回帰分析の結果

　通常の重回帰分析を実施したのと同じデータに対して地理的加重回帰分析を適用した（**表2-3**）。採用したカーネル関数は、適応型バイスクエア型であり、AICc（有限補正した赤池情報量基準）に基づき、115の単位地区を含むバンド幅が最適であると判断された。Nakaya（2016）によれば、Diff-

　　ポスト拡大・成長期の労働市場の地理的多様性と空間的非定常性

Criterionが正の値をとっている場合，そのパラメータは意味のある空間的変動を示さない（グローバルである）と解釈できる。ここではいずれのDiff-Criterionも負の値をとっており，各パラメータには意味のある空間的変動がある。自由度調整決定係数は0.50へと上昇し，AICも大幅に低下していることから，モデルの当てはまりは通常の重回帰分析から改善している。加えて残差の空間的偏りも解消し，空間的自己相関の尺度であるモラン統計量は統計的に有意でなくなった（0.018, n. s.）。ローカル決定係数が西高東低となっていることから，モデルに改善の余地はある[9]が，得られた結果は興味深い（**図2-9**）。

　後期高齢者割合は，若年女性の医療・福祉従業者割合を押し上げると考えられるが，その効果は大都市圏を除く西南日本と青森，道東のみで有意であり，東北日本ではほとんど関連性がみられない。つまり，西南日本では，要介護の予備軍である後期高齢者が増加すると介護の外部化が進むが，東北日本ではそうした事態になっても，介護の外部化があまり進まないと考えられる。清水浩昭（2011, 2013）は，山形県と鹿児島県の事例を念頭に，東北日本と西南日本の高齢者介護を類型化し，直系家族規範が強い東北日本では，同居家族が高齢者介護を主に担い，介護サービスの働きは副次的であるのに対して，直系家族規範が弱い西南日本では，子どもと同居していない高齢者が多いため，介護サービスや医療機関への依存度が高くなるとした[10]。本章の結果は，清水の示した類型と調和的である。

　通常の重回帰分析において，後期高齢者のみ世帯構成員割合の偏回帰係数はマイナスとなっていた。地理的加重回帰分析でも，東京都区部や大阪府でパラメータが有意に負となっている。つまり，後期高齢者のみ世帯構成員割合が高いほど，若年女性の医療・福祉従業者割合がかえって低くなることを意味する。大都市の中心部では，高齢者夫婦のみの世帯や単身世帯を構成する後期高齢者の割合は高い。しかし，医療・福祉以外の就業機会が集積しているため，それと競合して医療・福祉従業者割合はむしろ低くなると解釈できる。ここでの分析には，常住地ベースのデータを用いているため，通勤の影響も考慮すべきである。大都市の

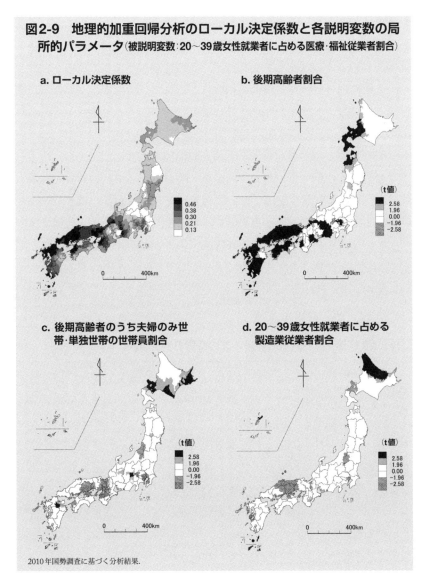

図2-9 地理的加重回帰分析のローカル決定係数と各説明変数の局所的パラメータ（被説明変数：20〜39歳女性就業者に占める医療・福祉従業者割合）

a. ローカル決定係数

0.46
0.38
0.30
0.21
0.13

0　　400km

b. 後期高齢者割合

（t値）
2.58
1.96
0.00
-1.96
-2.58

0　　400km

c. 後期高齢者のうち夫婦のみ世帯・単独世帯の世帯員割合

（t値）
2.58
1.96
0.00
-1.96
-2.58

0　　400km

d. 20〜39歳女性就業者に占める製造業従業者割合

（t値）
2.58
1.96
0.00
-1.96
-2.58

0　　400km

2010年国勢調査に基づく分析結果.

　中心部には医療・福祉ニーズが少なからずあるが，医療・福祉従業者の多くは地代の高さからそこに住むことができず，地域外から通勤してきているであろう。

　先に紹介した清水浩昭（2011，2013）の知見に照らせば，後期高齢者のみ

世帯構成員割合のパラメータについても，東西差を示してもおかしくない。それが見られない理由としては，東北日本と西南日本の違いの多くは後期高齢者人口割合とそのパラメータの地域差によって説明されており，後期高齢者のみ世帯構成員割合は，それでは説明できない大都市圏と地方圏のコントラストなどをもっぱら説明している可能性が考えられる。

　説明変数のうち，製造業従業者割合の偏回帰係数については，オホーツク海沿岸において正で有意，岡山県と島根県周辺において負で有意となった。正の値を示す地域では，製造業従業者割合が多いほど若年女性の医療・福祉従業者割合が高いということを，負の値を示す地域では若年女性の雇用をめぐって製造業と医療・福祉が競合することを示すと解釈できるが，なぜ，これらの地域でそのような傾向が現れるのかを合理的に解釈することは難しい。

IV.　政策論への根源的批判としての空間的非定常性

　以上の地理的加重回帰分析の結果は，得られた知見が興味深いだけでなく，従来の政策論に対する根源的な批判となる[11]。ある政策が立案され実行されるに至る過程は，総体としての社会の中から政策主体によって特定の事象が社会問題として切り出されることから始まる。社会問題と認識された事象に対するアプローチにもまた，多様な選択肢が想定できるが，政策主体はその中から特定のアプローチを採用して政策を立案する。政策は社会問題とされる状態を解決もしくは改善することを目標として実行に移されるが，そこから必然的に発生する正負両方の副作用もまた，期待もしくは予期されていることが普通である。たとえば公共土木投資は，直接的には国土のインフラ整備を企図したものであっても，それによる雇用創出という間接的な効果に期待するところが大である。その反面，公共土木投資を行なえば，財政負担の増加という負の作用は避けられない。

　高齢化とそれへの政策対応を例にとろう。一連のプロセスは，人口に

関わる事象に限っても社会問題と認定しうる事象が多々ある中から，高齢化に伴う介護需要の増大が国家の持続可能性を脅かす社会問題として認定されることに始まる。介護需要の増大が社会問題と認定されたら，次に来るのはそれへの政策対応であるが，これには家族介護の徹底から介護サービスの完全市場化まで，さまざまな対応策が考えられる。その中から，日本では従来の自治体による行政措置を改め，介護保険という全国一律の社会保障制度を導入する途が選択された。こうした変化は，国家の関与の下で介護サービスを準市場化することによって民間企業等の参入を促し，増大する高齢者介護の需要に対応することが主目的である。それが進めば，結果として介護に関連する雇用が増大することは自明であり，それがなければ介護サービスの供給増大はなしえない。

　ここで注意したいのは，人口の高齢化に伴う介護需要の増大に対処するために介護保険を導入するという目的——手段の関係と，その結果として介護関連の雇用が増大するという因果関係は，いずれも空間的同質性を前提としていることである。しかし，同様のペースで高齢化が進み，全国一律の介護保険制度が導入されても，現実には空間的異質性が存在するため，介護の外部化は明瞭な地域差を伴って進む。介護の外部化に地域差を与える空間的異質性のメカニズムは，完全に明らかになったわけではないが，家族構造の地域性のような文化の領域に属する可能性が高い。

　介護の外部化の地域差は，地域において介護関連の雇用機会が生み出される量や，そこからもたらされる所得に端を発する域内経済循環の地域差となって現れる。実際に東北や北陸では，後期高齢者が増えても介護の外部化はあまり進まず，雇用者報酬に占める保健衛生・社会事業の割合や，若年女性に占める医療・介護従業者の割合は相対的に低かった。他方で大都市圏中心部では，高齢者のみの世帯が増加しても，代替的な雇用機会が豊富であるために介護の担い手の確保が難しくなっていると懸念される。地域によっては，高齢化率の割には介護関連の労働力需要が増加せず，所得機会を得られない若年女性が流出し，地域の人口再生産力が一層弱体化するといったことも憂慮される（増田編著2014）。

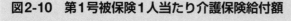

図2-10 第1号被保険1人当たり介護保険給付額

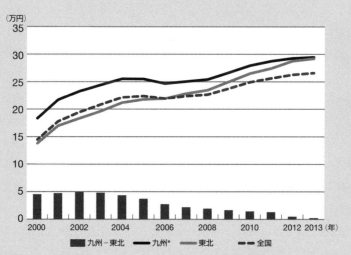

*沖縄県を除く
注）第1号被保険者1人当たり介護保険給付額は，それぞれの領域について保険者別の保険給付支払額と第1号被保
　　険者数（年度末）を合計したうえで計算したものであり，保険者別に求めた第1号被保険者1人当たりの平均ではない．
資料：介護保険事業状況報告により作成．

　実際に，介護の外部化の展開度合いが，域内経済循環に影響を与えて
いることをうかがわせる結果がある．最近はその差が縮小しているが，
第1号被保険1人当たりの介護保険給付額は，2000年代前半は九州が東
北を大きく上回っていた（**図2-10**）．少なくとも介護保険制度の初動期の九
州では，介護の外部化が速やかに進んだために，介護保険による財政移
転の恩恵を東北以上に受けていたことを示唆する．本来，高齢者介護と
いう課題に，子どもや配偶者を中心とする家族のケアによって対処しよ
うとするのか，積極的に介護サービスを利用するのかという選択は，第
三者がその善し悪しを客観的に決めるべき事柄ではない．しかし，日本
では，選挙によって選ばれた政権が，国民の「総意」を形式的ではあるに
せよ集約し，介護の社会化・準市場化を進める途が選択され，介護保険
制度として具体化された．そうして作り出された制度は全国一律であっ
ても，空間的非定常性があることによって，雇用機会の創出や所得移転
による域内経済循環には必ず地域差が生じるのである．

空間的非定常性が存在するという厳然たる事実に鑑みれば，働き方改革や少子化対策についても，介護保険制度を導入した時と同様のことが起こるのはほぼ確実であろう。これらの「社会問題」に対しては，すでに思いつく限りの政策パッケージが展開されているが，国内一律の政策のインプットに対してサブシステムとしての地域が異なる応答をするという事実，すなわち空間的異質性への目配りは，どれほどなされているだろうか。少子化や働き方の問題が日本社会の宿痾であり，克服すべき国家的課題であるとしても，どの地域にも同程度に効力を発揮する万能薬になりうる「少子化対策」や「働き方改革」は存在しないのである。

V．経済地理学が目指すべきこと

　「なぜ，東北日本では介護の外部化が進まないのか」というリサーチ・クエスチョンを仮に立てたとしよう。本章を締めくくるにあたり，この仮想的な問いを契機として，経済地理学が目指すべき方向性について考えてみたい。この問いに対する一般的な答えであれば，すでに手にしている。私たちが生きる地理的現実は，空間的非定常性を帯びているからというのがそれである。東北や北陸では，要介護高齢者の増加という変動に対して，介護の外部化一辺倒ではない対処がなされていると考えられる。より具体的には，三世代同居が卓越している東北日本では，家族による介護の重要性が高いため，介護の外部化が進みにくいと想像される。

　しかし，この「より具体的には」のところは，まだ仮説にすぎない。異なる地域に暮らす人々が，実際にどのような地域や家族の資源を動員して高齢者医療・介護の問題に向き合っており，それが介護の外部化の地理的多様性とどう関連しているのかという問いについて，現時点で筆者が提供できる知見はほとんどない。筆者は，「労働の経済地理学」を標榜する研究をしてきた（中澤2014）が，地域労働市場における医療・介護産業の位置づけやそれをめぐる労働力移動，さらには医療・介護の現場で働くことの意味については，きわめて皮相的な知識しか有していない。

そもそも，地理的加重回帰分析のような計量モデルでは，ここに掲げたような問いに完全に答えることはできない。空間的非定常性の働きによって，同じ社会経済的変動，同じ政策的介入に対して，地域はそれぞれに異なる応答をする。筆者は，量的分析の助けを借りながらも，フィールドワークに基づく質的分析を行うことで，このローカルなメカニズムを具体的にとらえることこそ，経済地理学が取り組むべき課題であると確信する。なぜなら空間的非定常性は，量的な関係性としてよりも，むしろ質的な関係性として認識するべき性質のものだからである。そしてその営為は，画一的な「上からの」万能薬的政策に陰伏するグローバルモデル的認識論を批判し，そのオルタナティブとしての「下からの」地域政策を構想することにつながるであろう。われわれが生きる地理的現実において，ceteris paribus（他の条件を一定とすると）という主流派経済学の仮定は常に成り立たないのである。

1）空間的非定常性と地理的加重回帰分析については，中谷（2003）を参照されたい。

2）以下からダウンロード可能である（https://gwrtools.github.io/gwr4-downloads.html　2023年9月22日閲覧）。

3）これはあくまでも安定成長期において想定される関係性であって，歴史貫通的に成り立つわけではない。つまり，事物間の関係性は，空間的非定常性とともに時間的非定常性をも帯びることに注意が必要である。

4）サービス経済化の進展によって，低学歴・低階層の若年男性が劣位に追いやられる状況は，イギリスにおいても認められる（McDowell 2003）。

5）空間的自己相関の代表的指標であるモラン統計量は，相関係数に類似した考え方で計算され，-1から1の値をとる。正の空間的自己相関は，値の近いデータが接近していることを示し，負の空間的自己相関は，高い値と低い値が市松模様のように並んでいることを意味する。通常の重回帰分析の残差についてのモラン統計量を計算したところ，統計的に有意であった（0.321, p<0.001）。

6）以下の記述は，中谷（2003），Nakaya（2016）による。

7）ローカルモデルには，本章で用いる地理的加重回帰分析以外の種類もある。詳しくは奥野（2001）を参照されたい。

8）カーネル関数は，ガウス型とバイスクエア型に大別でき，それぞれに固定型と適応型がある。詳しくはNakaya（2016）を参照されたい。

9）蓋然性が高いのは，説明変数を3つしか設定していないことに伴う過少定式化である。

これを解決するためには，若年女性の医療・介護従業者割合を規定する重要な説明変数を別途探す必要がある。しかし，すでに述べたように，本章の主たる目的は，より高い説明力を持つモデルを追求していくことではないため，説明変数の探索は今後の課題とする。

10）より新しいデータを用いた清水昌人(2023)も，高齢者の属する家族類型に対応して，介護サービスの内容に東西差があることを確認している。

11）加藤(2018)の第Ⅱ部は，経済地理学の立場からあるべき政策論(とくに地域開発論)について論じており参考になる。

［文献］

安東誠一(1986)：『地方の経済学──「発展なき成長」を超えて』日本経済新聞社。

石井まこと・宮本みち子・阿部誠編(2017)：『地方に生きる若者たち──インタビューからみえてくる仕事・結婚・暮らしの未来』旬報社。

伊藤達也(1984)：年齢構造の変化と家族制度からみた戦後の人口移動の推移，『人口問題研究』172：24-38。

上野千鶴子(2009＝1990)：『家父長制と資本制──マルクス主義フェミニズムの地平』岩波書店。

奥野隆史(2001)：計量地理学の新しい潮流──主としてローカルモデルについて，『地理学評論』74A：448-451。

梶田真(2009)：戦後日本における全国土木業者の編成メカニズム，『地理科学』64：45-62。

加瀬和俊(1997)：『集団就職の時代──高度成長のにない手たち』青木書店。

加藤和暢(2018)：『経済地理学再考──経済循環の「空間的組織化」論による統合』ミネルヴァ書房。

鎌田健司・岩澤美帆(2009)：出生力の地域格差の要因分析──非定常性を考慮した地理的加重回帰法による検証，『人口学研究』45：1-20。

苅谷剛彦・菅山真次・石田浩編(2000)：『学校・職安と労働市場──戦後新規学卒市場の制度化過程』東京大学出版会。

佐藤(粒来)香(2004)：『社会移動の歴史社会学──生業・職業・学校』東洋館出版社。

佐藤洋(2021)：大都市圏における地方税の徴収率の規定要因と空間パターン──貧困問題との関係を中心に─，『地理学評論』94A：17-34。

島恭彦(1951)：『現代地方財政論』有斐閣。

清水浩昭(2011)：高齢化社会における居住形態と介護の地域性，『家族関係学』30：75-82。

清水浩昭(2013)：『高齢社会日本の家族と介護──地域性からの接近』時潮社。

清水昌人(2023)：高齢者の家族類型と介護保険サービスの地域差，『人口問題研究』79(1)：21-36。

末吉健治(1999)：『企業内地域間分業と農村工業化』大明堂。

菅山真次(2011)：『「就社」社会の誕生──ホワイトカラーからブルーカラーへ』名古屋大学出版会。

ソジャ，E. 著，加藤政洋訳(2017)：『第三空間──ポストモダンの空間論的転回』青土社。

田中和子(1985)：空間分析と空間的自己相関，(所収　坂本英夫・浜谷正人編著『最近の地理学』大明堂：228-238)。

友澤和夫(1999)：『工業空間の形成と構造』大明堂。

中澤高志(2008)：『職業キャリアの空間的軌跡──研究開発技術者と情報技術者のライフコース』大学教育出版。

中澤高志(2014)：『労働の経済地理学』日本経済評論社。

中澤高志(2019)：『住まいと仕事の地理学』旬報社。

中澤高志(2020)：人々のキャリアと経済空間，（所収　伊藤達也・小田宏信・加藤幸治編著『経済地理学への招待』ミネルヴァ書房：60-77）。

中谷友樹(2003)：空間的共変動分析，（所収　杉浦芳夫編『地理空間分析』朝倉書店：23-47）。

中谷友樹(2017)：セミパラメトリックGWRモデリングによる空間分析——社会関係と主観的健康の関連性にみられる地域差，『立命館文學』650：436-422。

増田寛也編著(2014)：『地方消滅——東京一極集中が招く人口急減』中央公論社。

宮本憲一(1967)：『社会資本論』有斐閣。

山口覚(2016)：『集団就職とは何であったか——〈金の卵〉の時空間』ミネルヴァ書房。

ルフェーブル, A. 著，斎藤日出治訳(2000)：『空間の生産』青木書店。

Brunsdon, C., Fotheringham, A. S. and Charlton, M. E. (1996)："Geographically Weighted Regression: A Method for Exploring Spatial Nonstationarity," *Geographical Analysis*, 28: 281-298.

Fotheringham, A. S., Brunsdon, C. and Charlton, M. (2002)：*Geographically Weighted Regression: The Analysis of Spatially Varying Relationships*, Oxford: Wiley.

Gottfried, H. (2015)：*The Reproductive Bargain: Deciphering the Enigma of Japanese Capitalism*, Leiden: Brill Academic Publishers.

Hanson, S. and Pratt, G. (1995)：*Gender, Work and Space*, London: Routledge.

McDowell, L. (1997)：*Capital Culture: Gender at Work in the City of London*, Oxford: Blackwell.

McDowell, L. (1998)：*Gender, Identity and Place: Understanding Feminist Geographies*, Cambridge: Polity.

McDowell, L. (2003)：*Redundant Masculinities?: Employment Change and White Working Class Youth*, Oxford: Blackwell.

Nakaya, T. (2016)：*GWR4.09 User Manual*, GWR 4 Development Team.

Peck, J. (2016)："Macroeconomic Geographies," *Area Development and Policy*, 1: 305-322.

第 3 章

若者のライフコースからみた地方圏と大都市圏をめぐる地域格差

Ⅰ. ライフコースの**地域格差**という視点

　格差は，1990年代後半以降の日本を象徴するキーワードの1つである。厚生労働省の所得再分配調査によれば，1999年から2014年にかけて，所得の不平等度の代表的な指標である当初所得のジニ係数は一貫して上昇し，その後も高止まりしている。この点については，市場メカニズムを過信した新自由主義的政策の生み出した社会問題であるとして批判する声がある一方で，人口構造や世帯構造の変化に伴う見かけの変化に過ぎないという分析結果も示され，活発な論争が展開された（橘木1998；大竹2005）。

　地域格差については，労働経済学における研究がみられる（勇上2005；太田2007, 2010など）ものの，「格差社会」という言葉が流行する時代において，その取扱いは地味であった。その背景の1つには，データと手法の両面において，地域格差を厳密に分析することが難しいことがある。例えば地域間の世帯の所得格差を計測しようとする場合，住民属性や世帯規模が地域ごとに異なるため，単純に比較することができない。しかし，豊田哲也の精力的な研究の結果，従来よりも正確な所得の地域格差の計測が可能になった。

　豊田（1999）は，予備的な段階で書かれた論文であるが，地域間に見られる地域間格差（空間的分極化）と階層間に生じる地域内格差（垂直的分極化）とを峻別すべきという重要な指摘を行っている。それを踏まえた豊田（2012）と豊田（2013）は，住宅・土地統計調査のミクロデータを活用して，

世帯規模，年齢構成および物価水準を考慮して，都道府県レベルおよび大都市圏内の市区町村レベルで，地域間格差と地域内格差の動向を分析した画期的研究である。その結果，都道府県レベルでは世帯所得の地域間格差は拡大していないが，低所得地域から高所得地域への人口移動が活発化することによって，経済規模の地域間格差が拡大しつつあることを明らかにした（豊田2013）。高所得地域である大都市圏においては，地域内格差は全般に縮小しているが，東京圏では高所得者の分布が郊外から都心へと移行するドラスティックな変化を伴いつつ，大都市圏内での地域間格差が拡大していることが示された（豊田2012）。

　所得格差などの経済格差がなぜ問題にされるのかといえば，資本主義の下では，人生の様々な局面における機会へのアクセスの程度が，所得によって大きく左右されるからである。とりわけ大学進学といった，重要なライフイベントの局面における経済格差の影響は，個人のその後の人生全体におよぶ。マクロスケールでの階層間・地域間の経済格差を正確に計量し，その動向を注視することはもちろん重要である。他方で，個人に焦点を当て，ある時点での格差が後の人生や子どもの人生にいかなる影響を及ぼすのかという視点での分析もまた，不可欠である。本章では，若者が自らのライフコースを構築していくに当たって直面する制約と可能性の度合いを一種の格差であると認識し，地方圏と大都市圏の地域間格差と，それぞれの地域内格差の観点から論じる。

　ライフコースとは，即物的には人生をさすが，人生に対する特定の認識の仕方を含意した分析概念として使われることがある。分析概念としてライフコースを採用する研究（ライフコース研究）において，ライフコースは様々な経歴の束とみなされる（高島ほか1994）。職歴，家族歴，居住歴といった諸経歴が，相互作用しながら撚り合わさって，個人の人生を構成していると考えるのである。ライフコースは，個人の資質や能力はもとより，本人および親の所得や雇用の安定性などに起因する経済基盤や，年齢やジェンダーに関する社会規範など，様々な制約の下で構築される。したがって，本人が思い描いた通りのライフコースを歩める人は，むしろ少数である。

ライフコース研究が盛んに行われた社会学では，社会的文脈の歴史的差異がライフコースに及ぼす影響に関心が寄せられたため，同時出生集団(コーホート)間のライフコースの差異に注目した研究が多かった(例えば森岡・青井編1987)。しかし，生れ落ちる時代や階層と同様に，生れ落ちる地域もまた，本人には選ぶことのできない属性である。出身地域は，時代背景や出身階層と相互作用を持ちつつ，ライフコースにおける制約と可能性の大きさを規定する[1]。本章では，この事実をより明示的にライフコース研究に組み込むことによって，所得のようなある時点での量的な格差指標には還元しえない，ライフコースに即した通時的で質的な地域格差をとらえることを目指す。

Ⅱ. 分析の2つの視点

1. 地方圏への視点

　ウルリッヒ・ベックは，ライフコースを制約してきた伝統的な社会規範が希薄化し，個人の選択と責任に任される部分が増大する社会的プロセスを個人化と規定した(ベック1998；ベックほか1997)。晩婚化・非婚化や少子化の進展により，同じ年齢層でも，その人が所属する世帯の形態が多様化していることは，個人化の具体的な表れである(中澤2010)。個人化が進展した個人化社会において，人々はライフコースを自らの責任で設計し，構築していかなければならない。個人化社会の下で，人々が社会規範の制約から自由に，希望するライフコースを選択した結果として，世帯形態の多様化のようなライフコースの多様性が生じているとすれば，それは歓迎すべきことであろう。しかし，以下のように，所得をはじめとするその人の社会経済的地位が，人々を特定のライフコースへと振り分ける力として顕現し，それが見かけの多様性を生み出していることを示唆する研究が目に付く。

　太田(2007)は，大都市圏で働く地方圏出身者は，父親が高学歴かつ勤務先の企業規模が大きく，母親が専業主婦など，相対的に恵まれた家計から輩出されていることを明らかにした。石黒ほか(2012)は，進学・就

職を機に東京圏に他出した東北出身の若者を多面的に分析し，太田（2007）と同様の結論に達している。もともと，大都市圏と地方圏では，若者が自らの望むライフコースを築き上げようとする上での可能性および制約が大きく異なる。すなわちそこには，地域間格差が存在する。

　地方圏は，大都市圏に比べて教育機会が不足しているうえに多様性に乏しく，仮に教育を通じて人的資本を蓄積したとしても，それを発揮できる就業機会が乏しい（石黒ほか2012）。文化的な機会についても，ハイ・カルチャーになるほど圧倒的に大都市圏に集中する（阿部1992）ため，文化資本の蓄積においても地域間格差が生じる。端的にいえば，太田（2007）や石黒ほか（2012）の研究は，地方圏出身者が物理的・心理的距離を克服して大都市圏の諸機会に接触しようとする場合，親の所得が高く大都市圏に進学できるか否かに，その可能性が相当程度規定されることを示している。これは，制約を克服するための資源に関する地域内格差が存在することを意味している。さらには，こうした選択的な人口移動を通じて，地方圏と大都市圏の間に人的資本の賦存状態の不均等が発生し，さらなる地域間格差がもたらされる可能性もある。

　石黒ほか（2012）も指摘している通り，地方圏出身者の他出には，社会経済的地位の上昇の追求という積極的側面ばかりではなく，進学・就職の機会が不足しているため，大都市圏にそれを求めざるを得ないという消極的側面もある。のちにⅢで検討するように，少なくとも団塊の世代（1946〜50年出生コーホート）から団塊ジュニア世代（1971-75年出生コーホート）までは，地方圏出身者の地元定着率が上昇を続けていた地域が多い。これは，高度成長期以降，大都市圏と地方圏の所得格差が縮小基調にあったことに加え，地方圏においても進学・就職機会が増加したことに起因すると考えられる。ところが2000年以降には地方圏出身者の流出率が上昇に転じ，その裏返しとして大都市圏への人口集中が顕在化している。

　一方で，地方圏においては，未婚の子どもを実家に留めておこうとする新たな力学が生じている。それは，農業所得がほぼ消滅し，賃金の低迷が続く地方圏において，乏しい農外所得を持ち寄る多就業構造の家計が出現したことと関連している。Ⅲの後半では，そうした家計構造を持

つ世帯では，未婚の子どもに対して家計に貢献することが求められており，そのことが若者の経済的自立を阻害する要因となりつつあることを指摘する。

2. 大都市圏への視点

　進学や就職に伴う離家（若者が親元を離れること）は，ライフコースの重要な分岐点であり，後の結婚や世代の再生産とも密接に関係するが，今日では結婚が離家の契機となることが多い。加藤彰彦（2011）は，Oppenheimer（1988）の同類婚説と，Easterlin（1980）の相対所得仮説に基づき，晩婚化・非婚化の進展を説明している。前者は，経済成長の鈍化や労働市場の不確実性の高まりによって，若者が自分の条件に見合う結婚相手を探し出す期間が長期化することが，結婚の遅れの原因であるとする。後者は，若者の現在の所得と，親の過去の所得の比として定式化される相対所得を基準として，これが十分に高いことが将来にわたって見込めるならば，若者は結婚に踏み切るが，そうでなければ，結婚後の生活水準が親元での生活水準に比べて低いことになるため，結婚をためらうと説明する。加藤彰彦（2011）の分析結果は，これらの仮説がおおむね妥当であることを示している。すなわち，現代の日本においては，経済成長の鈍化に伴って，男性の相対所得が低下し，経済的に結婚生活の見通しが得られる男性が減少するとともに，女性にとっては親元に留まった場合以上の生活水準が得られる配偶者選択の幅が狭められ，晩婚化・非婚化が進展しているというのである。

　これまでの議論を振り返るまでもなく，親からの経済的自立や結婚・家族形成が，本人や出身家族の社会経済的地位と密接に関連していることは，常識に属する事柄であろう。しかし都市社会地理学では，都市内部の居住地域構造を分析するに当たり，家族的地位と社会経済的地位は，方法論的に独立した変数として扱われてきた。代表的な分析手法は，列方向に単位地区（市区町村など），行方向に住民属性を配した地理行列に対して因子分析を適用するものであった。その結果として，世帯のライフサイクルに対応すると解釈される家族的地位，社会階層や所得に対応すると解釈される社会経済的地位，エスニシティや言語集団に対応すると

解釈される民族的地位が抽出されてきた（森川1975；上野1982など）。単位地区ごとにそれぞれの因子得点を地図化すると，家族的地位は同心円構造を，社会経済的地位はセクター構造を，民族的地位はクラスター（集塊）構造を示すことが一般的である（ノックス・ピンチ2013）。

　都市社会地理学の関心の中心は，明確な分布の違いを示すこれらの因子を地図化することを通じて，居住地域構造を形態面において把握することにあった。確かに，因子分析によって抽出される各因子は無相関であり，統計的には独立した変数であるが，3つの地位は，個人のレベルでは明らかに関連している。パターンからプロセスへ（高坂1975）との掛け声とは裏腹に，所得（社会経済的地位）が家族形成の可能性（家族的地位）を規定していくプロセスは軽視され，無意識のうちに一種の生態学的誤謬[2]に陥っていたのではないか。

　社会経済的地位が家族的地位を規定する関係が見落とされた背景には，フォーディズムがもたらした大衆消費社会の下にあって，人々のライフコースの均質性が今よりも高かったこともある。Easterlin（1980）の概念を借りれば，高度成長期から安定成長期にかけての日本では，若者の大半が相対所得の上昇を期待することができたため，結婚・出産に踏み切ることができた。それゆえ，いわゆる「住宅双六」（第1章を参照）に対応したライフステージ（家族的地位）による住み分けのメカニズムがまず働き，それとは独立に社会経済的地位の高低によるセクター的な居住分化がもたらされると考えても，大きな齟齬は感じられなかったのだろう。

　しかし，加藤彰彦（2011）が指摘するように，長引くマクロ経済の停滞の中で，社会経済的地位が家族的地位を規定する力は以前に比べて強まっている。そうした変化の中で，大都市圏の居住地域構造はどのように変化するであろうか。そしてその変化は，どのような意味を持っていると解釈できるであろうか。IVでは，これらを検討するに当たり，国勢調査の分析に加え，アンケート調査に基づく事例分析を照合することで，生態学的誤謬をいくらかでも回避することを目指す。

III. 地方圏における若者の流出要因とその阻害要因

1. 地方圏における若者の動向の推移

　第1章と第2章の振り返りになるが，高度成長期と安定成長期の動向を簡単に整理しておこう。高度成長期の日本では，地方圏から大都市圏への人口移動が地滑り的とも形容されるほどの規模となった（図2-1）。その要因としては，所得や就業機会の地域間格差が大きかったという経済学的要因に加え，コーホート規模の大きな多産少死世代が，ちょうど進学・就職の時期を迎えたという人口学的要因も指摘されている（伊藤1984）。また，制度的背景として，学校と職安の強い関与の下に新規学卒労働市場が組織化され，地方圏の余剰労働力と大都市圏の就業機会との空間的ミスマッチが効率的に乗り越えられたことも重要である（苅谷ほか編2000）。

　高度成長期の地方圏出身者は，金の卵と称された新規中卒者から大学・大学院卒者まで，すべての学歴について，大都市圏に移動して就業する機会が開かれていた。もちろん，中卒者と大卒者は，異なる部分労働市場に包摂された。しかし，一定以上の規模の企業であれば，ブルーカラーであっても年功賃金が適用され，現場を管理する地位に達することを期待できた。日本では中小企業と大企業の雇用条件の差が大きく，そのことは，日本資本主義において近代的部門と前近代的部門が併存するという「二重構造論」の根拠ともなっていた（尾高1984）。しかし，前近代的であるとされた中小企業に勤務するいわゆる職人達にとっても，組織内での昇進とは異なる，独立自営というライフコース上の目標が用意されていた（佐藤2004）。

　高度成長期が終焉を迎えるのと相前後して，地方圏から大都市圏への人口流入は激減し，1976年には三大都市圏全体を合計した社会増がマイナスを記録するに至る。「地方の時代」とも呼ばれたこの時期には，高度成長期の後半から始まった製造業の地方圏への分散が進み，農家労働力を主たる包摂対象とする地域労働市場が展開した（末吉1999；友澤1999）。地域労働市場は，重層的な格差構造をはらんでいたが，地方圏にこれまで存在しなかった就業機会が供給される場であったことも事実である。

企業内地域間分業の確立過程で立地した大手製造業企業の分工場や生産子会社，関連会社は，新規学卒者を比較的良好な条件で雇用し，これによって地方圏出身者の地元残留率が高まった（山口ほか2000）。また，新たに発生した就業機会は，Ｕターン者の受け皿としても機能した（江崎2006）。

　1990年代を迎えて間もなく，バブル崩壊に伴って安定成長期は終焉し，日本は低成長期に突入する。これに先行して，1980年代の後半からは，著しい円高の下で製造業企業のアジア進出が進み，その裏返しとして国内の製造業の雇用は縮小した。バブル期の惰力を受けてか，地方圏の多くの県では，1990年代前半に就職した「団塊ジュニア世代（1971-75年出生コーホート）」の地元定着率が最も高くなっている。しかし2000年代に入ると，ほぼ一貫して上昇してきた地方圏出身者の地元定着率は，明確に低下し始めた。**表3-1**は，進学・就職に伴う移動を反映すると考えられる10〜14歳から20〜24歳にかけての人口の変化（20s前半／10s前半値とする）**3)**と，いったん就職して以後の移動を反映すると考えられる20〜24歳から25〜29歳にかけての人口の変化（20s後半／20s前半値とする）を，1971-75年出生コーホートと1981-85年コーホートについて，都道府県別に計算したものである。　20s前半／10s前半値は，2つのコーホートとも地方圏のほぼすべての県で100以下の値を示しており，高卒後の進学・就職に伴う大都市圏への流出が見て取れる。　1971-75年コーホートと比較した場合，1981-85年コーホートの20s前半／10s前半値が低下している県が多く，高卒後に大都市圏に流出する傾向は強まっている。注目すべきは，20s後半／20s前半値の変化である。1971-75年コーホートでは，地方圏の多くの県でこの値が100％を超えていた。これは，20歳台前半時点に比べて20歳台後半の人口が増加していることを示し，Ｕターン者の存在を反映する。ところが，1981-85年コーホートでは，地方圏において20s後半／20s前半値が100％を切る県が続出した。特に鳥取県，島根県，徳島県，高知県のように，産業基盤の乏しい県で値の減少が目立つ。20歳台前半から20歳台後半にかけて，いったん就職した人の地方圏からの流出が顕在化していることが示唆されるのである。

　20s後半／20s前半値は，大都市圏と地方圏とがまさにネガとポジの関

表3-1 1971-75年出生コーホートと1981-85年出生コーホートに関する若年期の移動傾向の比較

| | 20～24歳人口／10～14歳人口（%） | | | | | | 25～29歳人口／20～24歳人口（%） | | | | | |
| | 1971-75年出生コーホート | | | 1981-85年出生コーホート | | | 1971-75年出生コーホート | | | 1981-85年出生コーホート | | |
	総数	男	女	総数	男	女	総数	男	女	総数	男	女
北海道	90.2	88.0	92.5	91.3	90.4	92.3	95.8	94.3	97.4	92.0	89.8	94.4
青森県	70.1	69.4	70.8	73.3	72.4	74.3	101.3	100.9	101.7	91.7	91.4	92.0
岩手県	70.4	69.9	70.9	71.7	70.3	73.2	107.0	107.7	106.3	97.3	98.0	96.6
宮城県	108.8	109.8	107.7	101.5	100.9	102.1	93.7	91.6	96.0	90.3	88.1	92.6
秋田県	67.5	66.9	68.2	65.9	65.7	66.0	106.9	106.7	107.1	98.2	97.6	99.0
山形県	74.9	74.8	75.0	74.4	74.6	74.2	106.0	106.1	105.9	97.7	96.8	98.6
福島県	77.7	77.1	78.3	73.3	73.4	73.2	105.4	106.3	104.4	98.9	98.9	99.0
茨城県	92.0	91.9	92.1	86.6	86.9	86.3	101.2	103.2	99.2	99.8	102.1	97.4
栃木県	88.4	88.7	88.1	84.5	85.2	83.8	105.3	106.6	103.8	103.6	105.6	101.3
群馬県	87.0	86.3	87.7	83.4	83.0	83.8	105.1	106.6	103.6	101.8	103.1	100.5
埼玉県	110.0	111.0	109.0	107.5	109.5	105.5	96.6	96.5	96.6	98.2	97.0	99.6
千葉県	107.9	110.5	105.2	104.7	107.0	102.2	98.0	97.0	99.1	98.9	96.4	101.6
東京都	139.6	143.2	135.9	157.6	161.2	153.9	95.6	94.4	97.0	110.4	108.5	112.5
神奈川県	122.3	128.2	116.2	124.2	129.7	118.5	98.2	96.4	100.3	101.6	99.5	104.0
新潟県	77.4	76.9	77.9	76.8	76.8	76.9	105.8	106.2	105.4	100.0	100.0	99.9
富山県	81.9	79.9	84.0	79.5	80.0	79.0	106.5	108.4	104.5	104.2	104.0	104.4
石川県	94.0	94.4	93.5	93.3	97.2	89.3	94.7	92.2	97.3	91.8	86.9	97.3
福井県	80.8	81.2	80.4	77.9	76.3	79.5	106.2	104.7	107.8	100.9	101.3	100.5
山梨県	95.4	97.7	93.0	89.7	90.9	88.5	97.9	96.7	99.2	90.5	90.4	90.7
長野県	80.4	78.7	82.2	75.2	74.5	75.9	114.3	117.3	111.2	106.7	107.9	105.4
岐阜県	87.8	82.5	93.4	86.5	83.0	90.1	99.3	102.6	96.3	96.7	98.8	94.7
静岡県	85.1	82.9	87.4	81.3	80.9	81.8	108.6	112.0	105.3	108.6	111.3	105.8
愛知県	107.3	107.5	107.0	110.5	113.0	107.9	99.4	99.9	98.9	104.3	104.8	103.7
三重県	88.8	85.3	92.5	84.3	81.9	86.7	103.6	105.4	101.8	103.1	106.8	99.5
滋賀県	99.5	98.7	100.4	102.4	104.7	100.0	104.3	105.1	103.5	93.3	90.2	96.7
京都府	119.4	122.1	116.6	128.3	127.2	129.4	83.4	79.3	87.9	79.1	76.1	82.3
大阪府	109.4	107.7	111.1	112.3	110.3	114.3	94.1	92.6	95.5	97.2	95.0	99.4
兵庫県	93.6	88.4	99.1	94.2	89.6	98.9	102.4	104.1	100.9	97.2	97.9	96.5
奈良県	103.1	96.6	109.9	95.6	90.5	100.8	91.0	91.7	90.4	85.5	84.8	86.2
和歌山県	76.0	71.5	80.9	71.3	67.9	74.9	103.0	103.2	102.7	98.4	98.1	98.8
鳥取県	74.4	74.0	74.8	77.2	78.9	75.5	109.3	108.1	110.6	96.4	92.8	100.4
島根県	63.2	60.7	65.8	66.7	65.3	68.2	114.3	116.9	111.7	102.2	103.3	101.0
岡山県	89.4	84.8	94.2	92.1	88.9	95.4	98.9	100.2	97.6	95.3	95.6	95.0
広島県	91.5	89.1	94.0	89.9	88.8	91.1	99.8	99.7	99.8	98.3	97.8	98.7
山口県	75.4	73.0	77.9	76.5	75.7	77.4	99.7	99.4	100.1	96.4	95.6	97.2
徳島県	79.7	72.7	87.0	82.8	79.9	85.7	103.2	107.1	99.8	91.5	92.9	90.1
香川県	82.4	78.1	87.0	76.9	74.8	79.1	106.2	108.0	104.5	103.1	102.8	103.4
愛媛県	74.2	69.1	79.6	73.3	69.6	77.1	105.9	107.8	104.0	101.9	103.1	100.7
高知県	73.3	69.4	77.5	76.9	75.8	78.0	108.1	110.7	105.6	93.6	92.5	94.6
福岡県	105.4	104.4	106.4	105.5	104.1	106.9	93.9	90.0	97.9	91.3	87.2	95.6
佐賀県	76.4	71.3	81.7	75.6	71.5	80.0	99.9	102.6	97.5	97.1	97.4	96.7
長崎県	64.5	59.5	69.8	66.6	62.2	71.2	104.2	106.5	102.1	96.4	97.3	95.6
熊本県	81.2	79.0	83.5	81.3	78.9	83.9	98.8	96.0	101.6	95.3	93.4	97.2
大分県	73.8	70.6	77.2	78.0	75.0	81.0	102.8	101.3	104.3	100.9	101.6	100.2
宮崎県	67.8	64.8	70.9	68.2	64.8	71.7	105.7	104.7	106.7	102.0	101.9	102.1
鹿児島県	68.1	62.5	74.0	71.9	66.4	77.6	105.6	107.4	104.0	97.3	97.3	97.3
沖縄県	83.6	82.0	85.4	83.4	81.4	85.4	102.5	101.6	103.4	102.6	100.8	104.3

注：網掛けは100以下を示す. 太字は，1971-75年出生コーホートの値＞1981-85年出生コーホートの値，すなわち流出傾向の強化を示す.
資料：国勢調査により作成.

係にある。東京都は，1971-75年コーホートでは100%を割っていたこの値は，1981-85年コーホートでは100%を超えている。東京都は，進学・就職時にいったん集めた人口をUターンによって放出してきたが，人口を常に引きつけるブラックホール的存在になりつつある（増田編著2014）。以下では，2000年以降に顕在化したとみられる地方圏出身者の動向の変化について，男女別に考察する。

2. 2000年以降の地方圏出身者の動向

(1) 女性の場合

　東京都の女性の20s後半／20s前半値は，1971-75年コーホートが97.0%であったのに対し，1981-85年コーホート112.5%と激増している。つまり，2000年以降，大都市圏から地方圏へのUターンが減少するとともに，大学や専門学校の卒業時か，もしくはいったん地元で就職したのちに，地方圏から大都市圏に転出するというライフコースをとる女性が増加していることが示唆される。

　日本創成会議は，こうした若者の地方圏からの流出を重くみて，独自の市区町村別人口推計を含む，通称「増田レポート」（日本創成会議・人口減少問題検討分科会2014）を公表し，物議を醸した。そこにおいてとりわけ憂慮されていたのは，若年女性の流出であった。当時の公式の人口推計は，2013年3月に公表された国立社会保障・人口問題研究所（社人研）によるものであった。それによると，2040年の総人口は，すべての都道府県で2010年を下回り，市町村別にみると約7割の自治体で2010年に比べて2割以上の人口減少となり，65歳以上人口が40%以上を占める自治体が半数近くに上る。

　この結果から想定される地域人口の未来像からして，きわめて厳しいものである。それでも，日本創成会議は，社人研の推計では，前提となる人口移動が地方圏にとって楽観的なものになっていると指摘する。社人研の推計では，大都市圏の転入超過が歴史的に循環的変動を示してきたことから，今後は大都市圏と地方圏の転出入が均衡に向かうとの前提に立っていた。このことに対する日本創成会議の批判のうち，重要な部分をまとめると次のようになる。今日の地方圏の地域経済は，年金や社

会保障費に伴う財政トランスファーに依存しており，高齢者に対する医療・福祉サービスが基幹産業となっている。しかし，すでに高齢化が次の局面へと移行し，高齢者の絶対数が減少している自治体も少なくない。その結果，医療・福祉を支える主な労働力である若年女性が，当面は医療・福祉サービス需要が増加する大都市圏に転出する傾向にある。若年女性の流出は出生力の流出であり，将来にわたる地域人口の減少につながる。若年女性を集める大都市圏とりわけ東京都は，結婚して子どもを産み育てる上では厳しい環境であり，出生率はきわめて低い。かくして若年女性の大都市圏への集中は，全国的な人口減少を加速させる。

　こうした認識の下で，社人研とは異なり，地方圏と大都市圏の間の人口移動が収束しないと仮定すると，2040年の若年女性人口が2000年と比べて5割以上減少する市区町村が49.8%という結果となり，地方圏の自治体にとっては社人研の推計よりも格段に厳しい結果となった。こうした自治体は，早晩消滅することが危惧される「消滅可能性都市」であるとされた（増田編著2014）。

　日本創成会議の報告書を踏まえて制作された，NHKクローズアップ現代「極点社会——新たな人口減少クライシス」[4]では，地方圏の有力な社会福祉法人が，高齢者の介護需要が減少する地元に見切りをつけ，大都市圏に施設を新設する動きが加速していることが紹介された。大都市圏への進出を契機として，地元の専門学校卒業生や若年従業員が大都市圏の施設へと送り込まれ，若年女性の地方圏からの流出は促進される。福祉の仕事は重労働の割に低賃金であり，家賃や物価の高い大都市圏では，一人暮らしをしていくのがやっとである。番組では，忙しすぎて異性と出会う機会に恵まれず，仮に結婚したとしても，家計を維持し子どもを産み育てることができるだろうかとの不安に駆られながら働く若年女性の姿が紹介されていた。

　地方圏の県の多くでは，20〜39歳の女性の4分の1程度が医療・福祉に従事しており，若年女性にとってきわめて重要な就業機会となっている（図3-1）。地方圏から大都市圏へと女性が移動する要因は，医療・福祉サービス需要のみに還元できるものではない。さらにいえば，拡大する

図3-1　都道府県別20〜39歳の産業別従業者割合

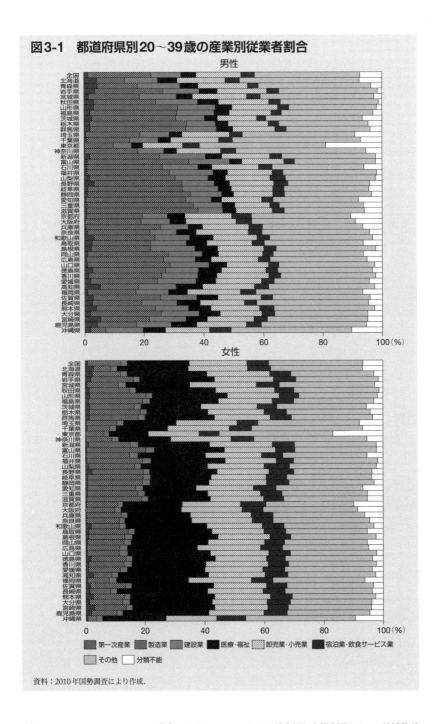

資料：2010年国勢調査により作成.

　　　　　若者のライフコースからみた地方圏と大都市圏をめぐる地域格差

大都市圏の医療・福祉サービス需要が地方圏からの女性の人口移動をもたらしているという因果関係そのものが，現時点では実証されるべき仮説の域を出ない。しかし，このままの状態が続けば，高齢人口の減少によって年金や医療・福祉といった高齢者をめぐる実質的な財政トランスファーに依存した地方圏の地域経済は瓦解し，自治体が存続の危機にさらされることは避けられない。

(2) 男性の場合

　男性についても，女性と同様に，いったん就職した後に地方圏から大都市圏へと流出する傾向が強まっている。地方圏では，製造業の国内空洞化に伴って労働力が押し出される形で「ネガティブなサービス経済化」(加藤幸治2011：28)が1990年代に進み，さらに2000年代には公共事業の削減が進んだ。しかし，現在でも，製造業と建設業が地方圏における男性の主要な就業機会であり，女性の仕事と認識したり，介護を受ける側が女性による介護を希望したりといったジェンダー意識も壁となって，医療・福祉への男性の進出は進んでいない。就業機会の量的不足よりも，むしろ進学率の高まりに見合うほどキャリアの選択肢の幅が広がらなかったことが，男性の大都市圏への流出の主な要因であろう(阿部2021)。当然これは，女性にもいえることである。

　太田(2007)や石黒ほか(2012)によれば，労働者のその他の属性をコントロールしても，大卒者の所得には大都市圏と地方圏との間にかなりの格差が認められる。また，同じ大都市圏で働いている若者について，地方圏出身者と大都市圏出身者を比較すると，前者の所得の方が高い。これは，大都市圏への移動によって大きなメリットが期待できる人的資本レベルの高い地方圏出身者が，選択的に移動しているからであると説明される(太田2007)。石黒ほか(2012)は，地方圏出身者について，進学時に大都市圏に移動するほうが，就職時に移動するよりも高所得に繋がっていることに加え，高卒者については大都市圏に就職することの経済的メリットがほとんどないことを明らかにしている。十分な所得を見込める就業機会が得られるのであれば，大都市圏への移動は経済的自立の契機となるであろう。しかし，そうした機会が得られるか否かは，もっぱら進学

できるか否か，すなわち親の所得の多寡に依存している。そして，進学機会を求める移動は，地方圏からの人的資本の流出を意味する。

　男性に関していえば，地方圏内部での流動性も高まっている可能性がある。2000年以降の製造業の大企業では，製造拠点の海外進出に拍車がかかり，国内での生産拠点は大規模の新鋭工場に絞り込まれる傾向が強まった（松原編著2009）。テレビの地上デジタル放送化などの後押しもあり，FPD産業や半導体産業では，国内の限られた拠点に1000億円を軽く超える規模の投資が集中的になされた（川端2013）。農村工業化による地域労働市場の展開は面的な広がりを持ち，地方圏の就業機会は全般的に底上げされた。これに対して2000年代の国内製造業の再編の過程では，地方圏は製造業の就業機会が多い地域と少ない地域がまだら模様を呈するようになった（友田2008：29）。

　この動きと並行して進展したのが，製造業における間接雇用の活用である。労働者派遣法の改正により，製造業務への派遣が認められたのは2004年からであるが，業務請負による実質的な間接雇用の拡大はすでに進んでいた（中馬2003）。大手の派遣・請負業者は，全国に張り巡らせた事業所網を活用して，労働力需要の空間的ミスマッチを解消する労働市場の媒介項として作用する（中澤2014：第6章，第7章）。労働力需要が乏しい地域の若者は，職場があること以外にはゆかりのない地域に張り付けられていく。こうして，「地域に長期間居住してきた人々の平均的な労働力再生産費に基づく地域密着的な賃金水準が規定するような地域労働市場」（友田2008：36）は解体され，間接雇用労働力の市場が自由市場に近い形で成立する。

　しかし，移動を余儀なくされた間接雇用労働者の多くは，友人関係や親族関係を通じて出身地との結びつきを保持し続ける。沖縄県では，本土で間接雇用や期間工として働くことを，「キセツに行く」と呼びならわしており，半年ほど働いては島に戻り，貯金や雇用保険で生活するという経験が一般化している（宮内2008, 2009）。2008年に発生した金融危機によって，いわゆる「派遣切り」が問題になった時には，多くの自治体が相談窓口を設け，失職者の救済措置を独自に展開したが，それを頼った間

接雇用労働者は少なかった(中澤2014：第6章)。大半の失職者が，親元を頼って出身地に戻るなどしたためと思われる。つまり，転出後も維持していた出身地や家族との関係が，危機に際してセーフティネットとして機能したのである。裏を返せば，そうしたインフォーマルなセーフティネットを持たない労働者が，「根付きの空間」(Cox 1998)から遊離し，自由市場の色彩を強めた労働市場の中でリスクに直面しているのである(中澤2014：第7章)。

3. 離家の阻害要因としての多就業構造

1980年代中ごろまでの地方圏は，世帯構成員が総働きし，農業所得と農外所得を組み合わせて家計を成り立たせる多就業構造によって特徴づけられていた(山崎2008)。農村工業化の過程で形成された地域労働市場は，階層化された部分労働市場に分断されており，零細農家の労働力ほど，低位な部分労働市場に組み込まれる傾向にあった。一方で，1970年代から80年代にかけては，農業経営規模が2haまでであれば，規模が大きいほど世帯所得が低い傾向がみられた(河村2004)。「製造業での就業機会があれば，農業経営規模に関わらず兼業化したほうが所得形成にとっては有利」(河村2004：49)な状況が生まれていたのであり，多就業構造は世帯単位での所得格差を打ち消す作用を持っていた。

成人期への移行過程にある若者を，家計責任を分担すべき世帯の構成員とみなすかどうかは，親子双方の個人的な条件や階層，文化などに依存する(宮本2012)[5]。階層に着目すると，上位階層の場合，親は子どもに経済的援助を期待せず，将来のために貯蓄することを奨励する。この階層では，仕送りによって大都市圏に進学させることも可能である。恵まれた条件の中で，子どもは未婚の時点で独立した家計を営むことが可能な仕事に就くことが多い。親子が同居して所得を持ち寄る多就業世帯が典型的にみられるのは，中位階層であり，働き手が複数になって一時的に裕福な時期を迎える余裕造出型と，子どもによる家計補充で生計が維持される家計補充型に二分される。下位階層の場合には，親子ともに低所得・不安定就労であることが多く，家計の独立が達成しがたいにもかかわらず，子どもは親に経済的援助を求められることを嫌って早期に離

家する。

　かつての多就業構造は，同居する未婚の子が所得の一部を家計に拠出しているとしても，結婚して跡継ぎにならない限り，長期的には家計への貢献が期待されてはいなかった。主として跡継ぎ世代の賃労働による農外所得が比較的安定しており，農業所得の家計への貢献度も比較的大きかったため，未婚の子の所得は「余裕造出」の位置づけであったといえる。一方，現代の地方圏における多就業構造では，農業からの所得はあったとしてもわずかであり，農業所得を含まない，いわば都市的な持ち寄り家計が一般化している。

　基幹産業であった製造業の雇用が減少するとともにその分布がまだらになり，低賃金に特徴づけられる医療・福祉サービスが基幹産業化した地方圏において，下位階層の中には，未婚の子の所得を合算することによって，かろうじて労働力を再生産している世帯も見られるようになった。宮本(2012)は，筆者も参加して行われた岩手県と山形県の若者に対するインタビュー調査(石井ほか編2017)に基づき，未婚の子が実家の家計に対する貢献の義務を負っているために，彼／彼女らの経済的な自立や家族形成が阻害されている状況があることを描き出している。家計の苦しい世帯の子どもは，在学中から「卒業したらお金を入れてほしい」と明言されており，時には子どもの所得が家計に貢献することを期待するあまり，子どもの結婚や経済的自立を暗に妨害しているとみえる事例もあった。

　今日の多就業構造の下では，現時点で構成員の労働力の再生産は可能であっても，親世代が高齢化するにつれて家計の持続可能性は次第に失われる[6]。ましてや新たな世帯を形成して世代の再生産を行うことは現実的ではなく，地方圏の人口再生産力を一層低下させる要因となる。家計補充の義務を負っている若者は，相対的に出身階層が低いために教育投資による人的資本形成が十分ではないことが多く，離家しても経済的な自立を達成できる目算は立たない。むしろ，親子ともに家計が維持できなくなり，共倒れになる可能性が高い。

　豊田(2013)は，高い精度で世帯所得を推計しているが，同じ所得を得ている世帯であっても，家計の成り立ちが異なれば，若者の所得に対す

る期待度も異なることまではとらえきれていない。多就業構造に組み込まれて自立が阻害されている若者は，統計的にも，実体的にも見えにくい存在である。何とか生活できてしまっているがゆえに，支援の手が差し伸べられることがほとんどないという問題も指摘できる。

Ⅳ. 大都市圏における居住地域構造の変容と若者

1. 郊外における世帯内単身者の増加

　大都市圏では，晩婚化・非婚化の進行が著しい。そのことは，きわめて低い出生率の原因でもある。大都市圏は，教育や就業をはじめとするさまざまな機会に恵まれている反面，若者が親から独立して新たな家族を形成することが難しい環境でもある。こうした文脈において注目されてきたのが，最終学歴終了後も未婚のまま親と同居する世帯内単身者である。山田(1999)は，世帯内単身者を「パラサイト・シングル」と名付け，基礎的生活資源を親に依存しうる恵まれた存在であるとし，彼／彼女らの中に依存主義，貴族主義がまかり通っていると批判していた。しかし，国立社会保障・人口問題研究所(2000)を皮切りとして世帯内単身者の調査が蓄積されると，彼／彼女らが親への依存心から離家しないことを選んでいるというよりは，雇用形態の不安定さや所得の低さから，自立して世帯を形成することが困難であるがゆえに，実家に残留していることが明らかになった[7]。世帯内単身者については，第6章および第7章で再び取り上げるが，ここでは東京圏内における世帯内単身者の分布に注目する。

　東京圏における1990年の世帯内単身者率(30〜34歳男性)を地図化すると，外縁部に加えて都心周辺部にも高率の地域が認められる(図3-2)。しかし，都心周辺部の高まりは次第に消滅し，2010年になると明瞭な同心円構造を示すようになる。社会経済的地位の指標であるブルーカラー従業者率については，1990年の時点では下町から埼玉県東部にかけて高く，山の手から多摩地域にかけてと千葉県北西部で低いというセクター構造が歴然としていた。それが2010年になると，世帯内単身者率と同様に明

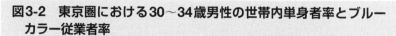

図3-2　東京圏における30〜34歳男性の世帯内単身者率とブルーカラー従業者率

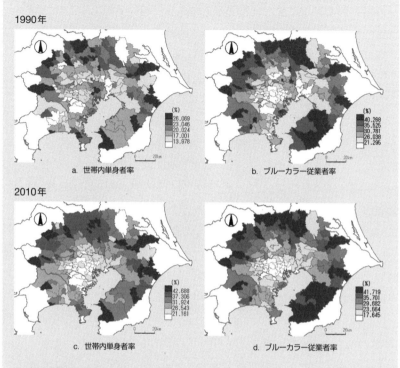

注：庁舎の位置が東京駅から60km未満の市区町村について表示した．世帯内単身者率の分母は，市区町村の常住人口．その他詳細は青井・中澤（2014）を参照．
資料：国勢調査により作成．

確な同心円構造を呈するように変化する．つまり，世帯内単身者率とブルーカラー従業者率は，いずれも同心円構造を強めるとともに，その分布の一致度を高めてきている[8]．

　このことは，何を意味するのであろうか．東京圏において，社会経済的地位の分布におけるセクター構造が薄れ，家族的地位に対応するとされてきた同心円構造に一元化されつつあることは，先行研究でも指摘されている（浅川2006；小泉2010）[9]．東京圏では，世界都市化を目指した新自由主義的な都市戦略の下で，特権的な地点としての都心に投資が集中する傾向にある（平山2006；矢部2008）．世帯内単身者率とブルーカラー従業

若者のライフコースからみた地方圏と大都市圏をめぐる地域格差

者率が都心からの距離とともに高まる傾向を強めてきたことは，不動産市場のメカニズムによる同心円構造が強化される方向で，居住地域構造が再編されてきたことを意味する。つまり，地代負担力の高いホワイトカラーが都心周辺を占拠し，地代負担力の低いブルーカラーや親から自立できない若者が郊外に滞留するという居住分化が深化している。

　平山(2011)によれば，世帯内単身者は非正規雇用など生活基盤が弱く不安定な就労状態にあり，職業の面では，販売・サービス職や労務職といったグレーカラー従業者，ブルーカラー従業者が多い。松本(2004)は，今日では郊外で生まれた高卒者が，東京圏のブルーカラー従業者の供給源になっていると指摘している。また，根岸・谷(2004)は，東京圏郊外の工業高校卒業生の就職先を経年的に分析し，その就職先が高校立地地域周辺に狭域化していることを示した。これらの先行研究を踏まえれば，親の所得が低いことなどから，高卒で就職せざるを得ない郊外出身者が，実家周辺の限られた就業機会のなかでブルーカラー従業者となり，経済的に自立できるだけの所得が得られないことによって世帯内単身者となっているという仮説が成り立つ。

　世帯内単身者の増加は，東京圏における労働力基盤の変化と密接に関連している。高度成長期の大都市圏の労働市場には，地方圏から農家出身者が労働力として大量に流入した。その多くは単身の新規学卒者であったため，雇用者は寮や寄宿舎，あるいは住み込みといった形で住居を直接供給するか，住宅手当を支出することによって，労働力の再生産拠点を保障する必要に迫られた。地方圏出身者にとって，大都市圏への就職は，必然的に実家から経済的に自立することを意味していたのである。

　出生コーホートごとにみた各年齢時点での東京圏居住者割合を示した**図1-1**を振り返ってみよう。ここでは，コーホートごとの東京圏居住者割合の1946-50年出生コーホート(団塊の世代)と1971-75年出生コーホート(団塊ジュニア世代)を太線で示している。0〜4歳時点での東京圏居住者割合が低く，進学・就職に伴って東京圏に移動する傾向が強い団塊の世代と比べ，その子ども世代に相当する団塊ジュニア世代は，0〜4歳の時

点ですでに東京圏居住者割合が高くなっている。このように，現在では
すでに人口の多くが大都市圏に集中しているため，現代の大都市圏の若
年労働力は，その多くが大都市圏出身者によって構成される。彼／彼女
らは実家からの通勤が可能であるため，あえて離家する必要はない。こ
うした現実は，企業が労働力の再生産拠点を確保するための支出を削減
しうる条件となる。企業が若年労働力の再生産費用を親世代に転嫁する
契機になっているともいえるであろう。実際に法定外福利費のうち，住
宅部分は顕著に減少している[10]。このように大都市圏出身者の増加は，
住居費部分に対する実質的な賃金切り下げ圧力となり，若者の世帯内単
身者化を促進していると考えられる。

2. 選別される郊外

　東京圏では，居住地域構造における同心円構造が強まり，豊田（2012）
が言うように「豊かな郊外」に「豊かな都心」がとって代わるというドラス
ティックな変化が起こっている。しかし，郊外が一様に地盤沈下してい
るわけではない。

　ブルーカラー従業者率とは逆に，ホワイトカラー従業者率は都心に向
かうにしたがって上昇する傾向を強めている[11]。このことは，単回帰分
析において，東京駅からの距離の係数の絶対値が大きくなり，決定係数
が上昇していることからも示される（**表3-2**）。1980年と2010年について
残差をプロットしてみると，第一象限と第三象限に位置する市区町村が
多く，1980年時点で都心距離の割にはホワイトカラー従業者率が高かっ
た（あるいは低かった）地域は，2010年の時点でも同様の特徴を示す傾向に
あった（**図3-3**）。しかし，30年の間に地域特性が変化した地域（第二象限，
第四象限）も少なくない。とりわけ第四象限は，1980年時点では都心距離
の割にはホワイトカラー従業者率が高かったが，2010年に至ってむしろ
ホワイトカラー従業者率が相対的に低くなった地域であり，注目に値する。

　市区町村が属する都県によって，**図3-3**上での分布傾向が異なるよう
に思われたことから，都心距離に加えて地域ダミー変数を入れて重回帰
分析を行なった（**表3-2**）。都心でのホワイトカラー従業者率の推定値であ
る切片と，ホワイトカラー従業者率の勾配を示す東京駅からの距離のパ

表3-2　30〜39歳男性のホワイトカラー従業者率の推定結果

	1980年		1990年		2000年		2010年	
	係数	t	係数	t	係数	t	係数	t
単回帰分析								
切片	36.30	26.90 **	44.49	36.49 **	47.06	37.15 **	53.77	41.59 **
東京駅からの距離	-0.19	-5.15 **	-0.23	-7.05 **	-0.33	-9.48 **	-0.53	-15.02 **
R^2	0.12	**	0.21	**	0.32	**	0.54	**
重回帰分析								
切片	34.03	22.57 **	42.62	30.75 **	45.85	32.08 **	54.20	38.21 **
東京駅からの距離	-0.17	-3.72 **	-0.22	-5.10 **	-0.31	-7.17 **	-0.46	-10.58 **
基準：東京都区部								
埼玉県ダミー	-0.72	-0.33	-0.35	-0.17	-2.24	-1.08	-6.64	-3.22 **
千葉県ダミー	1.10	0.46	0.07	0.03	-0.76	-0.34	-5.26	-2.36 *
多摩地区ダミー	6.62	2.93 **	5.21	2.51 *	4.34	2.03 *	0.82	0.38
神奈川県ダミー	5.46	2.38 *	4.70	2.23 *	5.17	2.38 *	1.90	0.88
茨城県ダミー	-4.11	-1.42	-3.69	-1.38	-2.05	-0.74	-6.12	-2.24 *
adj. R^2	0.27	**	0.32	**	0.42	**	0.63	**

注：合併や分区を考慮し，東京駅から60km未満に庁舎のある市区町村を192に調整して分析した.
**は1%水準，*は5%水準で統計的に有意であることを示す.
資料：国勢調査により作成.

ラメータは，年を追うごとに増加しており，居住地域構造が同心円性を
強めていることがここからも確認できる。地域ダミー変数を投入すると，
いずれの年でも単回帰分析に比べて説明力が向上する。1980〜2000年
では，多摩地区ダミーと神奈川県ダミーの係数が正の値で有意であった
が，2010年には5％水準でも有意でなくなった。これと逆行して埼玉県
ダミーと千葉県ダミーはt値を減少させていき，2010年には負の値で有
意となった。このことは，レファレンス・グループである東京都区部の
卓越，いいかえれば同心円性の高まりを示すとともに，郊外においては
埼玉県と千葉県が住民の社会経済的地位の点で相対的に没落したことを
意味している。豊田（2012）は市区町村について世帯所得を推計し，大都
市圏内における1998年と2008年のパターンの変化を検討している。そ
れによると東京圏では，郊外において所得の低下した市区町村が多く，
とりわけ埼玉県では後退が目立つとしている。これは，本章の分析結果
と整合する。

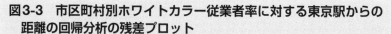

図3-3 市区町村別ホワイトカラー従業者率に対する東京駅からの距離の回帰分析の残差プロット

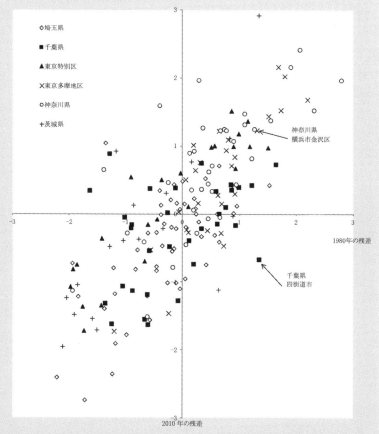

注）1980年と2010年の単回帰分析（被説明変数は30〜39歳男性のホワイトカラー従業者率）における残差をプロットしたものである。
資料：国勢調査により作成.

　筆者らはかつて，神奈川県横浜市金沢区と千葉県四街道市の郊外住宅地において，親世代と子世代の属性と居住動向を，世代交代に伴う社会階層の再生産と関連付けながら比較分析した（中澤ほか2008）。金沢区と四街道市は，いずれも都心から約40kmの距離にあるが，前者は距離の割にホワイトカラー従業者率が高いという特徴が保たれてきた地域であるのに対し，後者は2010年に至って，むしろ距離の割にはホワイトカラー従

　　　　　　　若者のライフコースからみた地方圏と大都市圏をめぐる地域格差

業者率が低い地域となっている。中澤ほか(2008)は，はからずもそのことをミクロレベルで裏付ける結果となっている。

　対象となった2つの住宅地は，しいて挙げれば四街道市の住宅地の分譲価格が若干安かったものの，いずれも1970年前後に開発され，都心距離や開発規模はほぼ同じである。親世代の夫は都心周辺の大手企業や官公庁に勤務する高学歴ホワイトカラー[12]であり，妻は専業主婦という，いわば典型的な郊外住民像を呈する点でも似通っていた。ところが子世代の属性については，2つの住宅地での差異が拡大していた。男性についていえば，金沢区では子世代も大手企業や官公庁に勤務する高学歴ホワイトカラーとなった例が多かった。一方，四街道市については，学歴の点で金沢区に水をあけられ[13]，販売職が22.2%（金沢区12.7%），現業職が11.1%（金沢区3.8%）と，グレーカラーとブルーカラーが3分の1を占めるなど，親世代に比べて社会階層が低下していた。世帯内単身者（ここでは親と同居する25歳以上の未婚者）の就業形態にも大きな差がある。金沢区では，世帯内単身者である男性の77.6%，女性の64.3%が正規雇用であったのに対し，四街道市ではその割合が男性の50.0%，女性の50.0%であった。

　2つの住宅地では，子世代（男性）の勤務地にも差異がみられた。親世代の夫については，いずれの住宅地も東京都区部に通勤している人が中心であった。金沢区では，東京都心3区への通勤者が若干減ったが，郊外通勤者が大きく増加することはなかった。これに対して四街道市では，東京都心3区への通勤者の割合が大きく低下し，四街道市や千葉市を含む郊外への通勤者が顕著に増加した。四街道市の子世代について，郊外に職場を持つ割合を職業別に見ると，管理・専門職52.5%，事務職41.9%，販売職65.0%，現業職85.7%であり，グレーカラーやブルーカラーでその割合が高い。

　以上を総合すると，親世代の社会階層が比較的高い郊外住宅地であっても，必ずしも階層の再生産がなされているわけではないことが示唆される。そして，都心周辺に職場を持つ相対的に社会階層の高い既婚の子世代が流出し，郊外で非ホワイトカラー職に就いて働く子世代や，不安定就労状態の世帯内単身者が，地元に残留するという選択的なプロセス

が進行しているようである。こうしたプロセスは，住民の社会経済的地位にみられる埼玉県・千葉県の凋落と関連付けられる。

　2つの住宅地の分岐点は，どこにあったのであろうか。表面的には均質に見えても，親世代においてすでに職業や学歴，文化資本などについて微妙な差異が胚胎されており，それが世代交代を契機に増幅されるようになったというのが，最も妥当な推論であろう。確かに2つの住宅地では当初より住宅価格に多少の差があり，勤務先の規模などにも若干の差異がみられたからである。筆者は，子世代にみられた差異のどの程度が，親世代の個人属性の差異に由来するのかに関心がある。子世代の社会階層が親世代の社会階層によってほぼ説明できるとすれば，世代交代に伴って郊外住宅地間の差異が増幅される現象が起こったとしても，それは主として社会学的なアプローチで解答可能である。経済地理学的な観点からは，世代間の階層の再生産の過程に，ローカルな環境要因がどの程度関わっており，特にどのような因子が重要であるのかを追求する必要がある。そのことは，おそらく東京圏内の居住地域構造の変動の要因を解くことに繋がってくるであろう。

V．地域格差を創り出す多様な次元

　本章では，若者が自らのライフコースを構築していくうえでの制約と可能性について，地方圏と大都市圏をめぐる地域格差の観点から論じてきた。本章を閉じるに当たり，多様な次元における地域格差の輻輳を意識して，論点を整理したい。

　地域格差の主軸は，やはり大都市圏と地方圏の間に厳然と存在する地域間格差であると考える。所得などの指標に基づいて量的に計測するならば，地域格差は拡大する時期もあれば，縮小する時期もある。それは科学的方法に基づく事実である。しかし，自らが希望するライフコースを実現するに当たって，教育機会や雇用機会，あるいは文化機会にアクセスしようとした場合，地方圏は大都市圏に比べて，その量はもとより，容易に計測しえない質や多様性の点で，大きな隔たりがある。そしてそ

れは，少なくとも短期的には変化しない。

　地方圏出身者のある部分は，進学や就職の機会を求めて大都市圏に移動する。積極的な移動者もいれば，魅力的な就業機会や十分な所得が得られないため，やむを得ず出ていく人もいるであろう。いずれにせよ，若年人口の流出は，地方圏にとって労働力，人的資本，消費力の流出であり，人口再生産力の流出でもある。

　しかし，地方圏出身者の誰もが都会に新天地を求められるわけではないし，それが思い描いていたライフコースの実現につながるわけではない。より「恵まれた環境」に生まれついた者が地域間移動を行い，「恵まれた立場」を新たに手に入れるという石黒ほか（2012）の結論は重い。農業の所得形成力が弱体化し，製造業をはじめとする比較的良好な雇用機会が減少した地方圏では，低賃金労働で得た農外所得を持ち寄るタイプの多就業構造からなる家計が生まれている。そうした家計に貢献することを余儀なくされ，実家から経済的に自立することを阻害されている若者もいる。地方圏の若者は，地域内格差の中に置かれており，それが大都市圏との間にある地域間格差を前提とする地域間移動の可能性に直結し，地域間格差を維持・拡大させていく。

　晩婚化・非婚化が進み，大都市圏では世帯内単身者が増加している。大都市圏出身者は，大都市圏出身であるがゆえに進学・就職に際して実家を離れる積極的な理由に乏しい。世帯内単身者の割合は，近年では都心を離れるほど高くなる傾向にあり，ブルーカラー従業者率の分布との一致度を高めている。高卒で就職せざるを得なかった郊外出身者が，実家周辺で低賃金のブルーカラー職に就き，親からの経済的自立が展望できる所得を得られずに世帯内単身者となっている可能性が高い。このことは，東京圏の居住地域構造が，新自由主義的な都市政策を背景に，都心を卓越空間とする同心円構造へと再編されつつあることと関連している。

　しかし，かねてから社会経済的地位と関連付けられてきたセクター構造が消失したわけではない。住民の社会経済的地位の変化からは，埼玉県・千葉県の凋落が浮き彫りとなった。なぜ，このような面的広がりを

呈するのかは明らかではないが，郊外住宅地の世代交代における階層の再生産との密接な関連が考えられる。階層の再生産が不順である郊外住宅地では，相対的に社会階層の高い子世代が流出する一方で，非ホワイトカラー職や不安定就労の子世代が地元に残留するという選択的なプロセスが表出している。大都市圏においても，経済的に自立し家族形成を行いうる若者と，その移行が困難で実家に残留する若者という地域内格差が存在し，それが居住地域構造における地域間格差の顕現に結びついている。

　本章は，いくつかの課題を残している。まず，大都市圏に移動した地方圏出身者が，労働市場および住宅市場において，階層的にも空間的にもどのような位置づけにあるのかについて明らかにする必要がある。賃金面では，大都市圏で働く地方圏出身者は，大都市圏出身者に比べて相対的に高いという研究結果があり，相対的に高賃金の就業機会を得られた地方圏出身者が大都市圏に定着しているとみられる。しかし，地方圏出身者と大都市圏出身者の間で，職場や住居の分布に違いがみられるかといった地理的な側面は，ほとんど明らかになっていない。

　両者の重要な相違点は，実家の位置にある。居住行動に関する近年の研究は，大都市圏出身者に親との近居傾向がみられることを示しており（平山2011；中澤ほか2012），その背景には，子育てや介護における互助的なサポートや，親子の情緒的な紐帯の強さに起因する相互の頻繁な接触があると考えられる（中澤ほか2008）。しかし，地方圏出身者とりわけ夫婦が共にそうである場合には，居住地選択の上で実家が参照点にはならない。東京圏では長らく続いた区部の人口減少が，1990年代後半以降，増加に転じている。その主な要因は，区部への転入増加ではなく転出の減少にあった（江崎2006）。都心周辺の臨海部に林立しているマンションの居住者には，都心に通勤する高所得の地方圏出身者が比較的多いとの報告もある（小泉ほか2011）。

　大都市圏出身者についても，相対的に社会経済的地位の高い子世代が親から経済的に自立して郊外から流出し，経済的に親に依存せざるを得ない子世代が世帯内単身者として実家に残留するというプロセスをより

明確な形で実証する必要がある。さらにはそのプロセスを，大都市圏の居住地域構造の変動と論理的に結びつけるという課題も残されている。

　アラン・リピエッツは，レギュラシオン学派の立場から，フォーディズム以後の民主主義のあるべき姿を論じる中で，次のように述べている（Lipietz 1994：348）。

　　ほとんどの賃金労働者は，職種間や地域間の移動を嫌がる。それでいいのだ。仕事は個人的・社会的生活の一側面に過ぎない。情緒的な関係性や家族関係が，人としての成長と幸福の主な条件であり，そのためには居住地域と結びついた物質的条件やコミュニティの安定性が必要である。したがって，われわれの要求は，単に「働く権利を」というだけではなく「自分の地域で暮らし，働く権利を」という主張を含むべきである。

　人は自分の生れ落ちる地域を選べないし，現住地に至る経緯には偶然が強く作用している。しかし，たまたま生活することになった場所であっても，年月を重ねるうちに次第に愛着が育まれ，その人にとっての「根付きの空間」となる。「自分の地域で暮らし，働く」ことは，ライフコースに関する人々の願いの中で重要な部分を占めているはずである。

　リピエッツの主張する「自分の地域で暮らし，働く権利」は，暮らしを支える就業機会がその地域に備わっていない限り，保障されない。その保障があって初めて，若者は自立した主体へと移行することができ，ライフコースを通じた自己実現が展望できる（阿部2021）。とはいえ，ライフコースに見通しを立てられる，公正で好ましい条件の就業機会（ディーセント・ワーク）の確保は，今日の地域的な課題の中でもとりわけ困難なものである。その困難さは，企業内地域間分業の国境を越えた拡大や，グローバル化に伴うサービス業雇用の分極化に起因する構造的問題が，日本の国民経済がもつ特性[14]と相まって，労働条件の引き下げ要因になっているからである。経済地理学は，国民経済の特性とマクロな地域構造との連関を相即不離のものとして把握する分析視角を磨いてきた。そして，

それに基づいて地域問題を認識し，あるべき国土の姿を描き出し，それを実現しうる地域政策論を展望してきた。その蓄積を生かしながら，グローバル経済の動向を視野に入れて，「自分の地域で暮らし，働く権利」を掘り崩している構造的要因を把握する新たな分析視角を構築することは，経済地理学に課せられた重要な課題である。

コミュニティを基盤とした取り組みや基礎自治体レベルでの施策によって，いくらかの雇用が生み出されたとしても，就業機会の減少や労働条件の劣化をもたらしている構造的要因が解消されるわけではない。しかし，「自分の地域で暮らし，働く権利」が蝕まれることに対して，ローカルな防衛線を張ることは，決して無駄ではない。しかし，単に国内各所の成功事例を参照するだけでは，地域の資源を掘り起こし，新たな就業機会を育んでいくことはできない。経済地理学には，地域を諸要素の複合として関係論的に認識する生態学的な視点を研ぎ澄まし，その視点を通じて現実を認識することによって，地域に応じた就業機会の芽を見出すことに貢献することが期待されている[15]。

「自分の地域で暮らし，働く」権利は，必ずしも雇用によって満たされるべきものでもない。われわれは，暗黙の内に雇われて働くこと，とりわけ正規雇用という働き方を，標準的で「あるべき姿」とする価値観を身につけてはいないだろうか。マクロ経済地理学的なアプローチをとる本書の射程には含まれないが，筆者は，フィールドワークに基づいて雇われない働き方の可能性を模索しつつある（中澤2020a，b）。これについても考察を深め，まとまった形で公刊したいと考えている。

1） 中澤・神谷（2005）および中澤ほか（2006）では，出身地を同じくする同時出生集団を「地域コーホート」と呼び，横浜市出身者と金沢市出身者のライフコースを比較している。また，地理学におけるライフコース研究の意義については，中澤（2008，2011）を参照されたい。

2） 生態学的誤謬とは，集団レベルでの分析と個体レベルでの分析とでは，観察される要素間の関係が異なることによって生じる推論の誤りのことである。

3） 谷（2000）によれば，地方圏出身者の大都市圏への流出は，その多くが進学を契機とす

るものであり，就職時の移動は相対的に少ない。

4）番組の骨子については，以下を参照。http://www.nhk.or.jp/gendai/kiroku/detail_3493. html　2023年12月17日検索。

5）以下は，宮本（2012）による鎌田・鎌田（1983）の整理を参考にして記述した。

6）こうした状況は，大都市圏においても想定される。日本経済新聞は，親子共に低所得であり，経済的に支えあう関係にある家族を「スクラム家族」と名付け，核家族から大家族への回帰や，若者の自立が阻まれる可能性を検討している（日本経済新聞2008年11月27日夕刊）。本章では，IVにおいて，最終学歴終了後も未婚のまま親と同居する世帯内単身者を取り上げるが，親子の家計の問題については，直接的には分析できていない。

7）その後に著わされた山田（2004）においては，世帯内単身者が比較的社会階層の低い者によって構成され，自立したくても自立できないという経済的な社会問題であるとされている。

8）市区町村を単位地区とし，都心距離を説明変数，世帯内単身者率およびブルーカラー従業者率を被説明変数として単回帰分析を行ったところ，決定係数はいずれも大きく上昇する結果となり（世帯内単身者率：1990年$R^2 = 0.14$，2010年$R^2 = 0.54$，ブルーカラー従業者率：1990年$R^2 = 0.45$，2010年$R^2 = 0.65$），都心距離の説明力が増大していた。同様に世帯内単身者率とブルーカラー従業者率の相関係数を計算すると，1990年が0.46，2010年が0.80となり，両変数の分布が近付いていることが示される。青井・中澤（2014）では，世帯内単身者率とブルーカラー従業者率に注目して，東京圏の居住地域構造の変動について詳細に分析しているので，そちらも参照されたい。

9）浅川（2006：68）は，東京圏の居住地域構造の変容を分析し，「各地域社会を全方向的に均質な中心対周縁という凝離した空間で序列化する力が，東京圏の構造変容の基本的な方向を定めてきた」と結論付けた。小泉（2010）もまた，職業構成から東京圏の居住地域構造の変化を分析し，セクター構造を保ちつつも，全体として同心円構造が強化されていることを示している。

10）日本経済団体連合会『第64回　福利厚生費調査結果』によれば，1人1か月当たりの福利厚生費（法定外福利費・全産業平均）のうち，住宅に支出されたものは，1996年度の1万6111円を頂点として減少を続け，2019年度 は1万1639円となった。

11）前節の世帯内単身者とブルーカラー従業者率の分析が30〜34歳についての1990年と2010年の比較であったのに対し，ここでの分析は，年齢が30〜39歳，時期が1980年から2010年と異なっているので，留意されたい。

12）調査時点での夫（親世代）の年齢は，金沢区が64.9歳，四街道市が63.6歳，現住居入居時の年齢は，金沢区が40.8歳，四街道市が39.9歳であった。夫の属性についてみると，大卒以上の割合は，金沢区が68.5%，四街道市が63.6%，40歳時点における専門・管理職および事務職の割合は，金沢区が89.2%，四街道市が85.6%であった。

13）男性の子世代における大卒以上の割合は，金沢区が86.2%，四街道市65.3%であった。

14）これに関連して，佐無田（2013）は，グローバルな経済環境が変化する中で，旧来型の国民経済の構造に対応したポジションを取り続けていることによって，東京は世界都

市としての地位を低下させる一方で，国内では地方圏から資本や労働力が東京へと流出し，地方圏の地域経済の犠牲の上で東京の延命が図られる構図となっているという仮説を提示している。

15）筆者はオーストラリアやスコットランドにおいて，ローカルな就業支援の理論的基盤の1つとなっている「スキル・エコシステム」（Finegold 1999; Buchanan et al. 2001, 2017）という概念に注目している。「スキル・エコシステム」については，中澤（2014：第9章）において整理したので，詳細はそちらを参照されたい。

［文献］

青井新之助・中澤高志（2014）：東京圏における世帯内単身者とブルーカラー従事者の空間パターンの変容——展開法の応用，『E-Journal GEO』9：1-21。

浅川達人（2006）：東京圏の空間構造——変化の方向とその論理，『日本都市社会学会年報』24：57-71。

阿部和俊（1992）：来日外国人アーチストの公演日程からみた地域間都市間比較，『地理学評論』65A：911-919。

阿部誠（2021）：『地域で暮らせる雇用——地方圏の若者のキャリアを考える』旬報社。

石井まこと・宮本みち子・阿部誠編（2017）：『地方に生きる若者たち——インタビューからみえてくる仕事・結婚・暮らしの未来』旬報社。

石黒格・李永俊・杉浦裕晃・山口恵子（2012）：『「東京」に出る若者たち——仕事・社会関係・地域間格差』ミネルヴァ書房。

伊藤達也（1984）：年齢構造の変化と家族制度からみた戦後の人口移動の推移，『人口問題研究』172：24-38。

上野健一（1982）：都市の居住地域構造の発展——因子生態学研究と都市地理学研究との関連を中心として，『地理学評論』55：715-734。

江崎雄治（2006）：『首都圏人口の将来像——都心と郊外の人口地理学』専修大学出版局。

太田總一（2007）：労働市場の地域間格差と出身地による勤労所得への影響，（所収 樋口美雄・瀬古美喜・慶應義塾大学経商連携21世紀CEO編『日本の家計行動のダイナミズムⅢ——経済格差変動の実態・要因・影響』慶應義塾大学出版会：145-172）。

太田總一（2010）：『若年就業の経済学』日本経済新聞出版社。

大竹文雄（2005）：『日本の不平等——格差社会の幻想と未来』日本経済新聞出版社。

尾高煌之助（1984）：『労働市場分析—二重構造の日本的展開』岩波書店。

加藤彰彦（2011）：未婚化を推し進めてきた2つの力——経済成長の低下と個人主義のイデオロギー，『人口問題研究』67（2）：3-39。

加藤幸治（2011）：『サービス経済化時代の地域構造』日本経済評論社。

鎌田とし子・鎌田哲宏（1983）：『社会諸階層と現代家族——重化学工業都市における労働者階級の状態』御茶ノ水書房。

苅谷剛彦・菅山真次・石田浩編（2000）：『学校・職安と労働市場——戦後新規学卒市場の制度化過程』東京大学出版会。

川端基夫（2013）：『改訂版　立地ウォーズ——企業・地域の成長戦略と「場所のチカラ」』新評論。

河川能夫（2004）：日本農村の兼業化とその持続性への展望，『年報村落社会研究』40：27-75。

小泉諒（2010）：東京圏における職業構成の空間的パターンとその変化，『季刊地理学』62：61-70。

小泉諒・西山弘泰・久保倫子・久木元美琴・川口太郎（2011）：東京都心湾岸部における住宅取得の新たな展開：江東区豊洲地区の超高層マンションを事例として，『地理学評論』84A：592-609。

高坂宏行(1975)：計量地理学の方法論的諸問題——空間的パターンから空間的プロセスへ，『地理学評論』48：531-542。

国立社会保障・人口問題研究所(2000)：『世帯内単身者に関する実態調査』国立社会保障・人口問題研究所。

佐藤(粒来)香(2004)：『社会移動の歴史社会学——生業・職業・学校』東洋館出版社。

佐無田光(2013)：日本の国民経済システムと東京経済の変化，『地域経済学研究』28：10-25。

末吉健治(1999)：『企業内地域間分業と農村工業化——電機・衣服工業の地方分散と農村の地域的生産体系』大明堂。

髙島秀樹・岩上真珠・石川雅信(1994)：『生活世界を旅する——ライフコースと現代社会』福村出版。

橋木俊詔(1998)：『日本の経済格差——所得と資産から考える』岩波書店。

谷謙二(2000)：就職・進学移動と国内人口移動の変化に関する分析，『埼玉大学教育学部地理学研究報告』20：1-19。

中馬宏之(2003)：労働市場における二極分化傾向——構内請負工急増の事例から，『フィナンシャル・レビュー』67：57-74。

友澤和夫(1999)：『工業空間の形成と構造』大明堂。

友田滋夫(2008)：1980年代における低賃金基盤の転換と外国人労働力，（所収 農業問題研究会編『労働市場と農業——地域労働市場構造の変動と実相』筑波書房：25-45）。

豊田哲也(1999)：「世界都市」東京の空間構造とその変容——社会階層分極化論をめぐって，『人間社会文化研究(徳島大学)』6：123-139。

豊田哲也(2012)：所得の地域格差と都市圏の空間構造——世帯規模と年齢階級を考慮した市区町村別世帯所得の分析，『人間社会文化研究(徳島大学)』20：51-62。

豊田哲也(2013)：日本における所得の地域間格差と人口移動の変化——世帯規模と年齢階級を考慮した世帯所得の推定を用いて，『経済地理学年報』59：4-26。

中澤高志(2008)：『職業キャリアの空間的軌跡——研究開発技術者と情報技術者のライフコース』大学教育出版。

中澤高志(2010)：団塊ジュニア世代の東京居住，『季刊家計経済研究』87：22-31。

中澤高志(2011)：ライフコース，ライフヒストリーと移動歴，（所収 石川義孝・田原裕子・井上孝編『地域と人口からみる日本の姿』古今書院：107-114）。

中澤高志(2014)：『労働の経済地理学』日本経済評論社。

中澤高志(2020a)：地方都市でなりわいを創る——大分県佐伯市にみる雇われない働き方の可能性，『日本労働研究雑誌』718：67-84。

中澤高志(2020b)：地方都市の若手創業者にみる雇われない働き方・暮らし方の可能性—長野県・上田での調査から—，『地理学評論』93A：149-172。

中澤高志・神谷浩夫(2005)：女性のライフコースに見られる地域差とその要因——金沢市と横浜市の進学高校卒業生を対象に，『地理学評論』78A：560-585。

中澤高志・神谷浩夫・木下禮子(2006)：ライフコースの地域差・ジェンダー差とその要因——金沢市と横浜市の進学高校卒業生を対象に，『人文地理』58：308-326。

中澤高志・川口太郎・佐藤英人(2012)：東京圏における団塊ジュニア世代の居住地移動——X大学卒業生の事例，『経済地理学年報』58：181-197。

中澤高志・佐藤英人・川口太郎(2008)：世代交代に伴う東京圏郊外住宅地の変容——第一世代の高齢化と第二世代の動向，『人文地理』60：144-162。

日本創成会議・人口減少問題検討分科会(2014)：『成長を続ける21世紀のために——ストップ少子化・地方元気戦略』日本創成会議。

根岸友子・谷謙二(2004)：就職システムから見た1990年代における高校新卒者の就職先の変化——埼玉県北部のA工業高校の事例，『埼玉大学教育学部地理学研究報告』24：27-37。

ノックス, P.・ピンチ, S. 著, 川口太郎・神谷浩夫・中澤高志訳(2013):『改定新版　都市社会地理学』古今書院。

平山洋介(2006):『東京の果てに』NTT出版。

平山洋介(2011):『都市の条件——住まい, 人生, 社会持続』NTT出版。

ベック, U. 著, 東廉・伊藤美登里訳(1998):『危険社会——新しい近代への道』法政大学出版会。

ベック, U.・ギデンズ, A.・ラッシュ, S. 著, 松尾清文・小幡政敏・叶堂隆三訳(1997):『再帰的近代化——近現代における政治, 伝統, 美的原理』而立書房。

増田寛也編著(2014):『地方消滅——東京一極集中が招く人口急減』中公新書。

松原宏編著(2009):『立地調整の経済地理学』原書房。

松本康(2004):『東京で暮らす——都市社会構造と社会意識』東京都立大学出版会。

宮内久光(2008):沖縄県における期間工求人企業の地域的活動, 『沖縄地理』8：47-59。

宮内久光(2009):沖縄県から日本本土への期間工移動流の変化, (所収　金沢大学文学部地理学教室編『自然・社会・ひと——地理学を学ぶ』古今書院：163-180)。

宮本みち子(2012):若年不安定就業者の経済的移行と家族形成の実体——親の家からの独立の課題を中心に, 『日本労働社会学会年報』23：49-74。

森岡清美・青井和夫編(1987):『現代日本人のライフコース』日本学術振興会。

森川洋(1975):都市社会地理学の進展——社会地区分析から因子生態研究へ, 『人文地理』27：638-666。

矢部直人(2008):不動産証券投資をめぐるグローバルマネーフローと東京における不動産開発, 『経済地理学年報』54：292-309。

山口泰史・荒井良雄・江崎雄治(2000):地方圏における若年層の出身地残留傾向とその要因について, 『経済地理学年報』46：43-54。

山崎亮一(2008):地域労働市場論の展開過程, (所収　農業問題研究会編『労働市場と農業——地域労働市場構造の変動と実相』筑波書房：1-24)。

山田昌弘(1999):『パラサイト・シングルの時代』筑摩書房。

山田昌弘 (2004):『パラサイト社会のゆくえ——データで読み解く日本の家族』筑摩書房。

勇上和史(2005):都道府県データを用いた地域労働市場の分析——失業・無業の地域間格差に関する考察, 『日本労働研究雑誌』539：4-16。

Buchanan, J., Anderson, P. and Power, G. (2017): "Skill Ecosystems", In Buchanan, J. Finegold, D., Mayhew, K. and Warhurst, C. eds. *The Oxford Handbook of Skills and Training*, Oxford: Oxford University Press.

Buchanan, J., Schofield, K., Briggs, C., Considine, G., Hager, P., Hawke, G., Kitay, J., Meagher, G., McIntyre, J., Mounier, A. and Ryan, S. (2001)：*Beyond Flexibility: Skills and Work in the Future*, Sydney: New South Wales Board of Vocational Education and Training.

Cox, R. K. (1998): "Spaces of Dependence, Spaces of Engagement and the Politics of Scale, or: Looking for Local Politics," *Political Geography*, 17: 1-23.

Easterlin R. A. (1980)：*Birth and Fortune: The Impact of Numbers on Personal Welfare*, New York: Basic Books.

Finegold, D. (1999)："Creating Self-sustaining, High-skill Ecosystems", *Oxford Review of Economic Policy*, 15: 60-81.

Lipietz, A. (1994)：*"Post-Fordism and Democracy,"* In Amin, A. ed. *Post-Fordism: A Reader*, Oxford: Blackwell: 338-357.

Oppenheimer, V. (1988)："A Theory of Marriage Timing,"*American Journal of Sociology*, 94: 563-91.

第二部

地方創生と
再生産をめぐって

第 *4* 章

「地方創生」の目的論

Ⅰ．問題の所在

　「ミネルヴァの梟は黄昏時に飛び立つ」というヘーゲルの言葉のように，哲学のみならず社会科学もまた，もっぱらすでに起こった現実を認識する営為であって，未来について語りえることはきわめて少ない。そのような中にあって，封鎖人口を仮定すれば，少なくとも数十年間日本の人口は減り続けるという定立は，社会科学が未来について確証をもって語りえる例外的な事象である。人口減少社会はすでに現実のものとなっており，悲観論から楽観論までさまざまな議論を引き起こしてきたが，どこか対岸の火事のような雰囲気があった。日本創成会議によって，不可避の未来である人口減少が地理と結び付けられ，「地方消滅」という終局の地図がイコノロジカルに示されたとき，はじめて社会に強烈な危機感が醸成されたといえよう。

　地方圏から大都市圏への人口移動には過去3回ピークがあり，直近のものは2000年代半である[1]。国立社会保障・人口問題研究所は，過去2回と同様大都市圏の転入超過は縮小するとの仮定に基づく地域別将来推計人口を公表した（国立社会保障・人口問題研究所2013）。これに異議を唱える形で，大都市圏への人口集中は今後も継続する蓋然性があり，その結果地方圏の地域経済は壊滅し，少数の大都市に人口が局在する「極点社会」が出来すると主張したのが，岩手県知事や総務大臣を歴任した増田寛也率いる日本創成会議であった。出生率が極端に低い大都市圏の人口シェアが高まれば，必然的に日本全体の人口減少に拍車がかかる。「地方消

滅」と「極点社会」による人口激減という終末へと，われわれは向かいつつあることになる。これを回避し，国民経済の持続的な成長を確保するためには，大都市への人の流れを止め，地方圏への移住を促進し，各地域が鋭意所得機会の創出に取り組むことで，「地方創生」という別の途を歩むことが要請される。

　国民的な危機意識に沿うように，政府は日本創成会議による一連の問題提起と政策提言をほぼ全面的に採用し，「地方創生」の司令塔として「まち・ひと・しごと創生本部」を設置した。そのマスタープランである「まち・ひと・しごと創生総合戦略」では，「地方創生」の必然性と政府による支援を随所に謳いながら，しかし結局は国全体としての人口減少の克服と経済成長を最重要課題と位置づけている。してみると「地方創生」とは，日本の人口規模と経済力を維持するための手段ということになるのであろうか。そもそも「地方創生」とは，どのような前提に立って，何のために，何をしようとすることを意味しているのであろうか。それは，従来の地域政策とどのような点において異なっているのであろうか。

　本章が目指すのは，「地方創生」の理念や目的[2]およびそれを支える前提について，批判的に分析することである。その構成は以下のとおりである。まずⅡでは，端緒となる「地方消滅」ならびに「地方創生」の論点とそれを受けた政策展開を整理する。それを踏まえ，隣接分野ならびに経済地理学においてなされた「地方消滅」「地方創生」への応答について検討したうえで，本章の意図を明確化する。続くⅢでは，「地方創生」論の理念・目的を基本的テキストに即して詳細に検討し，その意図するところが具現化した暁にはどのような経済・社会・地域構造が生成するのかを明らかにする。Ⅳ-1では「地方創生」論が格差に対する認識をほとんど欠いていることから出発して，辻悟一の地域政策に関する論考（辻1986）を手掛かりに，地域政策としての「地方創生」策の特徴を明らかにする。Ⅳ-2では，ライフコースの観点から地域格差をとらえなおし，自己実現に際しての制約に関する地理的公正[3]を目指す地域政策を提案する。現代社会においては，自由な意思に基づいて自己実現を目指す行為や選択は，無関係に思えるどこかの誰かに，意図せざる影響を必ず与えてしまう。

Vではこうした認識に立つポランニーの自由論を手掛かりとして，今，社会正義を追求することが経済地理学にとってなぜ重要であるかのについて論じる。Vでは，自治体にとっての「地方創生」論について付言し，むすびに代える。

ここで，本章の分析対象と用語について記しておく。本章が批判的検討の対象とする基本的テキストは，日本創成会議・人口減少問題検討分科会(2014)，増田編著(2014)，日本創成会議・首都圏問題検討分科会(2015)，増田編著(2015)，まち・ひと・しごと創生本部(2015)である。これらの文献については，定型の文献表記とは異なり，タイトルの一部を採って，それぞれ『地方元気』，『地方消滅』，『危機回避』，『地方消滅』，『総合戦略』と表記する。

日本創成会議およびそれに深くかかわる著者が公にした4つの文献と，政府による『総合戦略』は，現状認識や政策の重点が完全に重なっているわけではない。そもそも，『総合戦略』に頻出し，まさに本章が検討の対象とする概念である「地方創生」は，『地方元気』と『地方消滅』には一度も登場しない言葉であり[4]，表記も日本創成会議の「創成」ではなく，「創生」を採用している[5]。むしろそのことは，政府と日本創成会議が互いの近親性を意識し，あえて差異化を図った表れなのではないか。少なくとも筆者には，政策の理念と目的において，両者の本質的相違を見出すことが難しかった。

日本創成会議の政策提言と，政府の実行した施策との異同をより詳細に分析し，政策提言のうち採用されなかった部分や，大幅な改変のうえで政策に組み込まれた部分に着目してその理由を問うことも重要であろう。しかし本章では，具体的な政策よりは，政策の理念や目的を批判的に検討することを重視し，日本創成会議と政府との間に存在しうる理念・目的に関する微妙な相違には立ち入らない。本章では，日本創成会議のいう「地方に着目した政策展開」についても「地方創生」と称し，論理や目的，理念の意味合いが強い場合には「地方創生」論，手段の意味合いが強い場合には「地方創生」策という表現を使う。また，「地方創生」論という言葉を，その前提となる「地方消滅」「極点社会」を含めた論理という意味

でも用いることがある。

1. 政策提言から政策へ

　「地方創生」論の発端は，日本創成会議が描いた以下のストーリーとそれを踏まえた政策提言にある。製造業の空洞化が進んだ地方圏では，高齢化によってニーズが増大した医療・福祉が基幹産業化している。ところが人口減少と高齢化が一層進み，高齢人口すら減少に転じると，地方圏の地域経済は立ち行かなくなり，所得機会を求めて人口流出が激化する。なかでも医療・福祉の主な担い手である若年女性は，高齢者を含めた人口がしばらくは増加を続ける大都市圏（とくに東京圏）に転出する傾向を強める。若年女性の流出は，地方圏にとって単に人口の社会減少を意味するだけではなく，出生力の流出をも意味する。人口の再生産が困難になった地方圏の自治体は，消滅の危機にさらされ，少数の大都市圏に人口が集中する「極点社会」が到来する。さらに人口の一大「極点」である東京圏は，出生率が低いため，日本全体の人口減少に拍車がかかる。

　「地方創生」論の要点は，「地方消滅」と「極点社会」という終局を回避し，日本全体の出生率を引き上げて人口減少に歯止めをかけるためには，結婚・出産・子育てに対する支援だけではなく，出生率の低い大都市圏から地方圏への人口の再配置[6]を目指すとともに，地方圏において人口再生産が可能となる経済基盤を整備すべきであるというものである。その際，過去のように拠点開発方式や公共事業に頼らず，地域の資源と人材を生かした内発的で自律的な所得機会の創出を目指すべきとされる。地方圏に東京一極集中への「反転・防衛線」を張るといっても，「すべての集落に十分なだけの対策を行う財政的な余裕はない」（『地方消滅』p.49）ので，「選択と集中」の理念にのっとり，「『若者に魅力のある地方中核都市』を軸とした『新たな集積構造』」（『地方消滅』p.48）を構築し，ここに地方圏からの人口流出を食い止める「ダム機能」を担わせることとする[7]。

　『地方元気』および『地方消滅』は，「地方創生」は国家戦略として取り組

まれるべきとし、「中央司令塔」に相当する組織を政府に置くことを提言した。これを受けて、政府は「まち・ひと・しごと創生本部」を設置し、『総合戦略』を策定した。その現状認識と基本方針は、日本創成会議の提言を踏襲しており、①「東京一極集中」を是正する、②若い世代の就労・結婚・子育ての希望を実現する、③地域の特性に即して地域課題を解決する、という3点を、一般的課題として掲げた。

　『総合戦略』では、「人口減少の克服は構造的な課題であり、解決には長期間を要する」(p.2)との認識の下で、「長期的には、地方で『ひと』をつくり、その『ひと』が『しごと』をつくり、『まち』をつくるという流れを確かなものにしていく」(p.2)としている。具体的な施策においては、「縦割り」「全国一律」「バラマキ」「表面的」「短期的」といった過去の弊風を排し、「自立性」「将来性」「地域性」「直接性」「結果重視」の5原則を重視する。そして、「国は『長期ビジョン』とそれを踏まえた5か年の『総合戦略』に、地方公共団体は中長期を見通した『地方人口ビジョン』と5か年の『地方版総合戦略』に基づき」、「アウトカム指標を原則とした重要業績評価指標(KPI)で検証し改善する仕組み(PDCAサイクル)を確立」(p.9)するという。

　国の『長期ビジョン』では、2060年に1億人程度の人口規模を維持することを基本線に、若者の結婚の意思や希望子ども数が実現した場合の出生率である国民希望出生率1.8の実現、東京一極集中の是正、生産性向上によるGDP成長率1.5〜2%の達成を目標とする。さらに、「地方に安定した雇用を創出する」「地方への新しいひとの流れをつくる」「若い世代の結婚・出産・子育ての希望をかなえる」「時代にあった地域をつくり、安心なくらしを守るとともに、地域と地域を連携する」という4つの基本目標とともに、最初の5か年計画のKPIである目標値が設定されている。『総合戦略』の約3分の2を占めるのは、基本目標をさらに細分化した目標と、その達成に向けた多数の政策パッケージを列挙した部分である。ここでも、基本的に2020年を目標とするKPIが細かく設定されている。これら多数のKPIの達成に向けて、政府は情報支援、人的支援、財政支援という「地方創生版・三本の矢」によって自治体の施策を支え、国家戦略特区制度、社会保障制度改革、地方分権、規制改革などを進めること

で，目標達成の環境づくりをするとしている。

2.「地方消滅」と「地方創生」への応答

　本章の基となった中澤（2016）を執筆した時点において，「地方消滅」論
や「地方創生」論に対するアカデミズムからの批判は，事実上『地方元気』
と，『地方消滅』およびその前哨と位置付けられる『中央公論』掲載の論文
や記事[8]に向けられていた。その後「地方消滅」論や「地方創生」論に関す
る論考は，政策としての「地方創生」の是非を問うものも加わって爆発的
に増加し，今となってはその全体像を把握することは容易ではない。こ
こでは，中澤（2016）の内容を引き継ぎ，「地方創生」が政策提言から政策
として実行されるまでの時期に公刊された論考のうち，隣接分野の研究
者による代表的なものを取り上げる。

　金子（2016）は，「地方消滅」論が，単一あるいはごく少数の指標のみに
よって日本の社会・経済全体の未来像を描き出しているという難点を衝
いている。金子（2016）は，機能主義社会学とりわけタルコット・パーソ
ンズと鈴木広に依拠して，「地方創生」論を一般化・理論化しようとして
いる点がユニークである。しかし，現状分析に際して可能な限り多くの
要因を取り込もうとするあまり，論点が不鮮明になっている。

　小田切（2014）は，「地方創生」論が古いデータとあいまいな根拠に基づ
いて，「消滅自治体」を事実上名指しで宣告したことを非難している。小
田切（2014）が懸念するのは，そのような決めつけによって集落や自治体
の間に諦観が醸成され，「農村たたみ」が加速することである。一方で彼
は，農山村の集落のレジリエンスは意外に高く，そう簡単に消滅するも
のではないと考えている。人口の「田園回帰」[9]も東日本大震災以降広が
りをみせており，農山村の人口維持に資するとされるが，その持続性や
人口分布に与える影響のほどは不明である。

　岡田（2014）のみるところ，「地方創生」は道州制の布石であり，真に地
域の再生を目指したものではない。「地方創生」と対をなす「地方消滅」は，
「選択と集中」を不可避と認識させるための一種のショック・ドクトリン
であるという。自治問題研究所での講演を基にしたブックレットという
性格から，道州制の導入による自治基盤の揺らぎに論が偏っているが，

111　　　　　　　　　　　　　　　　　　　　　　　　　「地方創生」の目的論

地域内投資力を高めるという地域再生の基本的方向性は首肯できる。

　山下 (2014) もまた，「地方消滅」を意図的に消滅への不安と諦観を作り出し，「選択と集中」を受け入れさせるショック・ドクトリンであるとする。国家への依存と少数派や弱者の排除をもたらす「選択と集中」の論理に対し，彼は自立と包摂に基づく「多様性の共生」という論理を対抗軸とする。経済の原理から，生きているもの／生まれるものの共生の原理へ，という彼の主張に異存はない。しかし，具体的なデータが不足しているうえ，個人的経験と主観に基づく感情的な議論が多々見られることが，本書の説得力を損なう結果になっている。

　以上で紹介したものも含め，「地方消滅」「地方創生」論への応答として出された論考は，条件不利地域における「地方創生」の成功事例を取り上げるものが多い。そしてその傾向は，地理学における議論にも共通している。「地方消滅」「地方創生」論に呼応して，地理学関係の学会は関連するシンポジウムを相次いで企画した。そこにおける報告の題目をみるかぎり，「地方創生」が法的根拠を得る以前から，地域住民や自治体が主体的に地域づくりに取り組んできた先進地域の事例報告が多いようである[10]。

　「地方消滅」と「極点社会」克服のための「地方創生」は，本質的に国家戦略であると認識されている。しかし，設定された目標の実現に向けて，施策を立案し実行に移す主体は，自治体である。それぞれの自治体は，おのおのの実情を勘案し，かつナショナルな『総合戦略』との整合性が担保されたローカルな処方箋（「地方版総合戦略」）を書くことを，外的に強制されることになった。この難問に自治体が取り組む際には，地域住民や自治体による下からの取り組みの先行事例が役立つ[11]ことは間違いない。そして経済地理学者は，自らの調査・研究能力を生かして先行事例に関する知見を提供することに加え，事実と理論に裏打ちされたローカルな処方箋を作り，それを実施する政策過程に寄与することができるはずである。

　一方で，成功事例の礼賛に研究が偏ると，関係者が独創性と主体性をもって努力すれば，人口減少と地域経済の衰退を両輪とする現下の難局

をも退けることができる（裏を返せば，現下の難局を退けられないのは，独創性と主体性が欠けているからだ）という精神論を，意図せずして支持してしまう恐れがある。過剰な環境可能論は，宿命論的な環境決定論と同様に，現状認識に対する障害となる。もとより社会科学は形式科学ではないから，反証としていくつかの「地方創生」の成功事例（部分）が示されたところで，東京圏への人口流出によって地方圏の持続可能性が侵食されているとする「地方消滅」論（全体）の屋台骨が揺らぐことはない。

　経済地域がいかにまとまりを有していたとしても，国民経済やグローバル経済の分業体制に埋め込まれて存在しているかぎり，それぞれの自治体が単独で何をどの程度なしえるかは，構造的に規定されている部分がある。確かに『総合戦略』が示すように，各自治体が利用可能な政策パッケージは多数用意されており，財政措置として，各年1兆円におよぶ「まち・ひと・しごと創生事業費」が計上されてもいる。しかし，政府がパッケージごとに具体的かつ短期的な数値目標を設定していることからして，これらと整合する内容と水準の目標を設定しない限り，十分な補助金や交付金の交付を受けることはできないであろう。そうなると，地域が埋め込まれた構造的背景の中での達成可能性ではなく，国の『総合戦略』において求められていると想定される内容と水準から「地方版総合戦略」が逆算される傾向を生む。ところが，例えば『総合戦略』が掲げる，東京圏から地方圏への転出を4万人増加させるとともに，地方圏から東京圏への転入を6万人減少させることにより，2020年時点で東京圏——地方圏間の転出入を均衡させるといった政府の数値目標には，その数値の合理性や達成可能性を裏付ける合理的な根拠があるようには思われない。

　この不合理に切り込むためには，「地方創生」論が前提としている現状認識の妥当性と，その目標の適切性および達成可能性を検証することが必要である。グランドデザインが不適切な事実認識に基づいていたり，明らかに達成不可能な目標を掲げていたり，政策手段が目的に対して有効性を欠いていたりするならば，自治体や住民が努力を重ねたところで徒労に終わる可能性が高い。しかし中央集権的な制度に枠づけられ，国

からの補助金に頼らざるを得ない自治体や住民にとって，国の掲げるグランドデザインに公然と異を唱えることは難しいであろう。したがって，これに批判的な検討を加えることは，アカデミズムの重要な役割であると考える[12]。その結果として，自治体や住民にのしかかる過剰な環境可能論の重圧が軽減されるならば，事例研究とはまた別の形で，地域に寄り添った研究といえるのではないか。

　経済地理学会の2016年度大会シンポジウムは，事例研究に比してこれまで低調であった「論」としての「地方創生」に向き合った報告で構成されていたと考えている。豊田（2016a）[13]は，東京圏が国民経済の成長をけん引し，景気の動向と東京圏の転入超過がきわめて高い相関を示していることからして，東京圏への人口流入抑制と経済成長の持続は両立しがたいとしている。作野（2016）は，巷間言われる人口の「田園回帰」があるとしても，中山間地域における人口の量的維持・回復は困難であると指摘している。これらの報告は，国の『総合戦略』が，少なくとも現状の政策レパートリーでは達成困難な目標を掲げていることを暗示している。城戸（2016）は，「地方版総合戦略」の立案に関わった自身の経験に立脚しつつ，「地方消滅」という危機感に後押しされて過剰な人口対策に傾斜していることや，地域政策が事実上自治体による補助金獲得コンテストと化していることなど，「地方創生」の抱える問題点について鋭く指摘している。

　これらを踏まえて筆者が展開したいのは，「地方創生」論の目的と理念，手段の関係について，倫理的側面にまで踏み込んだ議論である。いま，改めて「地方創生」の目的，などというと奇異に聞こえるかもしれない。しかし，「地方創生」の名の下に立案・実行されつつある政策の最終的な目的は，日本全体の人口減少のトレンドを反転させ，国民経済の成長を維持することなのである。つまり，「地方創生」は，字面が醸し出すような理念や目的を含意しているとしても，同時に，そしてそれ以上に，全体の量的維持ないし拡大の手段としての性格を強く持っている。上位の目的に対する手段という性格を有することにより，「地方創生」はどのような性質を帯びることになるだろうか。かりに「地方創生」が筋書き通り

に進んだとき，結果として立ち現れる地域構造はいかなるものだろうか。こうした点を意識しながら，次章では「地方創生」が含意する目的と理念を批判的に検討する。

Ⅲ.「地方創生」の目的と理念

　冗長になることをいとわず，基本的テキストに即して，「地方創生」論の目的とそれを達成するための方針についてみておこう。『地方消滅』には，「今解決が求められている課題は，『人口』という国家，社会の持続可能性に関わるものであり，『国土利用』という国家の経済・社会機能を発揮するための『資源配置』の基本にかかわるものである」(p.38)と記されている。「地方創生」が，地域経済や地域社会ではなく，あくまでも国レベルでの人口，経済，社会の持続可能性を担保するためのものであることが再確認できる。『総合戦略』も，この考え方を踏襲し，「経済の好循環が地方において実現しなければ，『人口減少が地域経済の縮小を呼び，地域経済の縮小が人口減少を加速させる』という負のスパイラル（悪循環の連鎖）に陥るリスクが高い。そして，このまま地方が弱体化するならば，地方からの人材流入が続いてきた大都市もいずれ衰退し，競争力が弱まることは必至である。したがって，人口減少を克服し，将来にわたって成長力を確保するため，引き続き以下の基本的視点から人口・経済・地域社会の課題に対して一体的に取り組む」(p.2)としている。

　すでに説明した通り，出生率の低い大都市圏に人口が集中すると，日本全体の人口減少が深刻化するため，出生率の高い（といっても置換水準に達している都道府県はない）地方圏からの人口流出を食い止め，さらには地方圏への移住を進めるというのが，政策の基本的方針である。しかし，「経済の好循環が地方において実現しなければ」，地方圏からの人口流出は止まらず，結婚し子どもを育てる将来像を若者が描くことはできない。「したがって，人口減少を克服し，将来にわたって成長力を確保するため」，「地方創生」策が要請されてくる。つまり「地方創生」策は，人口減少の克服と経済成長の確保という目的に対する手段である。ここで地方圏の地

域は，人口を再生産する機能をもった部分として，国という全体の人口
維持と経済成長に寄与することが期待されているのである。

　それにしても，大都市圏と地方圏との出生率の差を前提に，大都市圏
への人口流入を抑制し地方圏への移住を促進するというのは，日本全体
の人口を維持する手段としては間接的で迂遠である。人口の量だけを問
題にするのであれば，外国人に対して門戸を広げることすなわち補充移
民[14]の導入が考えられてよい。『総合戦略』では，外国人材の受け入れに
ついての言及はあるが，移民の導入を人口維持との関係で検討している
箇所はない。『地方消滅』は，広く移民を受け入れることは，それが社会
にもたらすデメリットを考えると現実的ではないとしている。しかし，
移民に依存しない「地方創生」策をもって人口減少の克服に臨むことのほ
うがより「現実的」である保証はない。自由民主党は，2016年3月に「労
働力の確保に関する特命委員会」の初会合を開き，移民の受け入れの是
非にも踏み込んだ議論を始めた[15]が，過去に安倍晋三首相が移民の受け
入れは想定していないと発言した経緯や選挙の争点とされた時の影響を
考えると，行く末を見通すことは難しい。いずれにせよ，「地方創生」論
においては，人口一般ではなく，人種主義的な含意のもとに想定された
特定の人口集団の規模の維持が目的とされていることに注意を促してお
く。

　移民に頼らず日本全体の人口と経済成長を維持することが目的なので
あれば，地方圏が衰退しようとも構うことはなく，「選択と集中」を貫徹
して東京圏に人口を集中させたうえで，東京圏の子育て環境を抜本的に
改善するのが最も効率的である。幸い「地方創生」論にはそうした発想は
みられず，地方圏の地域経済・社会が持続性を獲得することそれ自体に
意義が認められていると考えたい。ただし，一見最も合理的に思われる
東京一極集中が選択されなかった理由は，それだけでないように思われ
る。

　周知のとおり，東京都の合計特殊出生率は1.13（2014年）ときわだって
低い。『総合戦略』は，「『働き方』『所得』さらには『地域・家族の支援力』
にも地域差がある」（p.51）ことを勘案した「地域アプローチ」による少子化

対策を謳っている。これに関する基礎資料として,『地域少子化・働き方指標(第1版, 第2版)』[16]が公表された。これをみると, 長時間労働や長時間通勤, 保育所の収容力不足などが大都市圏における低出生率と密接に関連していることとともに, それらの水準から予想される以上に, 東京圏の合計特殊出生率が低いことがわかる。こうした地域の実情を念頭におけば, いかにワーク・ライフ・バランスの向上や保育施設の整備, 三世代同居・近居の実現に努めたとしても, 東京圏の出生率を置換水準付近まで高めるのは困難であることが, かえって明確に理解される。

さらに長時間労働者が多い都道府県ほど, そして出生率が低い都道府県ほど, 労働生産性が高いという不都合な事実がある[17]。因果関係はそう単純ではないにせよ, 大都市圏のワーク・ライフ・バランスを抜本的に高め, ファミリー・フレンドリーな環境を実現するならば, 反作用として国民経済の生産性や競争力が低下することを覚悟しなければならない。『総合戦略』の目指すところは, 「東京圏の活力の維持・向上を図りつつ, 過密化・人口集中を軽減し, 快適かつ安全・安心な環境を実現する」(p.2)ことにある。大都市圏の出生率を大幅に上昇させることが困難であるうえに, それが東京圏の経済的プレゼンスの維持・向上にとってのリスクになりうることを念頭におくと, 東京圏への人の流れを食い止め, さらには反転させることで, 国全体の出生率を上向かせるという込み入った提案がなされたことにも納得がいく。工場等制限法の廃止(2002年)が象徴するように, 東京圏における経済活動を規制, 制限することによって, あるいは東京圏の活力を多少犠牲にしても, 地方圏からの人口流入を食い止め, 反転させようという発想は, すでに失われている。東京圏は基本的に自由放任として, もっぱら地方圏の地域に新たな「何か」を創ることを求めているからこそ, 「地方創生」なのである。

『総合戦略』は, 中長期的には2060年に人口1億人程度を維持することを展望しているが, 国民希望出生率である1.8を達成しただけでは, 人口は維持されない。『総合戦略』では, 国民希望出生率や置換水準の達成の目標年次を明示していないが, 『地方消滅』p.71の表をみる限り, 国民希望出生率を速やかに達成した後, 少なくとも20年以内に置換水準に達す

117　　　　　　　　　　　　　　　　　　　　　　　　　　「地方創生」の目的論

ることが必要である。日本経済研究センターは，日本がグローバル経済の「一流国」であり続けるために，育児給付を年間7〜8兆円増額して，2050年に出生率を1.8まで回復させるとともに，移民の受け入れを徐々に増やして2050年以降は毎年20万人規模の受け入れとすることで，人口9000万人を維持するよう努力すべきと提言している[18]。登場する数値の正確さはさておき，ここでは莫大な予算を投じたうえで，移民の受け入れという切り札を使ってなお，静止人口にもっていくには長い時間がかかることがわかればよい。人口の再配置に力点を置いた，年間1兆円程度の「地方創生」策によって，政府の目標が達成できる見込みはないと言ってよい。

　政府目標の達成可能性という実証命題については，寂しいことにここで議論が終わってしまう。しかし本章が目指すのは，「地方創生」論の目標よりも，むしろ理念や目的を批判的に検討することにあるので，議論を続けよう。仮に政府の目標通り，大都市圏への人口流入が抑制され，全国において置換水準の出生率が達成されたとしよう。その場合でも，東京圏は置換水準を下回っている可能性が高く，それ以前の人口流入の減少も相まって，人口は減少に転じているであろう。一方地方圏では，出生率は置換水準を上回り，人口が増加に転じているはずである。そうなれば，地方圏から東京圏への人口流入を押しとどめる必要はない。それどころか，「将来にわたって成長力を確保する」という，「地方創生」の目的のためには，地方圏において生じる余剰労働力が労働生産性の高い東京圏に継続的に供給されている必要がある。そうでなければ，今度は地方都市ではなく東京が「壊死」する番である[19]。奇妙なことに，「地方創生」論のロジックを積み上げていくと，地方圏から東京圏へという，高度成長期以来続いてきた労働力供給の地域構造を回復することに到達するのである。

　このことに関連して，すでに引用したが，「このまま地方が弱体化するならば，地方からの人材流入が続いてきた大都市もいずれ衰退し，競争力が弱まることは必至である」（『総合戦略』p.2）という文言が注目される。「地方創生」論は，東京圏への若者の流入が続けば，地方圏の自治体の持

続可能性が失われるとともに，日本の人口減少が加速するとの危機感に端を発している。高齢者の地方圏への移住が推奨されるのも，それが東京圏の医療・福祉クライシスを緩和するのみならず，移住先で生み出される雇用機会が，地方圏からの若者の流出を食い止める効果を持つことが期待されるからである。それにもかかわらず，国の政策文書においてむしろ東京圏への若者の流入が途絶することを危惧するような表現がなされ，そのことを世界都市・東京の競争力の減退と結びつける発想が出てくることは奇異に映る。

　このように考えるのは，暴論であろうか。「地方創生」論では，地方圏から大都市圏に向けての人口移動が選択的に行われることが理想とされている[20]。量的肥大という意味での「極点化」は避けなければならないが，東京は「わが国を代表する世界都市として，これからもますます競争力を高めていかなければならない」（『東京消滅』p.i），いわば日本の特異点である。しかし，世界都市における成長産業を支えうる知識や技術を持った人材は限られている。東京圏の競争力にとって有為の人材が地方圏から流入してくることは，国民経済的観点からすればむしろ必須である。一方で，そうした知識や技術を持たない人々は，地方圏において，人口の再生産という側面から，国家・国民経済に貢献することが求められる[21]。

　加えて地方圏の人々には，次のような論理から，大都市圏において大量発生する高齢者の医療・介護ニーズをも充足することが期待されている。『東京消滅』の序文で，増田寛也は，「今後の一〇年間は，『団塊の世代』を支える『団塊ジュニア』世代が四〇代，五〇代のまさに働き盛りの時期とも重なる。親世代の介護でこの世代が職を離れるようなことがあれば，日本経済は成り立たなくなる」（p.ii）と述べる。つまり，高齢者医療・介護は社会的に行われるべきであるが，東京圏での医療・介護サービスは，どうしても地方圏に比べて高コストとなり，その費用は国民にとって重い負担となる。東京圏と地方圏の医療・介護コストの差を勘案すると，「高齢者の地方への移住は，医療・介護のトータルコストの節減にも結び付くものとして，国民経済計算上も意義が大きいと言える」（『東京消滅』p.65）というわけである[22]。

ここまでの議論をまとめておこう。日本創成会議の提言ならびにそれを反映した政府の「地方創生」論は，国民経済の成長を持続的なものにするためには人口規模を維持する必要があるとの前提に立ち，大都市圏の子育て環境の改善に資源を投入することよりも，出生率の大都市圏——地方圏間の差を所与として人口を再配置することで出生率を上昇させることを指向する。その態度は環境決定論的である。政府は，国民経済の持続的発展と人口規模の維持という目的の達成には長期的な取り組みが不可欠であることを認めつつも，短期的な目標値を設定している。そのため，各自治体はそれを達成するための「何か」を「創生」する努力を強いられる。こうして自治体には，環境可能論が押し付けられる。ここで人々の生活の舞台である地域は，国単位のGDPや人口といった空間を捨象した量的指標を維持・拡大させる装置とみなされていると言ってよい。さらに「地方創生」論を突き詰めていくと，東京圏を国民経済推進のエンジンとして，地方圏を子育てと高齢者医療・介護というケアの空間として，それぞれ純化することに行き着く。そこには，東京圏に住むべき人とそうでない人を線引きし，振り分けようとする論理が垣間見える。

　以上のように「地方創生」論を整理してみると，それがこれまでの地域政策論とはかなり異質の目的と理念に基づいていることが感得されよう。次節では，その異質さがどこから来るのかを考える。

IV.「地方創生」論と地域格差・地域政策

1. 地域格差を認識しない地域政策

　「地方創生」論では，資源という言葉が多用されている。「今解決が求められている課題は，『人口』という国家，社会の持続可能性に関わるものであり，『国土利用』という国家の経済・社会機能を発揮するための『資源配置』の基本にかかわるものである」（『地方消滅』p.38）というとき，「資源配置」の中でもっとも重視されている資源は何であろうか。前節の議論に照らせば，国民経済の成長と人口の維持にとって最適な人的資源の配置に重点がおかれていることは明らかである。「地方創生」のカギを握る人

口の再生産を担うことができるのは，人間以外には存在しない。かと言って，出産を強制することはできない。東京圏の出生率を上げることは困難であるし，無理にやろうとすれば成長力を損なう恐れもある。苦肉の策としてひねり出されたのが，出生率の高い地方圏への人口の再配置を促すという方策であった。

　人的資源とは，有用性という基準から客体化された人間の能力であって，人間そのものではない[23]。日本創成会議の文書も『総合戦略』も，「人的資源」という言葉を使ってはいない。しかし，人間に対するまなざしは，国民経済の競争力向上や人口の再生産，医療・介護の担い手という側面に偏っており，それは人間を資源とみるまなざし，すなわち有用性の観点からみるまなざしと重なってくる。「地方創生」論には，一人一人の人間が，生れ落ちた境遇にかかわらず，より充実した人生を追求できるようにするためにはどうしたらよいのか，という問題意識が欠落していると感じられるのである。

　そのことと関連する興味深い事実がある。『地方元気』には格差という言葉が2回しか登場せず，地域と結びつく用語は1回だけである。それとて，「地方と東京圏の間の人口移動数は有効求人倍率の格差に高い相関を示しており，雇用や経済状況が深く関わっていることが明らかになっている」(p.14)という部分であり，地域格差[24]を問題視したものとはいいがたい。『地方消滅』には地域格差という用語がしばしば登場するが，その多くは地方圏と大都市圏の経済力の「地域格差」が拡大した時期に，地方圏から大都市圏への人口流出が拡大し，その累積が今後危惧される「地方消滅」の原因になっているという文脈で使われている。それを認識できているならば，地域格差を縮小させることが，「地方消滅」と「極点社会」を阻止する最も有効な方策であるという結論に至ってもいいのであるが，地域格差の是正が政策課題と位置付けられることはない[25]。『総合戦略』になると，格差という言葉の使用はわずか1回[26]で，地域と結びつく用語は登場しない。「地方創生」という言葉は，地域格差の解消をその目的として含意しているように錯覚させる。ところがそれは，地域格差はもとより格差一般に対する認識がきわめて希薄な（あるいは意図的に無視した）

議論なのであり，それに対する政策も当然不在である。

　この点で，「地方創生」論の問題意識は，経済の地理的相違に起因する地域格差の分析を最重要課題の1つとして，その解消を地域政策論の中心に据えてきた経済地理学[27]と大きく異なる。人間は，居住する地域を自由に選択できるわけではない。生れ落ちる地域は選ぶことができないし，そこからの移動も容易ではない。出身地を離れた人もまた，必ずしも自分の意志によって移動し，望み通りの場所に住んでいるわけではない。他方で，土地に固着した経済・生活基盤はもとより，財の地理的可動性もまた完全ではない。このような事情から，非空間的な社会保障や福祉政策では国民の社会的公正を達成することができないところに，地域政策の存立根拠がある（辻1986）。経済地理学が地域格差を研究課題としてきたのは，地域差への素朴な好奇心からではなく，個人の意志や努力によっては越えがたい条件の差の大きな部分が，人間が地理的実在であることによって生み出されていることを，社会正義にもとると考えたからである。これに対して「地方創生」論には，格差や社会正義に対する認識が（全くないわけではないにせよ）希薄であり，その内部における平等や公正を問うことなく，国民経済や国家という全体の維持・拡大が目的とされている。

　地域格差を社会正義上の問題ととらえ，その解消を目指してなされる福祉政策的な国家政策を地域政策であるとすれば，地域格差という問題意識を欠いた「地方創生」策は地域政策とは呼べないのであろうか。辻（1986）によれば，地域政策の目的は国民の平等や公正の達成に限られない。地域政策のもう一つの目的は，産業や人口の地理的偏在や地域間不均衡を是正することによって，社会的合理性を向上させることである。豊田（2015）の言葉を借りれば，前者は水準の地域格差を，後者は規模の地域格差を是正しようとするものである。辻（1986）は，この2つの目的を基本的に国民の福祉問題の改善という共通の理念に基づくとみているようである。しかし，彼も気づいているように，前者は個々の国民の生活を問題としているのに対し，後者は個人よりもむしろ社会全体の利益にかかわるものであるという相違がある。これら2つの目的からなされる

地域政策とは明らかに性格を異にするのが，成長政策的・産業政策的な地域政策である。それは，政府の総合開発計画をマスタープランとして，地域開発の名のもとに産業基盤の整備と企業誘致を進めてきた戦後日本の地域政策の姿そのもの（川島1969，1971）である。

　これほど異なる目的や理念をもつ政策が，一括して地域政策と呼ばれうる理由を，辻（1986：284）は「一般に目的や理念から，その手段を分離することはしばしば可能であるからであり，このことが地域政策にもあてはまるからである」と述べる。確かに福祉や社会的合理性を目的としてなされる地域政策もまた，産業振興を重要な手段の1つとしている点において，成長政策としての地域政策と共通点をもっている。手段の共通性を重視し，本来の目的や理念から乖離した政策をも地域政策と呼びならわしてきた伝統を踏まえれば，「地方創生」策を地域政策と呼んでも差し支えない。地方中核都市に資源を集中投下して地方圏における人口の「反転・防衛線」にしようという「地方創生」策の発想は，高度成長期以来の地域政策と類似した陳腐なものであるとの批判[28]は，まさに手段としての共通性を指摘している。

　しかし筆者は，それが地域政策と呼びうるとしても，「地方創生」策は従来の地域政策とは一線を画するものであると考える。辻（1986）が指摘するように，かつての日本の地域政策は，いかに成長政策的な性格を持っていたとしても福祉政策的な側面を備えていたし，少なくとも建前としては福祉の重要性が前面に出ていた。ところが「地方創生」策では，格差の観念の欠如が示すように，福祉という理念が消えうせ，合理的な資源配置を通じて経済や人口の成長を達成することが優先されている。

　辻（1986：300）は，「機会の地域間平等化と地域間均衡化とを中心課題」とする地域政策が展開されうるのは，その国民経済が一定水準のパフォーマンスを持つ限りにおいてであるとしている。そして，「この一大前提が崩れるならば，今度はその前提そのものが重大な国家政策問題となり，これとともに福祉政策的地域政策は後退し，経済力の回復強化に資する地域政策が重視される可能性がある」（辻1986：300-301）と締めくくっている。30年前に，今日の状況を見事に言い当てた卓見に敬服する。

2. ライフコースを通じた地理的公正へ

周知のとおり，格差や平等を論じる際には，機会の格差と結果の格差の概念的区別が必要である。結果の格差は機会の格差を反映しており，ある時点の結果の格差はそれ以降（次世代を含む）の機会の格差となりうるので，両者を截然と分けることはできない。したがって，機会の格差と結果の格差の区別とは，分析概念としてどちらにより注目するのか，あるいはどちらの解消を理念としてより重視するのかを明確にすることである。

地域格差研究は，経済地理学にとって古くて新しい領域であり，このところ豊かな展開を見せつつある[29]。しかし依然として多くの研究が，結果の格差を量的な変数に還元して把握し，そのパターンや格差指標（ジニ係数など）の時系列的な変動を論じることに偏っている。少数派である機会の地域格差に焦点を当てた研究でも，雇用機会を有効求人倍率によって把握したり（加茂1998），高等教育機関の定員と進学率との関係を論じたり（川田1992）といったように，量的な分析がほとんどである。

地域格差は，本来質的な次元を併せ持つ。多くの人にとって，仕事は単に生活の糧を得るための労役ではなく，アイデンティティ形成や自己肯定感と密接にかかわる。たとえ所得格差が縮小したとしても，地方圏において雇用機会の選択の幅が拡大してきたとは言い難い（長尾2016）し，教育機会や文化機会の質や選択肢は，大都市圏には遠く及ばない。とりわけ教育機会に関していえば，大学進学率の地域格差はむしろ拡大しているとされる（朴澤2016）。進学や就職といった，ライフイベントの重要な局面での機会の地域格差は，個人のその後のライフコース全体に影響を及ぼす。文化資本と呼ばれるもの，すなわち文化的素養や美的性向，生活習慣など，経済指標には還元できないが社会的地位や精神生活の豊かさに影響するものは，多様な文化機会や消費機会への接触を通じて体化され，蓄積されていく[30]。そして貯蔵や輸送ができないサービスが消費における存在感を高めれば高めるほど，大都市圏と地方圏の文化機会や消費機会の多様性や質の格差は拡大していく（加藤2011）。

経済地理学における地域格差研究が，量的還元主義を脱して地理的公

正をより多面的にとらえようとするならば，結果の地域格差との関連性に目配りをしながら，質的な側面をも含めた機会の地域格差を射程に収める必要がある。さらには特定時点における地域格差の横断面や格差指標の時系列的変化を分析するのみならず，ある時点での機会および結果の地域格差が，個人のその後の人生や，子や親の人生にいかなる影響を及ぼすのかというライフコースを重視した分析視角を取るべきである，と筆者は考えている[31]。

　地域格差をライフコースに即してとらえなおすと，自己実現を図ろうとするにあたり，個人が直面する制約をできる限り取り除くことで，生れ落ちた地域あるいは今住んでいる地域にかかわらず，社会の構成員が可能な限り同じスタートラインにつくための条件を整備することが，地域政策の重要な理念および目的の1つになる。ここにおいて，地域政策の存立根拠は，機会の平等という時の機会のほとんどが，土地に固着していることにある，と言い換えられる。こうした意味での地理的公正が担保されるべきというコンセンサスがある社会であれば，仮に国民の負担増を伴うとしても，再分配の強化によってそれを保障することが承認されるだろう。

　筆者は，住み慣れた地域で暮らし続け，働き続ける権利（Lipietz 1994）は尊重されるべきであると考える。しかし，再分配をいくら強化したとしても，公共財についても，完全な地域間の機会の平等化を達成することはできない。ましてや市場の論理が強く働く消費機会や所得機会については，人為的に地域間の機会の平等化を図っても，投下した資源に見合う成果は得られないであろう。そのような状況において，なお機会の地理的公正の理念に近づくためには，諸機会が土地固着的である以上，人間の側が移動せざるを得ないことを前提として，移動にかかる制約を取り除くことが目標となる。従来の地域的公正は，居住地を所与とする資源配分の在り方に関する理念であったが，地理的公正は移動の自由も含んだ概念である。

　このことは，「地方創生」論の方向性と対立するものではない。農山村の生活をそうあらしめている環境もまた土地固着的であり，そこでしか

享受できない。十分な情報提供，住まいと仕事の確保，子どもの教育，慣れない環境への適応など，さまざまな側面から支援する枠組みを構築し，農山村で暮らすこと，老後を送ることに魅力を感じている都市住民が，移住を実行に移すための障害を少なくしていくことは重要である。同時に，地元では学べないことを学びたいと考える人，世界都市ならではの多様性の中で働きたいと思う人が，地方圏から東京圏に移動するときの制約もまた，取り除かれるべきである。「限界集落」と言われるような集落に暮らす高齢者が，山を下りて地方中核都市[32]で暮らしたいと願うならば，もちろんそれも支援する。

　都市と農村との交流人口を増大させることは，ライフコースの自由度をより開かれたものとするための有効な手段である。地方圏の生活を知ることなく東京圏で仕事中心の生活を送っている人や，農山村に生れ育ち，他出のきっかけをもたないままずっとそこで暮らしている人も多い。こうした人々は，経験がないために，他所にある別の暮らし方の可能性が念頭に上らないだけかもしれない。都市的生活様式の浸透により，生活の画一化が進んでしまった現状にかんがみれば，そこから離脱しようと考える人へのオルタナティブとして，「里山資本主義」的な生活（藻谷・NHK広島取材班2013）の敷居を下げていくことも，ライフコースの選択肢を広げることになる。

　移動にかかる制約の緩和は，国民の自己実現の可能性を広げるためになされるべきであって，特定の人口集団や特定のベクトルにのみ向けられるべきではない。ましてや，人口の維持や経済成長といった，個人の自己実現という理念からかけ離れた目的のために，集団やベクトルを特定した人口移動が誘導されるべきではない。ライフコース全体を見据えた地域住民の福祉の向上を理念とする地域政策の結果として，地方圏に居住したいと考える人が増えるのであれば，言うまでもなくそれは歓迎すべきことである。

V. 複合社会における自由と地理学

　前節では，ライフコースを通じた機会へのアクセスの地理的公正を目指すことが地域政策の主要な目的の1つとなりうると主張した。言い換えれば，地理的制約からの自由の拡大が，地域政策の課題となるということである。ここでの自由は，他者や権力のあらゆる干渉・介入を拒否し，それゆえ再分配や規制といった社会的公正を実現するための制度を強制にほかならないと考えるリバタリアンの自由とは異なる。もとよりリバタリアン的な自由など，現実には存在しない。あるとすれば，それは自由市場というユートピアの中に住む経済人のみが持っている自由だろう。地上に住むわれわれが持ち得る自由，目指すべき自由とは，どのような性質のものであろうか。ここでは，カール・ポランニーの自由論を参考に，このことについて考えてみたい[33]。

　ポランニーの自由論は，自由そのものの意味を問う道徳的次元での議論と，自由を維持するための制度的議論から成り立っている。道徳的次元での議論は，分業と相互依存関係が複雑化した産業社会（複合社会）に暮らしているわれわれは，行為や意志決定の意図せざる結果として，他者を強制する権力と経済的価値の創出に加担することが避けられないという基本認識から出発する。ポランニーによれば，「権力と経済的価値決定は社会の現実の基本的骨格」（ポランニー2009：465）である。権力の機能は，「集団の生存にとって必要とされる全員協力の手段を確保すること」（ポランニー2009：465）であり，世論を通じて形成される社会的コンセンサスにその根源を持つ。ポランニーは，経済的価値を「人間の欲望と希少性」（ポランニー2009：465）によって決定されるとしていることから，経済的価値とは自由市場における価格とほぼ同義である。

　好むと好まざるとにかかわらず，個人の行為や意見表明は，慣習や世論の形成を通じて，標準的な生き方や考え方への同調を強制する権力を生み出す。今日われわれは，価格を基準とする市場に参加することを余儀なくされる。そこでは，人と人との実在的関係が物象化されているため，支払いの対価として財やサービスを受けられることが無矛盾である

かのように見える。われわれは，消費が目に見えない多数の人々の労苦や危険，犠牲に支えられていることに気づかないまま，消費を通じて市場というシステムの存続に寄与する（ポランニー2012）。これらを踏まえると，現代社会の基本的骨格は「権力と市場」であると言い換えることができよう。

「権力と市場」は，人々がよりよい生活を願って意図的に作り出したものではなく，あくまでも行為や意志決定の意図せざる結果の産物である，とポランニーは述べる[34]。と同時に，現代社会が「権力と市場」という強制力を基本的骨格としていることを，不可避の現実として受け止めるざるを得ない。われわれは，自らが作り出してしまう共通の必要悪とでもいうべきこの強制力を，より害悪の少ないものにしていく責任と義務を負っている。ポランニーに従えば，行為や意志決定を通じて「権力と市場」という強制力の創出にかかわらざるを得ないことを認識し，そのことに由来する責任と義務を引き受けたとき，初めて人は自由でありうるのである（若森2011，2015）。つまり，ポランニーのいう自由とは，経済自由主義的な個人的自由＝責任からの自由ではなく，社会的自由＝責任を通しての自由である（若森2011，2015）[35]

自由を保障する制度的次元の議論において，ポランニーが目指すのは，社会民主主義に基づく福祉国家の実現と市民的自由の拡大である（若森2015）。市場経済に関与している限り，われわれは市場における価格変動に伴う失業や所得格差の拡大，特定の労働者の長時間労働といった問題を生み出すことが避けられないし，自分がその被害者となる可能性も常にある。ポランニーに従えば，それを最小限にするための規制や再分配の制度を充実させることは，自由の拡大を目指す人の責任であり，義務である[36]。良心の自由，言論の自由，集会の自由，結社の自由，職業選択の自由などの市民的自由が保障されることは，多様性が保障されるということである。これは，多様性を否定するところで全体主義が生まれたという歴史的事実を踏まえてのことであろう。こうした意味での自由を拡大することによって，ポランニー的な言い方をすれば，経済を社会に埋め戻すことによって，社会的効率や経済成長は一定程度犠牲になる。

そうなったとしても，「技術的には効率が落ちることになっても，生の充足を個人に取り戻させる」(ポランニー2003：69)ことを選ぶのである。

　経済地理学の方へ，ポランニーの自由論を手繰り寄せてみよう。「地方創生」論の土台をなす，東京一極集中とそこでの極端な低出生率，地方圏における人口減少と高齢化，国民経済の停滞は，われわれが希望して創り出してきたものではない。しかし，そこに「意図せざる」という但し書きをつけたとしても，毎年多くの人が進学機会や就職機会，よりよい生活の機会を求めて，地方圏から東京圏へと移住しつづけてきたことの結果であることは否定できない。この結果は，さらなる移住者を引き付ける原因となり，逃れがたい循環を形作る。東京一極集中に対して「国土の均衡ある発展」という理念を掲げはしたものの，最終的には東京圏をエンジンとした経済成長を優先し，その果実を地方圏に再分配するという国民経済の地域構造を，われわれは是認してきた。

　「地方創生」論は，あえて気づかないふりをしてきたこうした事実を，地理的な次元を伴って，われわれに認識させる重要な契機となった。国民経済は有機的な空間的分業によって成り立っているのであるから，行為や意志決定の意図せざる結果として生み出される「権力と市場」は，特定の地域構造を必然的に伴う。つまりわれわれは，好むと好まざるとにかかわらず，それを前提として生きることを強制する地域構造の創出にも加担しているのである。社会的分業を反映した地域的分業体系である地域構造の中で，地域の存立および住民の生活は，他の地域および住民と相互依存関係にある。東京圏に住んでいようが，地方圏に住んでいようが，「『一人でやってきた』，し『誰に迷惑をかけてもいない』」(ポランニー2009：465)などと居直ることはできないのである。

　このような認識に至ったなら，「権力と市場」の空間的形態としての地域構造として，どのようなものがより望ましいかを構想することが，地域政策論の目的となり，理念となるはずである。ここでの望ましさとは，われわれの福祉と自由の拡大にとっての望ましさである。しかし今，目の前にある地域政策は，経済成長と人口維持にとっての望ましさを追い求め，地理的公正やライフコースを通じた自己実現への目配りが欠落し

た「地域創成」策である。

　筆者は，地域政策は資本主義の下で必然的に発生する機会および結果の地域格差を是正し，可能な限りの地理的公正の達成を理念とするべきであって，一国の経済成長や人口の維持・増加を目標とし，その観点からより効率的な地域構造を維持するために用いられるべきではないとの立場から，「地方創生」論を批判してきた。こうした批判が意味を持つのは，個人の幸福追求が国家に優先し，社会的公正が規範として機能する社会においてのみである。しかし，国民の格差に対する問題意識が実態以上に薄らいでいる社会（村田・荒牧 2013；田辺 2017）において，自由や平等といった社会正義を守ることは自明に重要であると断言できるであろうか[37]。

　そうした社会において，経済地理学者が，これまで同様に，いやこれまで以上に，自由や平等を守ることが重要であると主張し続けるためには，何が必要であろうか。いささか感覚的ながら，筆者はあらためて「地理に寄り添うこと」が求められるのではないかと考える。

　経済地理学者は，「資本主義の成立によって国民経済が確立して以来，基本的には国民経済が一つの『有機体』をなしているのであって，いかなる意味でも国民経済とアナロジカルな『地域』なるものは存在しえない」（矢田 1979＝2015：59）という認識を受け入れても，国家という全体が，地域やその住民といった部分に優先するとは考えてこなかったはずである。「地方創生」論は，地域を重視するようでいて，最終的には国民経済（一点経済）の成長率と人口を問題とする。その際，各地域の数値を足し合わせる手続きがなされ，ここにおいて各地域の数値は全体に対する寄与度を示す。

　これに対して，経済地理学者が問題とするのは，足し合わせる前の地理であり，国民経済の循環の中に位置づけられながらも，なおまとまりと固有性を有する地域である。「国民経済が社会的分業によって成立し，その地域的反映としての地域分業の存在を是認する以上，鉱・工・農業生産，交通分布における地域的不均等性はある意味で当然のことである」（矢田 1979＝2015：59）という主張もその通りである。したがって，量的・

質的に完全な地域間平等を達成できる地域政策はない。人々は，必然的に「地域的不均等性」あるいは地理的多様性の中で生きている。経済地理学者は，地域の多様性そのものと，それに向き合って生きる人々の姿を共感と称賛をもって描き出してきた。そして社会正義に反する地理的不公正があるとみればこれを看過せず，解決に向けた提言を続けてもきたのである。

　誰しも特定の場所やフィールドに思い入れを持っていることであろう。しかし「地理に寄り添う」とは，部分を全体へと足し合わせる論理に抗することであり，地域のもつ多様性の中で地理的公正の実現を目指すより一般的な姿勢である。国政は全体を対象としたものであり，足し合わせの論理に従わざるを得ないことは理解できる。しかし，それが行き過ぎ，全体が部分に優先するような志向性が強まった時には，躊躇せず声を上げるべきであろう。なぜなら足し合わせの論理は，自然と歴史が綾なす多彩な広がりの世界を一点に回収しようとする反地理学の論理だからである。

VI. 地理に寄り添うこと

　若森(2011：54)によれば，ポランニー(2012)は「社会科学の課題を，法則の発見ではなく人間の自由を拡大することのなかに見出し」た。しかし，経済学をはじめとする社会科学における主流は，客観的で決定論的な法則の定立を目指すものであった。「そのような社会科学はしばしば，苦悩とその起源を除去しようとする人間の積極的な関与を認めず，人々に苦悩の現実を科学的法則の結果として受け入れるよう説教するのである」と若森(2011：51)は述べる。「地方創生」論は，「地方消滅」「極点社会」というこのままでは避けられない苦悩の現実を，人口学の「科学的法則」として示し，危機感をあおる。そして人口の維持と持続的な経済成長を目的とする「地方創生」策が打ち出される。そして，人口減少と地域経済の衰退に抗ってきた数々の地域における人間の積極的な関与を認めることなく，「すべての町は救えない」(『中央公論』129(7)のサブタイトル)と言い放ち，

「選択と集中」を受け入れるよう説教する。一見地理を重視しているかにみえる「地方創生」論は，実は反地理学的思考に他ならないというのが，本章の結論である。

　その理念と目的において，筆者が「地方創生」論に共感できる部分はほとんどない。しかし，年間1兆円の政府予算を背景に提供される政策パッケージの中には，工夫次第で地域住民の福祉の向上に資するものが少なくない。地域政策の目的・理念から手段を分離することは可能である，という辻 (1986) の指摘をもう一度思い出そう。政府が本来福祉的な理念・目的を持ってなされるべき地域政策から，経済成長と人口維持という目的に手段を流用したならば，それに対する「反転・防衛」として，今度は自治体の側が手段を拝借し，それを住民の福祉の向上に役立てればよい。そのためには，国政との整合性を考えて企画し，達成可能かつ低すぎない数値目標を設定するなどの工夫が必要であり，それは容易ではない。しかし，筆者の乏しい経験に照らしても，地域づくりの成功事例とされる自治体や集落は，概して自らの目的・理念を達成するために，政策手段がもともと持っていた目的を読み替えて活用する「反転・防衛」に長けているものである。国と自治体は，ガバナンスのスケールが異なるため，必然的に緊張関係にある。国が足し算の論理を貫徹しようとしてきたときに，それをうまくかわし，むしろ地域のために利用するくらい，自治体はしたたかであってよい。そのとき経済地理学は，足し算の論理ではなく，地域のしたたかさのほうに寄り添う知である。

1) http://www.stat.go.jp/data/idou/2014np/kihon/youyaku/（2016年3月4日検索）。

2) 大辞泉によれば，目的という言葉には，「倫理学で，理性ないし意志が，行為に先立って行為を規定し，方向づけるもの」という意味がある。

3) 人口に膾炙しているのは，「地域的公正 (territorial justice)」という言葉であろう。梶田 (2011) によれば，地域的公正は Bleddyn Davies によって案出された概念であり，地域の人口のニーズに従って公共サービスを供給することを意味していた。この意味での地域的公正概念にのっとった実証研究は，地域のニーズをいかにして客観的に把握し，それに従った資源配分がどの程度達成されているかといった技術的側面に論点が偏り

がちであった。Smith (1994) は政治哲学などを参照することで，地域的公正概念を「平等化としての公正 (justice for equalization)」と再定義した (神谷1997)。地域的公正を，不平等な状態が改善の方向に向かう動態と考えたのである。しかし，いずれにしても，本章で展開しようとする概念とは異なっている。そこで，耳慣れないのは承知の上で，「地理的公正」という言葉を使うことにした。

4) 『危機回避』には1度だけ登場する。『地方元気』を世に問うた理由を，「日本社会に警鐘を鳴らし，地方創生への取組みの必要性を訴えるのが本旨であった」(p.2) と説明している部分である。

5) 明鏡国語辞典によれば，創生は「新たにつくり出すこと」，創成は「はじめてでき上ること。また，はじめてつくること」である。

6) 「再配置」という計画経済を思わせる表現が，政府文書である『総合戦略』からはみいだせないが，『地方消滅』にはたびたび登場する。

7) 江崎 (2016) は，ダム機能を期待される県庁所在地の拠点性が，都市によって大きく異なることを，コーホート分析によって明らかにしている。また，梶田 (2016) は，松江市について，県庁所在都市としての消費・行政機能でも，現在事実上の基幹産業となっている医療・福祉でもない，新たな産業基盤を構築しない限り，ダム機能を果たすことは難しいと判断している。なお，『地方消滅』においてダム機能を果たすことが期待されている地方中核都市は，県庁所在都市よりも一段上の広域ブロックの中心都市であることを付言しておく。

8) 増田 (2013)，増田・日本創成会議・人口減少問題検討分科会 (2014) などのほか，多数の対談記事がある。

9) 「田園回帰」は，「農村たたみ」的な政策に歯止めをかける上では有効かもしれないし，現実に集落レベルでの消滅を食い止める効果を持ち得る場合もあろう。しかし，統治機構が関わる「自治体消滅」論や，地方圏において人口の再生産が困難となる地域が広がるとする「地方消滅」論に対する反論とするには，量的にも空間スケール的にも乖離がある。また「田園回帰」は，まさに「地方創生」論が望む動向であるため，そればかりに目を奪われると，「地方創生」論の理念や目的がはらむ問題点はむしろ見えにくくなってしまう。この点に関連して，中澤 (2021) を参照されたい。

10) 地理空間学会「消滅自治体論を批判する——地理学からの反論」(2015年6月20日，藤永2015；植村2015；林2015；市川2015)，地理科学学会「地方圏の未来を考える——ネクスト・ソサエティを求めて」(2015年11月1日)，日本地理学会「いまあらためて農山村の価値を考える」(2016年3月21日) などの報告題目を参照した。日本学術会議地域研究委員会人文・経済地理学分科会／地域情報分科会主催「人口減少下における地方の創生策はいかにあるべきか——東京一極集中是正の可能性」(2015年8月30日) では，政策提言を意識した一般的な議論が中心であったようである。『地学雑誌』125巻4号は，「地方都市の現在」と題する特集であり，「地方創生」と関連した論考として，すでに紹介した江崎 (2016)，梶田 (2016) のほか，九州の事例から自治体による移住・定住促進策が直面する困難を示唆した小柳 (2016)，東北と中国 (地方) の社会増減パターンの差異を明らかにした小池・山内 (2016)，地方圏の子どもの地元残留に対する希望が，親の

属性および子どもと親のジェンダー関係によって異なることを示した山口ほか（2016）などが得られる。

11） 他地域の成功事例を直接適用することはできないのは当然であるが，それでは個々の事例をどう役立てればよいか。日本の経済地理学では，この点についての議論は十分でないと考える。筆者は，地域を閉じた実体とみるのではなく，さまざまな空間スケールをめぐる事象の結びつきとしてとらえたうえで，事例間の共通性・相違性を認識する力，いわば関係論的な類比の力が求められると考えている。これは，近年都市をめぐって比較研究の方法に関する議論が高まりを見せるなかで登場した関係論的比較アプローチ（relational comparative approach, Ward 2010などを参照）という概念と関連する。

12） もちろん，国による政策策定の段階に関わり，グランドデザインをより良いものにし，数値目標を合理的なものにしていくことも，経済地理学者に求められる貢献のあり方である。関連して，松原（2016）を参照されたい。

13） この時の大会特集号（経済地理学年報62巻4号）には，大会報告論文として収録されていない。

14） 補充移民（replacement migration）は，United Nations（2000）が提示した概念であり，「人口規模の縮小，生産年齢人口の減少，および人口の高齢化を補完するに足る国際的移民」（柳下2001：53）のことを指す。United Nations（2000）は，先進国が移民によって人口を維持し高齢化を食い止めようとするならば，莫大な人数の移民を受け入れなければならないことを示すことによって，先進国が少子・高齢化の問題に手をこまねいていることに対する警鐘を鳴らすという意味合いが強かった。そのため，研究者からは批判的に受け止められることが多かった。

15） http://www.newsweekjapan.jp/stories/world/2016/03/post-4652.php（2023年12月17日アクセス）。

16） 第1版：https://www.kantei.go.jp/jp/singi/sousei/info/pdf/h27-10-22-shihyou1-1.pdf，第2版 http://www.kantei.go.jp/jp/singi/sousei/info/pdf/h28-02-26-shihyou2-1.pdf（2016年5月2日アクセス）。

17） 週60時間以上働く雇用者の割合（2012年）と，実質労働生産性（千円／労働投入量，2011年）および合計特殊出生率（2014年）との相関係数は，それぞれ0.57，-0.58であった。週60時間以上働く雇用者の割合と合計特殊出生率は『地域少子化・働き方指標（第1版）』，実質労働生産性は『平成27年版労働経済の分析』による。

18） http://www.jcer.or.jp/policy/pdf/concept20131120.pdf（2023年12月17日アクセス）。

19） 増田（2013）および増田寛也・日本創成会議・人口減少問題検討分科会（2014）が掲載された『中央公論』の特集タイトルは，「壊死する地方都市」であった。

20） そのことは『総合戦略』からも示唆される。『総合政策』の政策パッケージには，「地方への人材還流，地方での人材育成，地方の雇用」（p.40）が掲げられている。地方圏で必要とされる人材として主に想定されているのは，中小企業の従業員，農林漁業の新規就業者や後継者，建設業・造船業・運輸業の就業者など，現に地方圏において重要な所得機会となっている部門である。「新たな取組に積極的にチャレンジする『攻めの経営』に転じていきやすくなるような環境を整え，プロフェッショナル人材の活用に

よる成長や生産性の向上の実現を促していく」とも書かれているが，「プロフェッショナル人材」の具体像は示されていない。現状では，高学歴の人口が東京圏に選択的に移動する傾向が続いており，労働生産性や創造性の高い労働力の偏在が懸念されている(中川2016)。

21）岡田(2014)も，東京圏をグローバル競争の拠点たる国際都市に純化すべきであるとする日本創成会議の姿勢を批判し，「中所得，低所得，内需型の企業に勤めている人は，過剰人口になるので，地方に移動してもらうと描いているようです」(p.34-35)と述べている。

22）この論理を敷衍すると，「子育て世代の地方への移住は，保育・育児のトータルコストの節減にも結び付くものとして，国民経済計算上も意義が大きいと言える」ことになる。『地方元気』や『地方消滅』では，少子化対策が国民の希望を叶えるものであることが強調されているが，「東京で子育てがしたい」という希望を叶えることは想定されていないようである。

23）人的資源という概念については，中澤(2012)において現代の資源論に位置づけて詳しく論じた。

24）第3章では，地域間格差と地域内格差を峻別してきたが，本章では読みやすさを優先し，基本的に地域間格差を意味する言葉として，地域格差を用いる。

25）おそらくそれは，経験的にみて地域格差の縮小と経済成長が両立しがたいからであろうが，豊田(2015, 2016a)が指摘するように，人口の地方分散と経済成長もまた，経験的に両立しがたいのである。

26）「採用・配置・育成等あらゆる側面において男女間の格差を是正する」(p.56)という部分である。

27）たとえば山本(2005：1-2)は，「現代世界にどのような地域間格差が存在しているかを描き出し，その地域間格差が生じたのはなぜかという問題を明らかにし，その地域間格差にどのような政策がどのような影響を及ぼすかを解明することが，学問としての経済地理学の重要な課題の一つである」としている。

28）『地方消滅』の「おわりに」において，増田寛也はこうした批判に対する反論を試みている(p.201-202)が，筆者の見る限り有効な反批判にはなっていない。

29）『経済地理学年報』の特集(豊田2013；中谷・埴淵2013；長尾2013；山本2013)や『地理』の特集(豊田2016b；中川2016；中谷・埴淵2016；長尾2016；山本2016；浦川2016)などが，そうした動向を反映しているといえる。

30）もちろん，こうした諸機会への接触可能性は，地域とは独立に，親や本人の所得によって左右される。したがって，地域間格差に加え，地域内格差の程度やその地理を把握することが重要となる(豊田1999)。

31）中澤・神谷(2005)，中澤ほか(2006)は，こうした問題意識に基づく研究である。

32）山下(2014)は，地方中核都市を東京一極集中の傾向に対する「防衛・反転」線と位置付けた『地方消滅』に対して，「選択と集中」の理念による農山村の切り捨てであると批判している。しかし，高等教育の機会や，高次の文化機会・消費機会をすべての自治体に立地させ，文字通りの地域間の機会の平等を達成することは，原理的に不可能で

ある。そうであれば，地方中核都市に重点的にそれらを整備し，周辺地域からのアクセシビリティを高めることを考えるべきではないだろうか。『総合戦略』においては，「立地適正化計画」を策定する自治体数の増加と「居住誘導地区内」に居住する人口の増加が具体的目標として掲げられており，これを「選択と集中」の理念によって農山村を切り捨てようとしていると批判することは妥当であろう。他方で，農山村を切り捨てない形で，地方中核都市の重点化を図る道筋が考えられてもいいように思われる。

33) 『大転換』(ポランニー2009)の最終章は「複合社会における自由」と題する自由論であるが，黙示的であることもあり，市場社会批判，擬制商品論，二重運動論，経済の統合の諸形態などに関する議論と比べて十分に論じられてこなかった。しかしポランニーにとって，自由をめぐる問いは終生の課題であった。ポランニーは高度に体系化された理論の構築を目指すタイプの学者ではなく，彼の自由に対する見解は錯綜している。本章を執筆するにあたっては，自由論についても踏み込んだポランニーの研究書(佐藤2006；若森2011, 2015；Dale 2010)を参照しながら，ポランニーのテキストを解釈していった。

34) 対照的に自由主義者は「人間の意志と希望だけでできた世界」(ポランニー2009：464)を夢想してきたのであるという。

35) ポランニーが「社会的自由を，容易に達成できるものではない永遠の課題として提起」(若森2015：244)していることもあり，彼が理想とする社会の具体像は，今一つ明確ではない(若森2015：259)。ただし，1920年代のポランニーは，経済生活の見通しと社会的連環についての十分な知識に基づき，個人が機能に応じて組織されたアソシエーションに参加し，それら相互の交渉に基づいて労働と欲求充足の解決点を見出す機能的社会主義なるものを提唱していた(若森2011)。

36) ポランニー(2009)によれば，自由を放擲して強制力に身をゆだねたのが，ファシズムおよび社会主義である。

37) 新井(2011)は，政治哲学における社会正義に関する議論を参照したうえで，政治地理学は規範について論じることを避けてきたと反省している。これは，経済地理学にもいえることである。

［文献］

新井智一(2011)：権力の政治地理学から規範の政治地理学へ，『埼玉大学紀要(教養学部)』47(2)：15-25。

市川康夫(2015)：フランスにおける農村の人口回帰と過疎化の展開，『地理空間』8：337-350。

植村円香(2015)：「消滅可能性自治体」における高齢者の小さな農業とその意義，『地理空間』8：305-313。

浦川邦夫(2016)：経済学からみた地域格差，『地理』60(1)：68-76。

江崎雄治(2016)：日本の地方都市における人口変化，『地学雑誌』125：443-456。

岡田知弘(2014)：『「自治体消滅」論を超えて』自治体研究社。

小田切徳美(2014)：『農山村は消滅しない』岩波書店。

梶田真(2011)：Bleddyn Daviesの研究と英語圏地理学における受容，『地理学評論』84A：99-117。

梶田真(2016)：県庁所在都市は「ダム機能」を果たすことができるのか?——松江市の事例分析を通じて，『地学雑誌』125：627-645。

加藤幸治(2011)：サービス消費機会の地域的格差，『経済地理学年報』57：277-294。

金子勇(2016)：『「地方創生と消滅」の社会学——日本のコミュニティのゆくえ』ミネルヴァ書房。

神谷浩夫(1997)：地域的公正と地域問題に関する覚え書き，『金沢大学文学部地理学報告』8：53-60。

加茂浩靖(1998)：わが国における労働市場の地域構造——1985年と1993年の比較考察，『経済地理学年報』44：93-115。

川島哲郎(1969)：高度成長期の地域開発政策，（所収　川合一郎・木下悦二・神野璋一郎・高橋誠・狭間源三編『講座日本資本主義発達史論Ⅴ　昭和30年代』日本評論社：309-367）。

川島哲郎(1971)：日本の経済成長と産業立地，『経済評論』20(1)：64-78。

川田力(1992)：わが国における教育水準の地域格差——大学卒業者を中心として，『人文地理』44：25-46。

城戸宏史(2016)：「地方創生」政策の問題と今後の市町村合併の可能性，『経済地理学年報』62：306-323。

小池司朗・山内昌和(2016)：「平成の大合併」前後における旧市町村別の自然増減と社会増減の変化——東北地方と中国地方の比較分析，『地学雑誌』125：457-474。

国立社会保障・人口問題研究所(2013)：『日本の地域別将来推計人口——平成22(2010)〜52(2040)年(平成25年3月推計)』人口問題研究資料第330号。

小柳真二(2016)：地方部における移住・定住促進策の背景・現状・課題——九州地方の事例，『地学雑誌』125：507-522。

作野広和(2016)：地方移住の広まりと地域対応，『経済地理学年報』62：324-345。

佐藤光(2006)：『カール・ポランニーの社会哲学——『大転換』以後』ミネルヴァ書房。

田辺俊介(2017)：希望は失われているのか?——格差と希望喪失の共犯関係，（所収　石田浩監修，佐藤香編『ライフデザインと希望』勁草書房：177-201)。

辻悟一(1986)：地域政策，（所収　川島哲郎編『経済地理学』朝倉書店：278-302)。

豊田哲也(1999)：「世界都市」東京の空間構造とその変容——社会階層分極化論をめぐって，『人間社会文化研究(徳島大学)』6：123-139。

豊田哲也(2013)：日本における所得の地域間格差と人口移動の変化——世帯規模と年齢構成を考慮した世帯所得の推定を用いて，『経済地理学年報』59：4-26。

豊田哲也(2015)：人口減少社会における地域格差問題のジレンマ，『地域開発』609：2-7。

豊田哲也(2016a)：地域間格差と人口移動から見た地方創生の課題，『経済地理学会　第63回大会プログラム　報告要旨・予稿集』：33-43。

豊田哲也(2016b)：所得の分布と変化から見た地域間格差，『地理』61：30-37。

長尾健吉(2013)：大都市圏経済と経済格差——研究課題と政策課題，『経済地理学年報』59：44-56。

長尾健吉(2016)：就業機会をめぐる地域格差，『地理』60(1)：46-50。

中川聡(2016)：人口移動は地域格差を是正させたのか，『地理』60(1)：38-45。

中澤高志(2012)：人的資源・労働力・労働市場。（所収　中藤康俊・松原　宏編著『現代日本の資源問題』古今書院：193-215)。

中澤高志(2016)：地方創生の目的論，『経済地理学年報』62：285-305。

中澤高志(2021)：書評　筒井一伸編『田園回帰がひらく新しい都市農村関係——現場から理論まで』，『経済地理学年報』67：191-194。

中澤高志・神谷浩夫(2005)：女性のライフコースにみられる地域差とその要因——金沢市と横浜市

の進学高校卒業生の事例，『地理学評論』78A：560-585。

中澤高志・神谷浩夫・木下禮子(2006)：ライフコースの地域差・ジェンダー差とその要因——金沢市と横浜市の進学高校卒業生を対象に，『人文地理』58：308-326。

中谷友樹・埴淵知哉(2013)：居住地域の健康格差と所得格差，『経済地理学年報』59：57-72。

中谷友樹・埴淵知哉(2016)：健康の社会格差と地域格差，『地理』60(1)：51-57。

日本創成会議・首都圏問題検討分科会(2015)：『東京圏高齢化危機回避戦略——一都三県連携し，高齢化問題に対応せよ』日本創成会議。

日本創成会議・人口減少問題検討分科会(2014)：『成長を続ける21世紀のために——「ストップ少子化・地方元気戦略」』日本創成会議。

林琢也(2015)：「取り残される農村」は消滅していくのか?——郡上市和良町での「経験」とそれをもとにした「反証」，『地理空間』8：321-336。

藤永豪(2015)：中山間地域における高齢者による農業の存続実態とその意義——脊振山麓の集落調査をとおして，『地理空間』8：315-321。

朴澤泰男(2016)：『高等教育機会の地域格差——地方における高校生の大学進学行動』東信堂。

ポラニー，K. 著，野口建彦・栖原　学訳(2009)：『大転換——市場社会の形成と崩壊』東洋経済新報社。

ポランニー，K. 著，玉野井芳郎・平野健一郎編訳(2003)：『経済の文明史』筑摩書房。

ポランニー，K. 著，若森みどり・植村邦彦・若森章孝訳(2012)：『市場社会と人間の自由——社会哲学論選』大月書店。

増田寛也(2013)：戦慄のシミュレーション 2040年，地方消滅——「極点社会」が到来する，『中央公論』128(12)：18-31。

増田寛也編著(2014)：『地方消滅——東京一極集中が招く人口急減』中央公論新社。

増田寛也編著(2015)：『東京消滅——介護破綻と地方移住』中央公論新社。

増田寛也・日本創成会議・人口減少問題検討分科会(2014)：ストップ「人口急減社会」——国民の「希望出生率」の実現，地方中核拠点都市圏の創成，『中央公論』129(6)：18-31。

まち・ひと・しごと創生本部(2015)：『まち・ひと・しごと創生総合戦略(2015改訂版)』まち・ひと・しごと創生本部。

松原宏(2016)：地方創生関連政策の策定過程と政策評価に関する覚書き，『経済地理学年報』62：346-359。

村田ひろ子・荒牧央(2013)：格差意識の薄い日本人——ISSP国際比較調査「社会的不平等」から，『放送研究と調査』63(12)：2-13。

藻谷浩介・NHK広島取材班(2013)：『里山資本主義——日本経済は「安心の原理」で動く』角川書店。

矢田俊文(1979)：地域的不均等論批判，『一橋論叢』79(1)：79-99 (矢田俊文(2015)：『地域構造論(上)一理論編』原書房：49-72を参照した)。

柳下真知子(2001)：「補充移民」の発想の展開と含意，『人口学研究』29：53-56。

山口泰史・江崎雄治・松山薫(2016)：山形県庄内地域における若年人口の流出と親世代の意識，『地学雑誌』125：493-505。

山下祐介(2014)：『地方消滅の罠——「増田レポート」と人口減少社会の正体』筑摩書房。

山本健兒(2005)：『新版　経済地理学入門——地域の経済発展』原書房。

山本大策(2013)：金融経済化と地域格差——日米を事例とした連結視点からの接近，『経済地理学年報』54：27-43。

山本大策(2016)：グローバル時代の地域格差——米国を起点として，『地理』60(1)：58-67。

若森みどり(2011)：『カール・ポランニー——市場社会・民主主義・人間の自由』NTT出版。

若森みどり (2015)：『カール・ポランニーの経済学入門――ポスト新自由主義時代の思想』平凡社。

Dale, G. (2010): *Karl Polanyi: The Limits of the Market*, London: Polity.

Lipietz, A. (1994)： *"Post-Fordism and Democracy,"* In Amin, A. ed. *Post-Fordism: A Reader*, Oxford: Blackwell: 338-357.

Smith, D. M. (1994)： *Geography and Social Justice: Social Justice in a Changing World*, London: Wiley.

United Nations (2000)： *Replacement Migration: Is It a Solution to Declining and Ageing Populations?* United Nations Publication.

Ward, K. (2010)： *"Towards a Relational Comparative Approach to the Study of Cities,"* *Progress in Human Geography*, 34: 471–487

第5章

政治経済学的人口地理学の可能性

——『縮小ニッポンの衝撃』を手掛かりに

Ⅰ．人口地理学の新たな方向性を求めて

1. 本章の目的

　2014年5月，民間団体である日本創成会議は政策提言として報告書『ストップ 少子化・地方元気戦略』を公表し，2010年から2040年にかけて20〜39歳の女性人口が50%以下に減少すると見込まれる896市区町村（全自治体の49.8%）は，消滅可能性が高いとした（日本創成会議・人口減少問題検討分科会2014）。若年女性の流出は，直接的な人口減少であると同時に出生力の流出でもあるため，自治体にとっては将来にわたる人口減少を意味する。他方で地方圏から若者を引きつけている東京圏，とくに東京都は，出生率が低いため，ここに出産可能年齢の女性が集中すると，日本全体の少子化が加速する。そのため，日本創成会議・人口減少問題検討分科会（2014）は，東京圏に向かう人口の流れを食いとめ，いったん東京圏に出た若者を地方圏に呼び戻すことが必要であるとした。『ストップ 少子化・地方元気戦略』の公表からわずか4ヶ月後の2014年9月には，政府によって「まち・ひと・しごと創生本部」が設置され，すでに現実となっている人口減少に対処し，低迷する地域経済にてこ入れする司令塔と位置付けられた。

　全自治体の約半数を「消滅可能性都市」と判定するような衝撃的な予測に日本創成会議が行き着いた原因は，国立社会保障・人口問題研究所（社人研）と異なる仮定で将来人口推計を行ったことにある。大都市圏の転入超過は循環的な増減を繰り返してきた（**図5-1**）。2013年に公開された社人

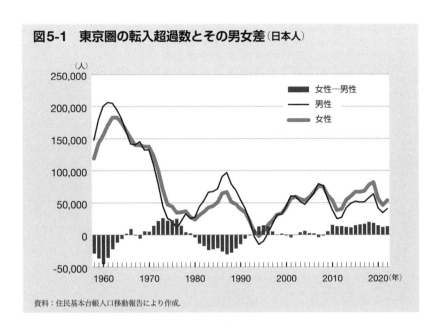

図5-1　東京圏の転入超過数とその男女差（日本人）

凡例：
女性―男性
男性
女性

（縦軸）（人）250,000 / 200,000 / 150,000 / 100,000 / 50,000 / 0 / -50,000
（横軸）1960　1970　1980　1990　2000　2010　2020（年）

資料：住民基本台帳人口移動報告により作成.

　研の市区町村別将来推計人口は，同様の変動が今後も繰り返され，東京
圏の転入超過は近い将来収束するとの仮定に基づいていた。これによる
と，20～39歳の女性人口が50％以下に減少する「消滅可能性都市」は全
自治体の20.7％となる。これに対して，日本創成会議は，東京圏への人
口集中が収束しないとの前提で将来人口推計を行った。

　その後の現実は，社人研よりも日本創成会議の仮定のほうが妥当で
あったことを示している。すなわち，東京圏の転入超過が収束すること
はなく，COVID-19のパンデミックによって東京一極集中の潮目が変わ
るとの期待とは裏腹に，すぐに盛り返して現在に至っている。また，東
京圏の転入超過は，リーマンショックを境に男性よりも女性において顕
著になっており，日本創成会議が女性の動向に注目したことも的を射て
いた。そして，東京一極集中の継続は，日本創成会議の政策提言をほぼ
全面的に受け入れて展開された「地方創生」政策が，東京一極集中の是正
という最重要課題の解決に対してほとんど無力であったことをあからさ
まにしている。

　そうした後知恵はともかく，「人口の減少と東京一極集中は，日本の直

面する最重要課題である」という日本創成会議の問題意識は，紙媒体からインターネットに至るあらゆるメディアで取りざたされ，着実に日本社会に浸透していった。その先陣を切ったのは，日本創成会議が『ストップ 少子化・地方元気戦略』を公表した2014年5月に放映されたNHKクローズアップ現代『極点社会──新たな人口減少クライシス』であった。番組の途中，真っ黒の背景に「消滅可能性都市」を赤で浮かび上がらせた日本地図が提示された。面積的には，国土の過半が紅に染まり，人口減少の問題性を論理ではなく視角によって直感的に印象付けるのに充分であった。番組とほぼ同様の内容は，程なくして新書として刊行され（増田編著2014），「消滅可能性都市」の地図を帯にまとって書店に平積みされた。

　続いてNHKは，独自の取材に基づいて『縮小ニッポンの衝撃』と題する番組を2016年9月に放映し，これも大きな反響を呼び起こした。この番組は，基本的に日本創成会議ならびにまち・ひと・しごと創生本部が惹起した人口減少に対する危機意識を前提としながらも，人口減少の影響の現れ方が地域的に多様であり，それに対応して住民や自治体の対応の仕方も異なってくることを，リアリティをもって描き出したところに特色がある。番組の内容は，後日同じタイトルで新書化された（NHKスペシャル取材班2017）。

　新書『縮小ニッポンの衝撃』の構成と内容をごく簡単に示すと，以下のようになる。プロローグでは，急激な人口減少とそれに伴う無住地域の拡大が，日本各地に何をもたらすのかという，本書のライトモチーフが提示される。第1章「東京を蝕む一極集中の未来」では，日本創成会議によって「消滅可能性都市」と認定された豊島区を引き合いに出し，多くの若者が転入してくるが低賃金ゆえに家族形成が進まず，低出生率と社会保障費の増大によって自治体としての存続が危ぶまれていることを説明する。第2，3章「破綻の街の撤退戦①，②」では，北海道夕張市を取り上げ，財政破綻によって極度の緊縮財政を迫られ，公共サービスを徹底的に切り詰めようとする自治体と，市から転出することができずにその影響をもろに受ける住民の苦悩を描く。第4章「当たり前の公共サービスが受けられない!」では，島根県雲南市のある地区を事例として，人口減

少に伴って公共サービスの水準を保つことが難しくなる中で注目されつつある住民自治組織の活動を取り上げる。第5章「地域社会崩壊　集落が消えていく」では，限られた予算の下で高齢化した住民が地域の将来を支えていかなければならないという，多くの住民自治組織が直面する深刻な問題を提起する。エピローグ「東京郊外で始まった『死の一極集中』」では，再び東京圏に舞台を戻し，単身高齢化の末に訪れる未来を，神奈川県横須賀市において増加する無縁仏に仮託して語る。

　本章では，『縮小ニッポンの衝撃』を批判的に読み解いていくが，その目的は内容を解説することでも，書評を書くことでもない。そもそも，新書としても薄い部類で記述も平易な本書の内容をかみ砕いて説明する必要性は薄い。本書が主張するように，われわれが「『日本社会は人口減少にどう折り合いをつけ，痛みを最小限にとどめていくのか』『どんな着地点を目指していくのか』」(p.13)という課題に直面していることには，筆者も全面的に同意する。本章において筆者が目指すのは，『縮小ニッポンの衝撃』を題材として，諸主体（政府，自治体，地域住民など）が人口減少という課題にどのように対応しようとしており，それを本書の著者らがどのように認識し表象しているのかを検討することを通じて，人口をめぐるポリティクスを扱いうる新たな人口地理学の方向性を探ることである。

　まち・ひと・しごと創生本部が政策課題として取り組み，『縮小ニッポンの衝撃』が処方箋を求めようとする諸課題は，まさしく人口と地理が不可分に結びついた現象にかかわるものである。東京一極集中，地方圏からの人口流出，出生率や高齢化率の地域差といった具体的な現象の把握と分析であれば，人口地理学が長年にわたり培ってきた方法論で十分に対応可能である。しかし，人口の自然動態・社会動態を「あるべき姿」に向けて制御しようとするポリティクスと，その背後にある思想について分析しようとする場合，伝統的な人口地理学の方法論は，役立ってはくれない。量的分析を超えて，質的で政治経済学的な分析のほうへと，人口地理学の可能性を拓いていかなければならない。

　本章の目指す方向性は，「人口の地政学」(Bailey 2005)あるいは「政治経済学的人口学」(Robbins and Smith 2017)と称する潮流と一致する。1980年代

以降，他の人文地理学の諸分野と同様に，人口地理学もまた，実証主義や経験主義に対する批判の洗礼を受けることになった。Bailey（2005）によれば，守旧派の人口地理学者たちは，人口学としてのアイデンティティを強く持つようになり，中間的な人々は，量的な手法に加え，インタビューやテキスト分析といった質的な手法も取り入れることで，批判に対する妥協点を探ろうとした。もっともラディカルな研究者たちは，人種や民族といった概念に潜む本質主義を批判し，全体は部分の総和であるとする還元主義を退けることで，人口という概念をめぐるポリティクス自体を問おうとした。人口の地政学はこの流れに位置付くものであり，Bailey（2005）によれば，国家およびその代理人が，権力を再構築するために，人口集団に対して展開する地理的戦略を意味する。

　Bailey（2005：179）は，「国家権力の多くは，地理的社会的境界（線）を超えようとする人や，場違いと思われる人物を妨害し，罰することから引き出される」と述べ，移民や難民に対する国家の管理や暴力，移民・難民のスティグマ化などを，人口の地政学の典型的事例として挙げている。そのほか，民族紛争時に繰り返されるジェノサイドや，健康という言説の下でなされる人口の管理，未成年の妊娠に対するポリティクスなども紹介されている。このことから，Bailey（2005）の想定する人口の地政学は，身体性と密接に結びついているといえる[1]。

　周知のとおり，マルサスは，貧困と悪徳の広がりは，人口は幾何級数的に増えるのに対し食糧は算術級数的にしか増えないことからくる自然現象であり，資本主義の問題ではないとした。Robbins and Smith（2017）は，これまで政治経済学が人口に関する研究を遠ざけてきた背景には，マルサス流の自然主義と結びつきがちな人口に依拠して社会経済史を説明することへの抵抗感があったとみている。しかし，グローバルにみてもマルサス的な人口増加の時代が終わりつつある現在，社会科学は人口減少という未知の領域に挑まなければならない。ここにおいて，Robbins and Smith（2017）は，単に人口の量的側面を超えて，健康，人口移動，出生，死亡などにまつわる権力やポリティクスに迫ろうとする政治経済学的人口学が求められると主張する。人文地理学の領域においてすでに得

られている萌芽的研究の中で、彼らは政治経済学的人口学が特に注目すべき領域として、地政学および政治経済学・生態学（political economy and ecology）の2つを挙げている。

　前者の事例としては、出生率が低迷する先進国において、移民の高い出生率がホスト集団のアイデンティティに対する不安感を引き起こしていることや、逆にマイノリティ集団がある領域における存在感や発言権を強めるために出産を推奨していることなど、出生にまつわるポリティクスを扱った研究が重点的に紹介されている。後者は、人口減少が引き起こすと予想される社会経済的・生態学的影響を扱う研究と総括でき、高齢化の地理学と土地利用変化に関する研究に大別される。高齢化の地理学には幅があるが、著者らが特に関心を寄せるのは、ケアの商品化や介護労働力の不足のなかで表出する、生活の質における高齢者間の不平等である。土地利用変化に関しては、政治生態学に学び、人口・労働力の減少、土地利用およびその集約性の変化、および生態系の変化の関係性がもつ地理的多様性について多面的に検討する必要性を説いている。

　現在の日本では、東京一極集中や低出生率、高齢化といった人口学的諸問題が最重要の政策課題であるといっても過言ではない。それに対処するために、政府は「まち・ひと・しごと創生本部」を設置し、人口集団に対する地理的戦略に関する基本方針、いいかえれば人口の地政学として「まち・ひと・しごと創生総合戦略」（まち・ひと・しごと創生本部2015）を公表したのであった。そこでは、地方圏での雇用創出、東京一極集中の是正、国民希望出生率の実現、立地適正化計画による居住の誘導などが主たる課題として掲げられた。各自治体は、それを指針として具体的な数値目標を盛り込んだ「地方版総合戦略」を作成し、その実現に向けた補助金獲得競争に巻き込まれていくことになった（城戸2016）。これによって、権限委譲を謳いながらも、その実は中央政府の意向が自治体行政に強く反映される権力構造が実現される。

　このように、日本の地域政策は、人口の地政学の色彩を強めつつある。政策課題として人口の地理を描き出した『縮小ニッポンの衝撃』を導きの糸として、今日の日本における人口の地政学を批判的に検討することが

本章の課題である。第4章では，日本創成会議やまち・ひと・しごと創生本部が著した基本的テキストを参照しながら，理念としての「地方創生」とそれに基づく政策に対して，政治経済学的視点から批判的に検討してきた。その問題意識を引き継ぎつつ，本章では，具体的な政策動向よりも，その背景にあるイデオロギーや理念を捉えようとする姿勢をより徹底させたい。

2.『縮小ニッポンの衝撃』と地理学者

　やや本筋から外れることを承知の上で，『縮小ニッポンの衝撃』と地理学との浅からぬかかわりについて述べておきたい。本書には，3人の地理学者が登場する。第1章に登場するのは，国立社会保障・人口問題研究所の小池司朗氏である。小池氏は，地方圏に対して東京圏が大きな転入超過を示す時期が戦後3回あったことに関連して，2000年以降の転入超過が，高度成長期およびバブル期のそれとは異質であることを指摘する。すなわち，先行する2回が東京圏の側の明確なプル要因によるものであったのに対し，2000年以降の転入超過に関しては，雇用環境の悪化といった地方圏の側のプッシュ要因がより強く作用しているとする。著者らは，小池氏の指摘を「つまり，過去2回は『東京へ行けば生活が良くなる』という動機だったのに対し，今回は『地方から逃げ出す』というような"ネガティブ（消極的）な集中"だと言うのだ」(p.39)と整理する。

　続いて第4章には，島根大学の作野広和氏が登場する。人口減少に悩む多くの集落が移住者の誘致に躍起となる中で，島根県雲南市鍋山地区の住民は，ここに暮らし続ける人々の幸せな生活を守ることを最優先に，主体的な取り組みを続けてきた。しかし，予想を超えて進む人口減少を前に，住民の間には自分たちの信念に対する不安がわき起こっていた。作野氏は，地区の住民が次の一歩を踏み出すために背中を押す働きをする。これについては，後に改めて取り上げる。

　エピローグにおいて，取材班は東京圏に起こりつつある変化についての知見を求めて，明治大学の川口太郎氏を訪ねる。未婚化の進展や職住近接指向の影響により，若い世代が都心周辺に滞留する一方で，郊外の

人口再生産力は弱体化している。そればかりか，郊外では，そこを終の棲家と定めた団塊の世代が高齢化し，近い将来急速に高齢化が進むことが必至である。こうした知見を得て，高齢化の次に来たるべき「死の一極集中」という終末へと，本書のストーリーは飛躍していく。

　著者らの解釈が妥当であるかはともかく，地理学者らが提供した知見は，著者らの主張を補強する重要な役割を担っている。さらにいえば，「縮小ニッポン」の処方箋を求めた本書は，地理学者の知見に対する著者らの解釈に裏付けられた，1つの人口の地政学である。ところが本書には，地理学や地理学者という言葉は一切登場しない。作野氏が「20年以上にわたり，人口減少に苦しむ集落の支援をしてきた」(p.145)こと[2]や，川口氏が「国勢調査や住民基本台帳などのデータを基に，東京圏における人口移動の傾向やその変化について調べてきた」(p.179)ことは事実であり，簡潔な人物紹介としては妥当であろう。しかし，彼らが地理学者であり，そこで紹介されているような探求が地理学というディシプリンで行われていることが付言されなかったのは，少なくとも筆者にとっては残念なことである。

　筆者は，NHKあるいは著者らが意図的に地理学や地理学者という呼称を外したと想定し，これを糾弾しているわけではない。取材する側は，地理学者というよりは，「人口学のエキスパート」「限界集落を長年研究されてきた先生」「東京圏の人口の動向に詳しい先生」という認識で協力を依頼したと考える方が自然であるし，インタビューを受けた側も，ことさら自分の学問的背景が地理学であることを強調してはいなかったと想像する。そのこと自体が，地理学にとってはもちろん，読者にとっても不幸であると考える。地理学にとっては，多くの地理学者が積み重ねてきた学術的貢献に対して正当な評価を受ける機会を逸していることになる。そして読者は，地理学が『縮小ニッポンの衝撃』が提起するような社会的問題にさまざまな側面から取り組んできたことを知る機会を逸している。そもそも本書の内容は，その大半が人口地理学に関連することである。したがって，地理学や地理学者というインデックスが与えられていれば，読者が人口減少や都市の構造変容についてより深く知りたいと

思ったとき，有益な情報を効率的に集めることができたはずである。本書の主張の妥当性を検証することもまた，本書に登場した地理学者達の研究を含む多くの地理学的研究を参照することで初めて可能になる。

II. 地図・地理情報の使い方

　Black（1998）が数々の事例を重ねて示したように，地図は描き手が権力を行使する手段であり，常に政治性を帯びている。ポスト構造主義の文化地理学が地図や図表による表現を避ける傾向にあったのは，それらが客観性を装うことで権力と結びついていると見なされたからであった。他方で，地図が社会的弱者のエンパワーメントに役立つのも，それが政治性を帯びているからにほかならない（例えばSeager 2003, 2018）。『縮小ニッポンの衝撃』では，地図が随所に登場する。とりわけ第2章と第4章では，地図もしくは地図化された地理情報が対照的な目的で使用されており，地図・地理情報がもつ二面性について批判的に考察する上での好材料を提供している。

　第2章は，超緊縮財政を余儀なくされた夕張市の事例である。炭鉱の閉山と財政破綻により，夕張市の人口はピーク時の10分の1以下の約8500人にまで落ち込んでいる。公共サービスはそれに見合う規模で，かつ厳しい財政の枠内に縮退させなければならない。ところが，3400戸を超える公営住宅をはじめとする物的インフラは，人口減少に合わせて弾力的・効率的に集約されるわけではなく，人口減少が進むにつれて1人当たりの行政コストは上昇する。そこで夕張市は，地域ごとにかかる行政コストを地図によって可視化する地理情報システム（GIS）を導入し，住民に提示しているというのである。

　「自治体の都市インフラ整備収支計算プログラム」と称するこのGISでは，夕張市の地図から特定の地区を選択すると，そこに費やされた道路維持費，除雪費，ロードヒーティング費，橋梁費，下水道維持費，マンホール維持管理費といったインフラのコストがそれぞれ表示される。「これによって『ここはわずか1軒のために水道管をひいてコストが年間20

万円かかっている』といったことが見て取れるようになる」(p.68)わけである。つまり，夕張市は地図を用いた可視化によって，「人口が減り行政コストが非効率となっている地域が判明し，そこには住まないように誘導していくひとつのきっかけとなると考えたのである」(p.68-69)。

　夕張市のシステムでは，行政が自らの政策意図に適うように選択した地理情報が地図化され，住民はそれを受動的に目にする。それは，撤退戦の効率化という後ろ向きの動機付けには資するとしても，住民たちがよりよい生活の実現に向けて主体的に何かを創造しようとすることを動機づけてはくれない。市営住宅における「政策空き家」[3]の戸数とその分布といった，行政にとって不都合ではあるが，住民が行政に異議申し立てをする際に論拠となるデータも含まれていないであろう。ここにおいて地理情報や地図は，住民に移住を促す「説得請負人」(agent of persuasion, Peck 2002)として，夕張市という行政組織の存続のために裨益するのみである。

　1人当たりの行政コストが高い公営住宅団地などに住んでいる人々のほとんどは，かつて炭鉱で働き，夕張市の繁栄を支えてきた高齢者である。財政負担を大きくすることを知りながら，わざわざそこに移住してきた人たちではない。炭鉱が閉山し，人口が激減するなかで，夕張市は「炭鉱から観光へ」をスローガンに，「箱モノ行政」に走った。しかし，人口減少に歯止めがかかることはなく，放漫財政がたたって財政再建団体に転落すると，人口はますます減少した。そうした歴史的経緯のなかで，櫛の歯が欠けるように世帯の転出が進み，結果として公共サービスの供給コストが高い地区が生じたのである。住民の多くは，住み慣れた地区に住み続けたいと願っている。夕張市では，そうした住民の願いを受け止めることなく，住民に対して自らの生の営みが財政負担をもたらしていることを直感的に認識させるために，地図による可視化のテクノロジーを活用している。

　財政再建団体がこのような意図と目的をもって，地図や地理情報を活用することに合理性を認める読者は少なからずいるであろう。しかし，夕張市の進める市営住宅の集約によって，事実上退去を迫られた高齢者

の中には，健康を害したり，程なくして移転先で亡くなったりした人がいる。そうした事実に直面しながらも，粛々と財政再建を進めざるを得ない夕張市の職員や市長の苦悩も深い。当時夕張市長であった鈴木直道氏は「生存権にかかわる行政サービスについては，国が一定の指針を示して，地方でも都会でも同じ水準のサービスが受けられるように，ある程度の財政措置が必要ではないでしょうか」(p.115)と述べている。一連の問題は，自治体財政の問題にとどまらず，憲法で保障されている(はずの)生存権にかかわる問題として議論すべきである。

　夕張市の住民が自治体の提示する地図の名宛人であるのに対し，第4章に登場する雲南市鍋山地区の住民は主体的な地図の制作者である。20年後に地区の人口が半減するという推計に疑念を示す住民組織の会長に対し，作野氏は確実にそのようになると直言する。そして，ホワイトボードに手書きした集落の地図を使いながら，減少していく集落の担い手の負担を勘案しながら，住民自らがどのエリアを保持・活用し，どこを森に還していくのかを選び，集落の空間を集約していくべきだと提言する。「いま少し無理をしてでも準備しておけば，最期まで心から住みたいと思える集落を維持することができる」(p.148)と作野氏は住民を勇気づける。

　作野氏の提案を受けて，住民組織の会長は，地図を片手に集落を歩き，空き地や農地，空き家を色で塗り分けていき，予想以上に荒れ地が広がっていることを認識する。これを契機に，住民組織は地区全体の状況を地図によって可視化していった。出来上がった地図を参照しながら，土地利用の集約も含めて集落の将来を住民たちで議論するためである。確かに鍋山地区においても，地図は撤退戦のために使われているが，夕張市の地図が撤退戦を行政の既定路線に乗せるためのルートマップであるのに対し，それは撤退戦のさまざまな可能性や方向性に対する気づきをもたらすエンパワーメントのベースマップである。

　夕張市の提示する地図は，住民生活を行政コストという負の貨幣価値にすべて換算し，数量として示すのみである。これに対して鍋山地区の地図には，少なくともそれを作成した住民にとっては，はるかに豊かな質的情報が潜在している。同じ緑色に塗られた畑も，その一枚一枚は，

傾斜や地味，水利や自宅からの距離などの点ですべて異なる。所有者は，一枚一枚の畑それぞれに，農作業や収穫，あるいは被った災害などと結びついた異なる記憶を持っているに違いない。そうした経済学的地代には還元できない心象風景を思い起こしながら，住民たちは集落の今後を話し合っていくのであろうと，筆者は想像する。

　以上のような対照的な2つの地図・地理情報の利用法は，GIS論争や参加型GISに関する議論と関連づけられる。GIS論争の初期において，反GISの論陣を張った研究者たちは，GISは素朴な実証主義や還元主義，功利主義を支えるツールであって，新しい知を生み出していないと批判した（池口2002，若林・西村2010）。夕張市のGISの使い方は，こうした批判を受けかねない。住民が生み出す財政負担を文字通り実証し，効率性を至上命題とする住民誘導の権力として作用するものの，新しい地理的知識を生産しているとはいえないからである。2000年代に入ると，GISと社会の関係に向き合おうとする研究者が増え，参加型GISや質的GIS等に関する議論が広がりをみせてきた（山下2007，若林ほか編著2017）。鍋山地区では，住民参加による地図の作成を通して，新たな場所への認識をもたらす地理的知識が生み出されている。これは，参加型GISの一例であるといえ，すでに述べたように質的GISの特徴も有しているが，アウトプットは手書き地図である。このことが示すように，洗練されたソフトウェアや大仰なシステムは，参加型GISには必ずしも必要ない（山下2007）。

　夕張市と鍋山地区の事例は，「よりよい」都市や地域に関する言説を集約するスマートシティなる概念にまつわる議論とも接点を持つ。一般にスマートシティとは，あらゆる部面に情報通信技術が実装されることで統合され，そこから得られるビッグデータに基づいて統治され，「スマートな」人々の創造性や起業家精神によって経済が駆動される都市を指す（Kitchen 2014：1-2）。近年欧米では，スマートシティの概念にまとわりついている新自由主義的発想やテクノクラシーに対する楽観論，監視社会化などを批判的に検討した論考が相次ぎ，概括すると以下のような主張がなされている。スマートシティは開発推進のレトリックとして地域的文脈とは切り離されて拙速に採用されるファストポリシーに過ぎない（Datta

2015)。それを支えるシステムは，住民参加を謳っていてもほとんどは表面的であり，結局はトップダウンの政策に誘導するものとなっている(Luque-Ayala and Marvin 2015)。そればかりかスマートシティは，IT系ガリバー企業がシステムのパッケージを売り込む草刈り場となっている(McFarlane and Söderström 2017)。そして，ひとたびシステムが採用されれば，簡単には乗り換えができない技術的ロックイン状態が生じ，バグやハッキングなどによって都市インフラ全体が危機に陥る脆弱性をはらむことになる(Kitchen 2014)。

　今のところ，スマートシティは情報通信技術を都市経済の成長や都市インフラの効率的運用に役立てようとするイデオロギーとしての色彩が強く，新自由主義に与しない研究者は押しなべてこれに批判的である。他方で，スマートシティを全否定するのではなく，むしろ社会正義の実現に資する概念へと再構成しようとする動きがみられる。それを実現するためには，専門家の助けを借りながらも，技術から排除されがちな周縁的住民が主体的にデータの生成に関与し，それを通じて生活環境に内在する問題に気づき，現状の改善に向かう契機となるように情報通信技術を活用する必要がある。そのような事例として，McFarlane and Söderström (2017)はケープタウンのスラムにおける公衆トイレの衛生管理の取り組みや，Slum Dwellers Internationalによるスラム住民が参画して居住地区のデータを収集・地図化するプロジェクトを紹介している。こうしたオルタナティブなスマートシティを目指す取り組みにおいては，参加型GISが活用されている。

　典型的なスマートシティでは，もっぱら都市経済の成長・発展(スマートグロース)のために情報通信技術が使われているのに対し，夕張市では縮退のためにそれが使われている。しかし，都市インフラの効率的な運用のためのモニタリングを主たる目的としている点において，両者は共通点をもつ。オルタナティブなスマートシティの事例とされた地区と鍋山地区の間にも，前者は大がかりな参加型GISのプロジェクトであるのに対し，後者は手書き地図によっているという違いがある。それでも，住民が能動的に地理情報を収集し，それを地区における問題の発見とその

解決に役立てていることは共通している。

　まち・ひと・しごと創生本部は，2015年4月に「地域経済分析システム（RESAS〈リーサス〉）」の提供を開始した。リーサスには，人口や産業，観光などに関する官民のビッグデータが格納されており，これらを可視化・地図化することができる[4]。誰でも利用することができるシステムではあるが，本来は自治体による政策立案，具体的には地方版総合戦略の策定に役立ててもらうべく開発された(松原2016)。リーサスは，地域分析システムとしては完成度が高く，自治体関係者を中心に利用者の輪が広がりつつある。しかし，提供されているデータは，人口と地域経済に関する項目に偏っているきらいがあり，地域住民の生活に密着した指標は少ない。もともとリーサスは，一般市民が主体的にデータを収集・分析し，生活に内在する問題の発見と解決を支援することを意図したシステムではない。したがって，一般市民のエンパワーメントのためには別の仕掛けが必要であるが，それが必ずしも最先端の情報通信技術を意味しないことは，鍋山地区の事例から明らかであろう。

III. データの政治性

　情報通信技術の発展に伴って，ビッグデータの取得と利用は急速に容易になりつつある。スマートシティをはじめ，ビッグデータに依拠したガバナンスが浸透するにつれ，データの本質に関する議論が提起されてきた (Gitelman eds. 2013；Kitchen 2013, 2014)。データは中立的・客観的で，イデオロギーにまみれていないと考えられがちである。しかし，データとは，技術的制約の中である事象が選択的に測定され作られるものであるから，データの収集が着想され，データが集められ，処理され，分析される過程に携わる人々やそれをとりまく社会的文脈と無関係ではあり得ない。社会科学がデータを必要とするのは，それを通じて社会の状態とその変化について知るためである。その営みは，現状が「理想」からどの程度の距離にあるか，どうすれば「理想」に近づけるかといった規範的問いと切り離すことができない。Robins and Smith (2017)が述べるように，国家が

出生，死亡，人口移動などを統計として記録することは，現況を把握した上で人口を「理想」の状態へとコントロールしようとする衝動と密接に結びついている。必然的に「人口調査・研究は政治的調査・研究」(Robins and Smith 2017 : 212) なのである。

　Gitelman eds (2013) のタイトルが主張するように，そもそも「生データ」という言葉は形容矛盾である。データは初めから価値自由でないが，それが処理・加工され，（地）図や表などの形で提示されると，アウトプットはますます客観性や中立性からは遠ざかる。データの処理・加工は常に何らかの意図によってなされ，その結果は常に何らかの文脈の下で提示されるからである。例えば，『縮小ニッポンの衝撃』のp.4-5には，西暦800年から2100年にわたる日本の人口の長期的推移が示されている。日本の人口は，明治維新前後まで緩やかに増加した後，百数十年間の激増の果てに激減するという，めくるめき変化を示す。この図は，「客観的に」実測された人口統計と，「客観的な」手続きによる人口推計に基づいた「国の想定する未来図であり極端な悲観論ではない」(p.5) のであるが，『縮小ニッポンの衝撃』というタイトルの下で展開される一連の文脈に位置づけると，悲観論の縮図にしか見えない。

　事実，本書の結末は悲観的である。著者らは，本書のエピローグにおいて，「縮小日本の処方箋」は提示できないと吐露し，国民「一人ひとりが痛みを分かち合いながら，『撤退戦』に身を投じなければならないだろう」(p.196) と締めくくっている。著者らが求める処方箋とは，地方圏が豊富な労働力を供給し，それを利用して東京圏で生み出された富が地方圏に再分配されるという，これまで日本の経済成長を支えてきたシステムの機能不全に対するものである。このような労働力供給と再分配の地域構造を前提としないオルタナティブなシステムを構想することや，経済成長による経済的幸福ではなく「心の豊かさ」に裏打ちされた存在論的幸福 (轡田2017) に重きを置いた議論は，視界に入ってこないのである。

　広井 (2015) によれば，資本主義とは，市場経済に依拠して限りなき拡大・成長を追求するシステムおよびイデオロギーである。そうだとすれば，資本主義社会において，人口，雇用，生産量，販売額，賃金といっ

た拡大・成長が望ましいとされる量的データの収集が優先され，拡大・成長が望ましいとの前提の下でデータの処理・分析や解釈がなされることはむしろ当然なのかもしれない。地域政策の現状を見ても，まち・ひと・しごと創生総合戦略や地方版総合戦略は，もっぱらこうしたデータを重要業績評価指標（KPI）として選んで目標数値を設定しているし，その支援ツールであるリーサスに搭載されているのも，拡大・成長が望ましい人口や産業，観光に関連するデータが大半である。その裏では，生活の質や主観的幸福感といった数量化の難しい次元や，拡大・成長の代償の側面を持つ環境負荷や格差の拡大，雇用の流動化などには充分な配慮がなされないことが起こりうる[5]。

　近年，拡大・成長を旨とする資本主義が転換点あるいは臨界点を迎えていると主張する論者が増えている（植村2016；柄谷2006, 2010；西部2011；水野2014；Gibson-Graham 1996, 2006）。広井もその一人である。広井によれば，今われわれは産業革命以来の拡大・成長期の後に続く定常型社会を経験している（広井2001）。広井（2015）は，資本主義が必然的にもたらす過剰生産を抑制し，再分配を強化するとともに，コミュニティ経済の育成を通じて「持続可能な福祉国家」（広井2006）を実現することが，人々の幸福の増大に寄与すると主張する。そして，持続可能な福祉国家が実現し，人々がゆとりある生活を取り戻した暁には，人口減少にも歯止めがかかるとの見通しを示している。広井が人口減少について厳密な論理を欠いた楽観論[6]しか示しえていないように，ポスト資本主義に関する議論は明らかに理念が先行している[7]。それでもこうした議論は，拡大・成長のないところに希望はないという観念を相対化するためには有益である。データが政治性を帯びることは避けられない。しかし，拡大・成長イデオロギーを相対化することができれば，これまでとは違ったデータの集め方や見方が可能になり，悲観論一色ではないオルタナティブな未来を構想するためにそれを役立てることができると考える。

IV. 人口と移民，日本人

　かりに拡大・成長こそが幸福の源泉であり，人口減少が経済成長の深刻な障害となるとしよう。少なくとも従来型の少子化対策の成果がはかばかしくない以上，論理的必然として次に検討するべきは，移民の本格的な導入の可否にならざるを得ない。ところが，『縮小ニッポンの衝撃』は，移民について一切触れることのないまま，「無責任に聞こえるかもしれないが，『これが処方箋です』と勧められるような策は見当たらず，その提示を諦めざるを得なかった」(p.195) と結ばれている。意識的になのか無意識的になのかはわからないが，ニッポンの縮小を第一義的に人口の縮小と無住地域の拡大であると見立てた本書において，著者らは移民に言及する必要性はないと判断したことになる。

　プロジェクトとしての『縮小ニッポンの衝撃』の出発点は，『地方消滅』(増田編著2014) およびそのダイジェスト版ともいえるNHKクローズアップ現代「極点社会──新たな人口減少クライシス──(2014年5月1日放送)」にあるとみてよいであろう。増田編著(2014)は，「海外からの大規模移民は，人口減少対策として現実的な政策とはなりえないと考える」(p.92) と，移民受け入れによる人口維持の可能性を一蹴する。その理由は，「出生率の不足分をカバーするには，日本を多民族国家に作り変えるような規模の移民が必要であり，国民的な合意が得られるとはとても考えられない」(p.92) からである。ところが，その直後(p.92-93)で，生産年齢人口が減少する中で国際化や生産性向上を図るためには，海外から「高度人材」を積極的に受け入れるべきであり，いわゆる単純労働者に関しても，今後深刻な人材不足が見込まれる介護や建設の領域については，技能実習制度を拡充する必要があると主張している。

　増田編著(2014)のこうした主張は，政府そして多くの国民の外国人に対する姿勢や心情を反映していると考えられる。経済財政諮問会議の「選択する未来」委員会は，2014年2月に毎年移民を20万人受け入れると仮定した場合の人口推計を公表したが，これに対する委員会内外からの意見が相次ぎ，労働力としての外国人の活用は議論するが，移民に関して

は扱わないとした[8]。2016年3月には，今度は自民党内部に「労働力確保に関する特命委員会」が設置された。しかし，結果として出された「『共生の時代』に向けた外国人労働者受入れの基本的考え方」[9]は，「雇用労働者としての適正な管理を行う新たな仕組みを前提に，移民政策と誤解されないように配慮しつつ（留学や資格取得等の配慮も含め），必要性がある分野については個別に精査した上で就労目的の在留資格を付与」すべきと結論づけた。在留期間は延長可能とするにしても，長期化すると「家族呼び寄せや定住化の問題が生じるため，さらなる検討が必要である」というのである。

筆者は，不足する労働力としての外国人は必要だが，家族の呼び寄せや定住化は「問題」であるという態度は，道義的に「問題」があると考える。外国人を単なる経済成長のための労働力すなわち資源[10]として扱い，彼らが日本という空間——社会において家族形成をしたり，長期的な自己実現を追及したりする権利を認めないからである。移民に反対する意見の多くは，移民がもたらす社会的不安およびコストの増大を理由としているが，それらは定住化を前提としているか否かとは無関係に，外国人人口が増加すれば増大する。したがって，定住さらには永住を前提とする移民の受け入れに対する忌避感の根源は，単なる外国人人口の増大とは別の所に存在すると考えられる。

それは，外国人と日本人との線引きの仕方にあるのではなかろうか。外国人とは，日本人以外の人々であるから，線引きの基準はあくまでも日本人の領域確定にある。日本人には，ナショナリティ（国籍）としての日本人と，エスニシティとして日本人とがある。定住・永住を前提とする移民が増大すれば，「真正な」日本人とはエスニシティを異にする人々が，日本人としてのナショナリティを得て参政権を含めた発言力を強め，「真正な」日本人のエスニック・アイデンティティが脅かされる。この危機感は，もう一歩踏み込むとエスノセントリズムや人種主義に陥る危険性がある。

これは日本だけの問題ではない。膨大な国別人口統計の実証的検討に基づき，Coleman(2006)は，低出生力の国内で生まれたかつての多数派

の人口集団が，人種やエスニシティを異にする高出生力の移民人口に取って代わられることによる社会変動を，第三の人口転換と称した。こうした現象は，ホワイトシフトとも呼ばれ，カウフマン（2023）はその進行プロセスとそれが惹起するイデオロギー的対立について非常に多くの資料を用いて分析している。アメリカ合衆国では，2043年には非ヒスパニックの白人がマイノリティになるとの人口推計が論議を呼び，アメリカ社会の根深い人種意識が表面化する結果となった（Lithter 2013）。Bialasiewicz（2006）は，アメリカ合衆国とイタリアにおいて出版されたベストセラーが，いずれも西洋系白人の出生率が低迷する中で，移民（特にアメリカ合衆国ではヒスパニック，ヨーロッパではムスリム）が高い出生率を保持する結果，「西洋」が危機にさらされていると警鐘を鳴らしたことに注目する。これらの書物における「西洋の死」は，単に政治学あるいは地政学的な衰退のたとえ話ではなく，現実の人間の生き死ににかかわっている。ヒスパニック女性やムスリム女性は，出生を通じてアメリカ合衆国に対するメキシコの失地回復やヨーロッパへのイスラムの逆十字軍に参戦しているとみなされる。こうして「女性の身体は西洋のアイデンティティを守るための戦場となる」（Bialasiewicz 2006：702）のである。

　多くの国家にとって，人口の地政学の対象は人口の量とその地理的分布にとどまらず，暗黙の裡に前提とされている望ましい人種・エスニシティの構成を保つことにも向けられている。出生を奨励する思想をナタリズムということから，人種・エスニシティにおいてホスト集団とは異なる人々が国内に定住し，世代の再生産を行うことを防ぎ，あくまでもホスト集団の出生率の回復による人口の維持・増加を目指す姿勢は，エスノナタリズムと呼ぶことができよう。

Ⅴ．人口の序列化

　前節において，労働力としての外国人は必要だがその定住化は問題であるという考え方を，外国人を経済成長のための資源として扱っていると批判した。より一般的に言えば，それは外国人の他者化に対する批判

である。『縮小ニッポンの衝撃』では，外国人のみならず，日本人につい
ても，特定の集団を他者として扱う姿勢がみられる。それは，第1章に
もっとも顕著である。

　豊島区は，日本創成会議によって「消滅可能性都市」と認定されたが，
社会動態に関しては長年転入超過を続けている。ところが，その多くを
占める単身転入者は，区職員が「あくまで一般論ですが，この年収だけ
では結婚して子どもを育てることは困難でしょう」(p.25)というほどの低
所得である。彼らは担税力が低いうえに，結婚して将来の税金の担い手
を育てることもせずに，高齢化して社会保障費の負担を増やすことになり
かねない，と著者らはいう。「将来，東京にとって重荷となりかねない，
地方からの単身転入者たち」が「どのような仕事をし，どのような暮らし
ぶりを送っているのか」(p.27)を知るため，著者らは建設ラッシュによっ
て人手不足が起こっている警備業界にスポットライトを当てる。

　警備業界に職を求める人の多くは，生活に行き詰まり助けを求めて訪
れる地方圏出身の若者であるという。彼らが寮としてあてがわれている
部屋を取材すると「中には，高校の運動部の部屋のような汗臭さと，たば
この臭いが入り交じった独特の臭いが充満していた」(p.31)。ちょうどそ
の日に入寮した若者が，買ってきた「うなぎパイ」を同室の同僚に配って
いるのを目にした著者らは，「わずか6畳一間ながら，まるで，隣近所に
あいさつするかのように，ベッドを挟んで『静岡から出てきた○○です，
お世話になります』とあいさつをし合う様子は，なんとも不思議な光景
だった」(p.32-33)と記す。

　数十人の警備員に話を聞いたところ，地元に望ましい仕事がないこと
が，上京の理由であることが多かった。このことを敷衍して，2000年以
降の東京圏への人口一極集中を，「『地方から逃げ出す』というような」
(p.39)「ネガティブ集中」であると著者らはいうのである。現在の転入者の
高齢化が進み，地方圏からの若い転入人口が減少すれば，税収が減少す
る一方で社会保障費が増大し，自治体財政が立ち行かなくなる。加えて
単身高齢者が増加すると，家族の存在を前提とする介護・医療制度は立
ち行かなくなる。行き場を失った単身高齢者が病院で孤独死することは，

すでに現実となっている。

　最後に登場するのは，一連のストーリーを体現し，著者らをして「若者たちを待ち受ける未来を示しているように思えてならない」(p.52)と言わしめる67歳の警備員の事例である。大学卒業後に上京し，ギターの流しをしてきた彼は，50歳台で脳梗塞を発症して演奏ができなくなり，警備員となった。しかし昨年脳梗塞が再発し，今は寮に住みながらリハビリを続けている。生活保護を受ける日々であるが，彼は再び仕事に復帰することを目標としている。こうした事例は珍しくなく，警備会社は，単身のまま寮に住み続け体力の限界まで働いてきた，行き場のない高齢警備員の処遇に頭を抱えているという。第1章は，「結婚することも，家庭を持つこともできず，ただ年をとっていく『単身高齢者』の予備軍とも言える若者たち。それは，ひたすら人をかき集めてきた東京の負の遺産として，この先私たちに重くのしかかってくるのかもしれない」(p.55)という言葉で締めくくられている。

　ここでは，生産年齢人口は担税力の高低によって価値づけされ，高齢者や社会的弱者は社会保障費を増加させる負債とみなされている。低所得の単身転入者は，次世代の納税者を育てることなく高齢化して，将来の東京圏の負担を増やす懸念すべき存在とされる。経済や財政に対する利益と費用という一次元において，人口が序列化されているのである。

　低所得の地方圏出身の若者は，より本来的な意味において他者化されている。警備会社の寮を訪れた場面の記述からは，著者らは，警備員の若者たちが自分とは異なる「なんとも不思議な」世界に生活していると感じていることを看取できる。彼らは，「結婚することも，家庭を持つこともできず，ただ年をとっていく『単身高齢者』の予備軍」であり，著者らにとっては非生産的な存在と映る。そればかりか，「負の遺産として，この先私たちに重くのしかかってくるのかもしれない」のである。著者らにとって，地方圏出身の警備員たちは「私たち」とは異なる他者であり，彼らに仮託された低所得者の東京圏への集中は，「ネガティブ集中」に他ならないのである。

　日本社会の直面する低出生率や高齢化といった人口学的諸問題は，東京一極集中や限界集落化に代表される地理学的諸問題と不可分の関係にある。すなわち，現代日本においてもっとも重要な政策課題は，人口と地理が結びつく領域に存在するといっても過言ではない。人口地理学は，これまでもそうした領域における諸現象を実証的に分析し，現状がどうであるかに関する知識を生み出してきた。一方で従来の人口地理学は，どのような状態を望ましい人口地理の姿とみなし，それに向けていかなる政策手段をとるのかといった理念やポリティクスに関する議論とは，意識的に距離を置いてきたといえる。本章は，『縮小ニッポンの衝撃』を議論の補助線として用いることで，政治経済学的人口地理学の可能性を探るものであった。

　内容を要約し縷説することは避け，重要な論点だけを整理して結びとしたい。まず，地図，GIS，データといった地理学にとって不可欠なツールであり，価値中立的で客観的であると考えられてきたものの政治性を問うべきだと主張したい。その政治性は，拡大・成長や効率性を是とするイデオロギーならびにそれと不可分なシステムである資本主義との関連で検討されるべきであろう。そうした試みの好例を，スマートシティに関する批判的論考にみることができる。

　筆者は，もっとも根源的な問いにさらされるべきは，人口という概念であると考える。筆者はかつて，「従来の人口地理学は，countされた数としての人口を，さまざまな手法によって分析すること(量的分析)に力を注いできた。これに対してライフヒストリー研究は，人を数としてcountするのではなく，ひとりひとりの人間が生きてきた経験や事実そのものを重視(count)する立場に立つ」(中澤2011：112)と述べたことがある。重商主義時代に成立した英語の populationあるいはドイツ語の Bevölkerungは，「人をふやす」「人を住わせる」という権力の行使を意味していた(南1957)。ひとりひとりの人間が生きてきた経験や事実を捨象(count for nothing)し，集計量に還元するという操作によって人口が作り出され，分

析され，議論されるときには，今でもこの言葉が元来持っていた意味が見え隠れする。そのことは，日本創成会議の政策提言や，政府が推進する「地方創生」の論理がよく現している。

　ほとんどの辞書は，一国あるいは一定の地域に居住する人間の総数を人口の定義としている。つまり人口とは，第一義的には質的差異を持たない地理的量なのであるが，人口に関する言説においては，内部の質的差異に対する感覚が価値観を伴って忍び込んでくる。本章において示唆したように，日本の人口減少が憂慮され，人口の維持・増加に向けて取るべき政策が検討される時に念頭に置かれている人口は，日本に居住する人間の頭数と決してイコールではない。

　人口地理学は，均質な地理的量としての人口の分析から，人々の生の地理的多様性や生きられた経験としての移動，そしてそれらにまつわるポリティクスへと，その地平を広げてきた。量的な人口分析の重要性はまったく失われていないが，進行しつつある人口地理学の多元化を実り多いものとするためには，人口地理学が冠する人口という概念自体が多元的かつ政治的であることを明確に認識し，議論を深めることが不可欠であろう。

1）　以上から，そして以下の行論からも明らかなように，人口の地政学や人口の政治経済学は，ミシェル・フーコーの生─権力・生─政治の概念と問題意識を共有している。フーコーは，生殺与奪を握ることによって人々を規制していた権力が，近代においてはむしろ人々の生に積極的に介入し，管理しようとしていることに着目し，これを生─権力と呼んだ（桧垣2006）。生─権力の具体的な発動である生─政治は，人口の管理統制を主軸として展開する。Bailey（2005）は『監獄の誕生』（フーコー1977）を参考文献に挙げており，行間からも広範な影響が見て取れるものの，生─権力や生─政治について掘り下げた議論を展開しているわけではない。Robbins and Smith（2017）は，フーコーを参照していない。本章においても，フーコーの論考を直接的に参照するには至らなかった。国家による人口の管理と領域の統治を関連付けたフーコー（2007）などを丹念に読み解いたうえで，さらなる議論の展開を図ることは今後の課題としたい。柴田（2014）は，それに向けての示唆を与えてくれる。

2）　NHKスペシャル取材班（2017）は，その過程で提起された重要な概念である「むらおさめ」（作野2006）についても紹介している。

3） 政策空家とは，老巧化した公営住宅等の建替事業や住戸の改善事業を行うため，新たな入居募集を停止している結果生じた空き家である。NHK スペシャル取材班（2017）においても説明がある。

4） システムとその利用法については，日経ビッグデータ編（2016）などを参照。

5） これらについては，GDPの算定基準の改定が好個の事例を提供している（斉藤2017）。国民経済計算は，2016年12月に国際基準である2008SNAへの対応などの算定基準の変更が実施され，名目および実質GDPが1994年度まで遡って改定された。政府は2020年度に名目GDPを600兆円とする目標を掲げている。旧基準では年平均3.7％の名目GDP成長率が必要であったが，改定の結果これが2.5％であれば達成できることになり，目標達成へのハードルが下がった。また，旧基準では1997年度が名目GDPのピークとなっていたが，改定直後の2016年7-9月期が過去のピークを上回ることとなった。一方で，2013年度以降の労働分配率は下方改定された。さらに近年は低金利政策による利子所得の低迷や社会保険料の負担増などにより，可処分所得の家計への分配率は大きく低下した。名目GDPの増加は，いわゆるアベノミクスの成果として喧伝されている（例えば以下の自由民主党パンフレット）が，労働分配率の低下といった負の側面が報じられることは少ない。関連して，明石（2017）も参照されたい。https://jimin.ncss.nifty.com/pdf/pamphlet/20171003_pamphlet.pdf（2017年12月12日閲覧）。

6） 人口減少に対する広井の楽観的姿勢は，出生率の上昇・回復に関して「"北風ではなく太陽"的な発想ないし対応」（広井2013：9）がもっとも重要であると述べているところに顕現している。彼によれば，出生率の低下を経済の低迷や国力低下と結びつける発想は，拡大・成長の呪縛に囚われている。そうではなく，拡大・成長志向を根本から見直し，ゆとりある生活を手にすることができれば，結果として出生率は改善するだろうという発想が「北風ではなく太陽」と比喩的に表現されている。

7） 市場における交換を相対化し，ローカルな空間スケールにおけるコミュニティないしアソシエーションにもとづく経済・社会を理想としているという興味深い共通点は認められる。

8） その経緯については，以下の会長記者会見を参照。http://www5.cao.go.jp/keizai-shimon/kaigi/special/future/0513/interview.html（2023年12月19日閲覧）。

9） http://jimin.ncss.nifty.com/pdf/news/policy/132325_1.pdf（2017年12月1日閲覧）。本資料には，ページは打たれていない。

10） これに関する議論として，中澤（2012）を参照されたい。

［文献］

明石順平（2017）：『アベノミクスによろしく』集英社。

池口明子（2002）：解題　GIS論争，『空間・社会・地理思想』7：87-89。

植村邦彦（2016）：『ローザの子供たち，あるいは資本主義の不可能性——世界システムの思想史』平凡社。

NHKスペシャル取材班（2017）：『縮小ニッポンの衝撃』講談社。

カウフマン，E. 著，臼井美子訳（2023）：『WHITESHIFT——白人がマイノリティになる日』亜紀書

房。

柄谷行人（2006）：『世界共和国へ──資本＝ネーション＝国家を超えて』岩波書店。

柄谷行人（2010）：『トランスクリティーク──カントとマルクス』岩波書店。

城戸宏史（2016）：「地方創生」政策の問題と今後の市町村合併の可能性──一村一品運動のインプリケーションを踏まえて，『経済地理学年報』62：306-323。

樽田竜蔵（2017）：『地方暮らしの幸福と若者』勁草書房。

斉藤太郎（2017）：GDP統計の改定で変わった日本経済の姿，『ニッセイ基礎研究所エコノミストレター』2017-01-13（http://www.nli-research.co.jp/files/topics/54810_ext_18_0.pdf?site=nli　2023年9月19日閲覧）。

作野広和（2006）：中山間地域における地域問題と集落の対応，『経済地理学年報』52：264-282。

柴田邦臣（2014）：生かさない〈生─政治〉の誕生──ビッグデータと「生存資源」の分配問題，『現代思想』42（9）：164-189。

中澤高志（2011）：ライフコース，ライフヒストリーと移動歴，（所収　石川義孝・井上　孝・田原裕子編『地域と人口からみる日本の姿』古今書院：107-114）。

中澤高志（2012）：人的資源・労働力・労働市場，（所収　中藤康俊・松原　宏編著『現代日本の資源問題』古今書院：193-215）。

西部　忠（2011）：『資本主義はどこへ向かうのか──内部化する市場と自由投資主義』NHK出版。

日経ビッグデータ編（2016）：『RESASの教科書──リーサス・ガイドブック』日経BP社。

日本創成会議・人口減少問題検討分科会（2014）：『成長を続ける21世紀のために──「ストップ少子化・地方元気戦略」』日本創成会議。

桧垣立哉（2006）：『生と権力の哲学』筑摩書房。

広井良典（2001）：『定常型社会──新しい「豊かさ」の構想』岩波書店。

広井良典（2006）：『持続可能な福祉社会──「もうひとつの日本」の構想』筑摩書房。

広井良典（2013）：『人口減少社会という希望──コミュニティ経済の生成と地球倫理』朝日新聞出版。

広井良典（2015）：『ポスト資本主義──科学・人間・社会の未来』岩波書店。

フーコー，M.著，田村俶訳（1977）：『監獄の誕生──監視と処罰』新潮社。

フーコー，M.著，高桑和巳訳（2007）：『ミシェル・フーコー講義集成7　安全・領土・人口』筑摩書房。

増田寛也編著（2014）：『地方消滅──東京一極集中が招く人口急減』中央公論社。

まち・ひと・しごと創生本部（2015）：『まち・ひと・しごと創生総合戦略（2015改訂版）』まち・ひと・しごと創生本部。

松原 宏（2016）：地方創生関連政策の策定過程と政策評価に関する覚書き，『経済地理学年報』62：346-359。

水野和夫（2014）：『資本主義の終焉と歴史の危機』集英社。

南 亮三郎（1957）：人口の概念，（所収『人口大事典』平凡社：3-7）。

山下 潤（2007）：PPGIS研究の系譜と今日的課題に関する研究──人文地理学の視座，『比較社会文化』13：33-43。

若林芳樹・今井 修・瀬戸寿一・西村雄一郎（2017）：『参加型GISの理論と応用──みんなで作り・使う地理空間情報』古今書院。

若林芳樹・西村雄一郎（2010）：「GISと社会」をめぐる諸問題──もう一つの地理情報科学としてのクリティカルGIS，『地理学評論』83A：60-79。

Bailey, A. J. (2005)：Making Population Geography, New York: Oxford University Press.

Bialasiewicz, L. (2006)："'The Death of the West': Samuel Huntington, Oriana Fallaci and a New 'Moral' Geopolitics of Birth and Bodies," Geopolitics, 11: 701-724.

Black, J. (1998)：Maps and Politics, Chicago: University of Chicago Press. ブラック, J. 著，関口 篤訳

（2001）：『地図の政治学』青土社。

Coleman, D.（2006）："Immigration and Ethnic Change in Low-Fertility Countries: A Third Demographic Transition," *Population and Development Review*, 32: 401-446.

Datta, A.（2015）："New Urban Utopias of Postcolonial India: 'Entrepreneurial Urbanization' in Dholera Smart City, Gujarat," *Dialogues in Human Geography*, 5: 3-22.

Gibson-Graham, J. K.（1996）：*End of Capitalism（As We Knew it）：A Feminist Critique of Political Economy*, London: Blackwell.

Gibson-Graham, J. K.（2006）：*A Postcapitalist Politics*, London: Blackwell.

Giteleman, L. eds.（2013）：*'Raw Data' is an Oxymoron*, Cambridge: MIT press.

Kitchen, R.（2013）："Big Data and Human Geography: Opportunity, Challenges and Risks," *Dialogues in Human Geography*, 3: 262-267.

Kitchen, R.（2014）："The Real-Time City? Big Data and Smart Urbanism," *GeoJournal*, 79: 1-14.

Lichter, D. T.（2013）："Integration or Fragmentation? Racial Diversity and the American Future," *Demography*, 50: 350-391.

Luque-Ayala, A. and Marvin, G.（2015）："Developing a Critical Understanding of Smart Urbanism?" *Urban Studies*, 52: 2105-2116.

McFarlane, C. and Söderström, O.（2017）："On Alternative Smart Cities: From a Technology-intensive to a Knowledge-intensive Smart Urbanism," *City*, 21: 312-328.

Peck, J.（2002）："Political Economies of Scale: Fast Policy, Interscalar Relations, and Neoliberal Workfare," *Economic Geography*, 78: 331-360.

Robbins, P. and Smith, S. H.（2017）："Baby Bust: Towards Political Demography," *Progress in Human Geography*, 41: 199-219.

Seager, J.（2003）：*The Atlas of Women: An Economic, Social and Political Survey*, Toronto: Women's Press. シーガー, J. 著，原 民子・木村くに子・堀口悦子訳（2005）：『地図でみる世界の女性』明石書店。

Seager, J.（2018）：*The Women's Atlas*, Brighton and Hove: Myriad Editions. シーガー, J. 著，中澤高志・大城直樹・荒又美陽・中川秀一・三浦尚子訳（2020）：『女性の世界地図——女たちの経験・現在地・これから』明石書店。

第6章

融けない氷河
——「就職氷河期世代」の
地理を考える

　バブル崩壊直前の1991年3月に卒業を迎えた大学生のうち，81.3%は就職し，7.0%は大学院などに進学した[1]。バブル期にはすでにフリーターという言葉が生みだされ，「自由人」に近いどちらかというとポジティブな含意と共に使われていたが，実際に大学卒業と同時に非正規雇用となった人は限られていた。しかし，翌年から就職率は下がり始め，「一時的な職に就いた者」や「就職も進学もしなかった者」の割合が増加し始めた。1992年には，早くも「就職氷河期」という言葉が，フリーターと同じくリクルート社によって造られ，1994年には新語・流行語大賞を受賞した。就職氷河期は2000年代半ばまで続くことになるが，これほど長く厳しいものになることを予想した人は，この時点でどれだけいたであろうか。

　1990年代後半になると新規学卒者の就職戦線はますます悪化し，2000年から2005年にかけて，大卒者の就職率は60%を割りこんだ。2001年3月に卒業を迎えた大学生のうち，26.7%は「一時的な職に就いた者」(4.2%)か「左記以外の者(就職も進学もしなかった者)」(22.5%)であった。今でこそ，「第二新卒」の労働市場が成立し，転職を重ねて労働市場での価値を高めていくキャリア戦略が当たり前になっているが，この時点では転職が積極的な意味を持つには至っておらず，早期離職が今以上に問題視されていた(黒澤・玄田2001)。「良い」就職先を得るための，まさに「チャンスは一度」(玄田1997)であり，新規学卒労働市場において少ないチャンスを取り逃がすと，挽回は難しい時代であった。

2000年前後になると，若者を取り巻く環境の不安定性や不確実性が社会問題として認識されるようになった。若者が「社会的弱者」に転落したのである（宮本2002）。フリーターは一転してネガティブな語感を帯びるようになり（小杉編2002），パラサイト・シングル（山田1999），新卒無業（大久保2002），ニート（玄田・曲沼2004）といった新語・造語が次々登場するにつれて，若者研究は社会科学のホットスポットとなっていった（社会政策学会編2005）。

　若者の雇用が「問題化」したのを受けて，政府はジョブカフェやサポートステーションなどの設置を推進し，ここを拠点に自治体が主導的な役割を果たしながら若者の就労を支援する枠組みを構築した。一連の政策展開はワークフェア（Peck 2001）の時流に乗ったものであり，非正規雇用から正規雇用への転換や非就業者の労働市場への包摂を過度に優先したことなど，そこには批判するべき点がある（中澤2014：第4章）。しかし，積極的労働市場政策が導入され，求職者に寄り添って支援する姿勢が就労支援の現場に根付いたことは高く評価できる。ジョブカフェやサポートステーションの支援によって不安定就労状態から脱出した就職氷河期世代は少なくないであろう。リーマンショックを経て2010年代に入ると，景気が回復するとともに人口減少に伴う労働力不足が顕在化し，就職氷河期世代が不安定就労状態から脱却する際の追い風となった。それでも，就労支援にも労働市場に吹く追い風にも乗ることができずに取り残された人々は，依然として多数存在する。

　彼／彼女らを支援する政策的枠組みとして，2019年から内閣官房が主導する「就職氷河期世代支援プログラム」（以下，支援プログラム）が走り始めた[2]。その支援の対象は，不本意ながら非正規雇用に留まっている人（少なくとも50万人）に加え，いわゆるニートや引きこもりなどの合計100万人程度と見込まれている。その始動に当たり，就職氷河期世代に相当する30歳台半ばから40歳台半ば（当時）において，正規雇用者を30万人増やすという具体的な数値目標も示された。

　若年雇用政策や若者の自立支援は，おおむね35歳未満，あるいは40歳未満といったように大まかに年齢を区切り，フリーター，ニート，引

きこもりといった特定のカテゴリーに当てはまる人を対象にしてきた。これに対して支援プログラムは，その名の通り「就職氷河期世代」というある時代に生まれた人々を政策対象，言い換えれば解決すべき問題と認定している。年齢ではなく，世代を基準として対象を認定する政策は，前例があまりないのではないか。

　ところで，支援を必要とする就職氷河期世代とは，どのような人たちで，どこにいるのであろうか。支援プログラムの文書には，「地域の実情に応じた取り組み」[3]といった表現は登場するものの，就職氷河期世代の地理については基本的な情報すら提示されていない。本章では，そうした基本的なデータを提示し，就職氷河期世代の直面する困難を，再生産の危機として，さらには資本主義の基盤の揺らぎとしてとらえなおす視点を導入し，続く第7章と終章の布石とする。ここでは，就職氷河期世代のなかでも団塊ジュニア世代（2015年の国勢調査において40〜44歳〈1971〜75年生まれ〉）に焦点を当てる。より厳しい就職戦線を経験したのはもう少し若い世代であるが，団塊ジュニア世代は最も早く就職氷河期を経験しており，規模の大きなコーホートとして象徴的な意味を持っているからである。

Ⅱ. バブル崩壊という大転換

　支援プログラムの対象は，端的にいえば非正規雇用や失業，無業など，安定した就労からの距離が遠い労働力状態にある人たちである。こうした労働力状態にある人の割合の推移を辿ると，バブル崩壊という出来事が，日本の労働市場における一大転換点であったことが明らかになる。

　バブルが崩壊し，就職氷河期が始まってまもなく，新規学卒労働市場の悪化の影響を直接被る25〜34歳の非正規雇用率は，他の年齢層に先行して上昇を始める（**図6-1**）。少し遅れて35〜44歳の非正規雇用率が上昇しており，就職氷河期において新規学卒時に正規雇用に就くことができなかった人が，そのまま非正規雇用に移行したことを示唆する。35〜44歳とほぼ並行して2000年ごろから45〜54歳の非正規雇用率が上昇し

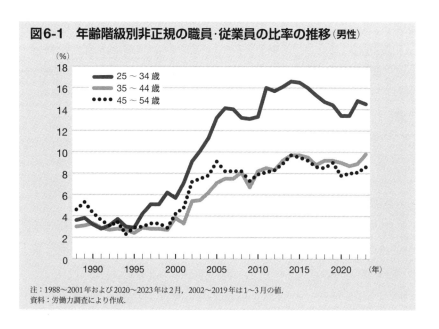

図6-1　年齢階級別非正規の職員・従業員の比率の推移（男性）

注：1988〜2001年および2020〜2023年は2月，2002〜2019年は1〜3月の値．
資料：労働力調査により作成．

ているのは，「リストラ」と呼ばれる中高年従業員の人員整理が，この時期に進んだことを反映していると考えられる。

　フリーターとは，原則として35歳未満の非正規雇用者を指す。2010年代に入ると，景気の回復と人手不足によって，伝統的にフリーターとされてきた35歳未満の年齢層における非正規雇用率は，一時期に比べればやや低下した。しかし安定した雇用に這い上がることのできない中高年の非正規雇用者率は，8〜10％程度と高止まりを見せている。2015年ごろからは，35〜44歳の非正規雇用率が44〜54歳の非正規雇用率を上回るようになった。2019年の時点で，30歳台半ばから40歳台半ばを就職氷河期世代とみなして，その正規雇用化を図る支援プログラムが始まった理由が垣間見えてくる。

　COVID-19のパンデミック以前の有効求人倍率は，全都道府県で1を超えており，政府はこれをアベノミクスや地方創生の成果であると自賛していた。有効求人倍率はパンデミック以後も高い状態で推移しており，その裏返しとして，失業率は低い水準に落ち着いている。労働市場の状態は，表面的には良好な状態が続いているが，その背後には深刻な変化

が隠れている。女性については，未婚率の上昇と既婚女性の就業率上昇の相乗効果によって，労働力人口率はほぼすべての年齢階級で上昇している（図略）。ところが男性については，バブル崩壊以降，結婚して家族を形成し，子どもを育てる年代に相当する40歳台以下の年齢層において，労働力人口率が低下する傾向にあるのである（**図6-2**）。支援プログラムがスタートした2019年ごろ，就職氷河期世代に当たる35〜39歳および40〜44歳の失業率は，バブル期の同じ年齢層と遜色ないほど低かった。しかし失業率に非労働力率を足した非就業率で比較すると，バブル期の同じ年齢層よりも明らかに高い（**図6-3**）。

　失業者とは，単に今仕事に就いていないだけでなく，すぐに働ける状態にあり，かつ仕事を探している人であって，労働力人口の一部を構成する[4]。働ける状態にない人や，何らかの理由で仕事を探していない人は，労働力人口にはカウントされない。この定義に照らせば，労働力人口率の低下は，心身の疾患によって働けない人や，仕事を探す意欲を失った人（ここにはニートや引きこもりが含まれる）の割合が増加したことを意味する。30歳台および40歳台の労働力人口率の低下は延べ2%ポイント程度にすぎないが，働けない人，働く意欲がない人の割合が，バブル崩壊以降一貫して増加していることの意味は大きい。そして現在観察されている低い失業率は，働けない人，働く意欲がない人を分母からも分子からも除外して計算した数値であることに，もう一度注意を促しておきたい。

III. 世帯内単身者に集積する問題

　就職氷河期世代のうち，支援プログラムの対象者はどの程度に上るのだろうか。就職氷河期世代を団塊ジュニア世代（2015年国勢調査において40〜44歳）の男性によって代表させ，非正規雇用者（派遣社員，パート・アルバイト），完全失業者，非労働力人口を支援対象者とみなすと，全体の11.6%に相当する（**表6-1**）。注目すべきは，家族状況によって就労形態が大きく異なり，それを反映して支援対象者が特定の家族状況に偏っていることである。有配偶者では正規雇用者に役員と自営業者を合わせると87.3%に達

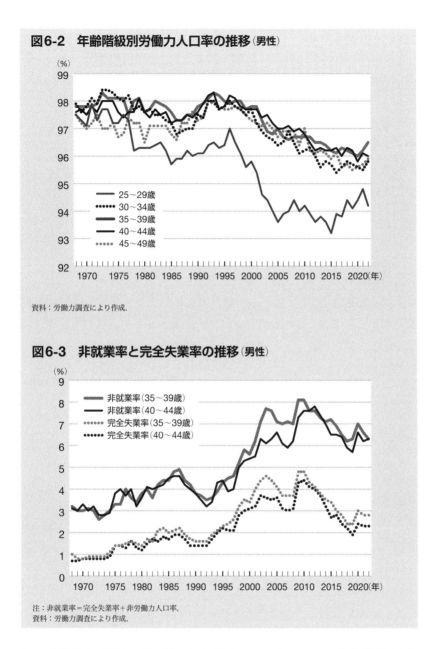

図6-2　年齢階級別労働力人口率の推移（男性）

（％）

凡例：
25〜29歳
30〜34歳
35〜39歳
40〜44歳
45〜49歳

資料：労働力調査により作成.

図6-3　非就業率と完全失業率の推移（男性）

（％）

凡例：
非就業率（35〜39歳）
非就業率（40〜44歳）
完全失業率（35〜39歳）
完全失業率（40〜44歳）

注：非就業率＝完全失業率＋非労働力人口率.
資料：労働力調査により作成.

し，支援対象者はわずか4.0％にとどまっている。このことを裏返せば，
雇用面での安定が，結婚し家族を形成することの条件になっていること

を如実に示している。

　1人暮らし（単独世帯）については，国勢調査の捕捉率に問題があり，配偶関係不詳の割合が大きいため，1人暮らしの未婚者の実数は，のちに述べる世帯内単身者よりも，統計上は少なく出ている（山本ほか2021）。同様の理由から，1人暮らしの未婚者の就業状態についても不詳の割合が際立っており，これがその他の項目の割合にも影響を及ぼしている。しかし有配偶者と比べて正規雇用者の割合が低く，支援対象者の割合が高いことは間違いない。1人暮らしの未婚者の中には，進んでシングルとしての生き方を選んでいる人もいるであろうが，その就業状態を有配偶者と照らし合わせると，雇用面での不安から結婚に至っていない人も多いと推察される。

　世帯内単身者とは，最終学歴終了後も親と同居する未婚者のことであり，統計の都合上，2人以上の一般世帯に「子」として属する未婚者を世帯内単身者とする。この計算によれば，団塊ジュニア世代の男性のうち15.8%は，40歳台前半を迎えてもなお世帯内単身者であることになる。世帯内単身者においては，正規雇用者の割合が半数を割り込み（48.6%），全体の3分の1以上（35.3%）が支援対象者に分類されている。団塊ジュニア世代の男性全体の15.8%を占める世帯内単身者が，支援対象者56.3万人の48.2%に当たる27.2万人を占めているのである。

　世帯内単身者が社会的な脚光を浴びたきっかけは，家族社会学者の山田昌弘が彼／彼女らを「パラサイト・シングル」と名付け，基本的な生活基盤を実家と親に依存した「独身貴族」であると手厳しく批判したことにある（山田1999）。しかし，**表6-1**が雄弁に語る通り，世帯内単身者は「独身貴族」という言葉が喚起するイメージとは異なり，その多くは経済的豊かさからは遠いところに存在する。事実，国立社会保障・人口問題研究所（2000）などにより，世帯内単身者の多くが，親から自立した生活を望んでも不安定な雇用や所得の低さからそれがかなわないことが明らかになると，一転して社会問題視されるようになった。

　支援対象者の内訳をみると，世帯内単身者の状況の深刻さが改めて浮き彫りになる。非正規雇用の割合も高いが，完全失業者と非労働力人口，

表6-1　団塊ジュニア世代（40～44歳）の男性における家族状況別就業状態

家族状況 総数に占める%	正規雇用者	役員	自営業主・家族従業員	支援対象者				不詳****	総数
				非正規雇用***	完全失業者	非労働力人口			
世帯内単身者*	373,376	15,655	61,310	107,494	96,274	67,918	271,686	46,724	768,751
15.8%	48.6	2.0	8.0	14.0	12.5	8.8	35.3	6.1	100.0
1人暮らしの未婚者**	252,401	9,025	21,696	48,396	26,069	15,462	89,927	99,735	472,784
9.7%	53.4	1.9	4.6	10.2	5.5	3.3	19.0	21.1	100.0
有配偶者	2,298,416	169,959	240,963	73,784	32,733	18,299	124,816	270,434	3,104,588
63.7%	74.0	5.5	7.8	2.4	1.1	0.6	4.0	8.7	100.0
40～44歳男性総数	3,135,403	208,129	358,626	264,911	181,582	116,900	563,393	609,902	4,875,453
100.0%	64.3	4.3	7.4	5.4	3.7	2.4	11.6	12.5	100.0

*未婚，2人以上の一般世帯の世帯人員で世帯主との続柄が子.
**未婚，単独世帯の世帯人員.
***派遣社員とパート・アルバイト.
****従業上の地位もしくは労働力状態が不詳.
資料：2015年国勢調査により作成.

つまり働いていない人が21.3%に上るのである。しかも非労働力人口が8.8%を占めていることから，そもそも働く意欲や能力に欠く人が1割弱を占めていることになる。就職氷河期に見舞われた団塊ジュニア世代とは対照的に，団塊の世代を含む親世代には，職業人生の大半を日本的雇用体系の下で過ごし，すでに持家を取得している人が多い。そうした人たちは，贅沢をしなければ，これまでの蓄えと年金によって，高齢期に入っても基本的な生活基盤を保持しうる。この条件が整っているからこそ，世帯内単身者となった団塊ジュニア世代は，労働市場から疎外されたとしても，実家というセーフティネットを頼ることができたのである。同時に，家族というセーフティネットの存在を前提とする疑似福祉体制は，本来であれば支援を必要とする世帯内単身者を不可視化するという逆機能を伴っていた。その結果，世帯内単身者に対する支援は，後手に回ってしまったのである。

　支援プログラムは，雇用におけるより良い処遇に向けた支援と，その前段階に当たる働くことや社会参加への支援の両方を含むが，世帯内単

身者に対する支援としては，後者の方がよほど重要である。もし，そうした支援が掛け声だけに終わり，労働市場からはじき出され，社会とのつながりを失い，次の世代を産み育てることはおろか，生存を支える糧を自ら得ることすらままならない世帯内単身者が年齢を重ねたらどうなるであろうか。同居する親がさらに高齢となり，介護が必要になれば，親子共に支援を要する家族が十分な所得を得られず社会的排除に直面する，いわゆる8050問題が深刻化するであろう。支援プログラムは正規雇用者の増加を表看板としているが，就労の次元に留まらない全方位的な支援が必要であることは明白である。

IV. 労働市場における排除の地理

　労働市場の周縁に追いやられたり，労働市場から排除されたりしている人々，そしてそうした人々が集積する世帯内単身者は，どのように分布しているであろうか。就業構造基本調査によれば，就職氷河期世代の男性の非正規雇用率は，全国で9.6%である。沖縄県（18.0%）が突出しているほかは，東京都，群馬県，宮城県（いずれも11.2%）が高く，大まかには中部地方とその周辺で低く，関東内陸から東北，北海道にかけて高い傾向にある（**図6-4**）。人口30万人以上の市における非正規雇用率は，立地する都道府県の値の高低におおむね対応するが，都道府県全体と比べると高い。とりわけ，太平洋ベルトに位置する大都市圏において非正規雇用率の高い都市が目立つ。

　単位地区のスケールは異なるが，団塊ジュニア世代の男性の非就業率（完全失業率+非労働力人口率）の分布は，非正規雇用率と同様に，中部地方とその周辺において低い傾向が明瞭である（**図6-5**）。非就業率が極端に高い市町村が見られたため，統計的に外れ値を検出した。外れ値とされた市町村の多くでは，刑務所など，非労働力人口を収容する特殊な施設が立地しているために，非労働力人口率が極端に高くなっているようである。外れ値にはならないまでも，非就業率が10%を超える市町村は，北海道西部や北東北，紀伊半島，四国など，国土の縁辺部に多い。

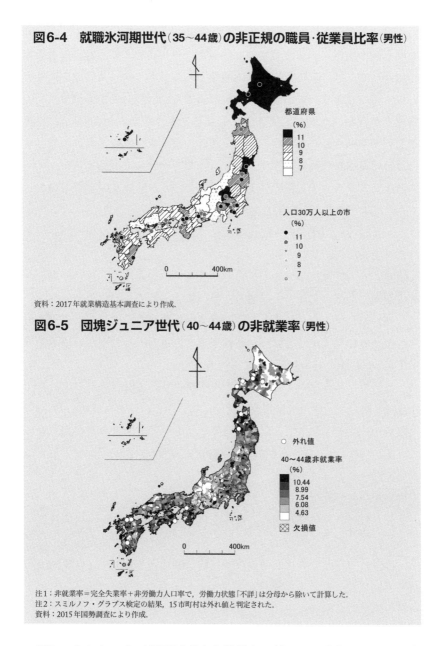

図6-4　就職氷河期世代（35～44歳）の非正規の職員・従業員比率（男性）

都道府県
(%)
11
10
9
8
7

人口30万人以上の市
(%)
11
10
9
8
7

0　　　400km

資料：2017年就業構造基本調査により作成.

図6-5　団塊ジュニア世代（40～44歳）の非就業率（男性）

○　外れ値

40～44歳非就業率
(%)
10.44
8.99
7.54
6.08
4.63
⊠　欠損値

0　　　400km

注1：非就業率＝完全失業率＋非労働力人口率で，労働力状態「不詳」は分母から除いて計算した.
注2：スミルノフ・グラブス検定の結果，15市町村は外れ値と判定された.
資料：2015年国勢調査により作成.

　周知のとおり，非正規雇用率や非就業率が低かった中部地方では，自動車産業などの製造業が堅調である。一方，これらの値が高い国土の縁

辺部では，安定成長期の農村工業化の恩恵がそこまで及ばなかったため，地域労働市場の展開が十分ではなかった。それに加えて，公共事業の縮小によって，男性の典型的な雇用機会である土木・建設業の衰退に見舞われた地域である。職業安定業務統計による全国の有効求人倍率は，国勢調査が行われた2015年が1.20，就業構造基本調査が行われた2017年が1.50であった。しかし，これらの値は，全国すべての求人と求職者を合算して算出した値に過ぎず，ローカルな労働力の空間的ミスマッチやスキルミスマッチを表現できるものではない。中部地方の労働市場が人手不足によって売り手市場であっても，北東北にその恩恵は届かないし，医療・介護の雇用機会が多い地域であっても，無資格者や男性が雇用される可能性は低いのである。

　団塊ジュニア世代の男性の世帯内単身者率は，北海道を除くと東高西低の傾向にある。また，中部地方において若干低く，紀伊半島や四国に値が高い市町村が見られるなど，非就業率と類似する部分もある（**図6-6**）。外れ値を外したうえで計算した非就業率と世帯内単身者率との相関係数は0.444であり，正の相関が認められる。

　この結果をどう解釈するべきであろうか。労働市場の状況が特に男性にとって厳しく，非正規雇用や非就業に追いやられがちな地域において，実家がセーフティネットとなり，結果として世帯内単身者率が高くなっているというのが，もっともありうる解釈であろう。因果関係を裏返して，教育期間が終わっても子どもが親元に留まることに寛容な地域では，非正規雇用や非就業であっても何とか生活ができてしまうために，親からの子どもの経済的自立が阻害されるという説明が成り立つ可能性もなくはない。しかし，すでに紹介したように，先行研究が支持しているのは，若者の依存心の強化といった個人的な問題よりも，マクロ経済の動向や労働市場における流動性の高まりといった構造的な問題によって，世帯内単身者の増加を説明する論理である。地方圏の若者を対象とするインテンシブな調査に従事した経験に基づいて，これに付言するならば，出身階層や家族的背景といった個人的環境もまた，若者の（不安定）就労状態と強く関連する（石井ほか編2017）。こうした個人的環境は個人が選べる

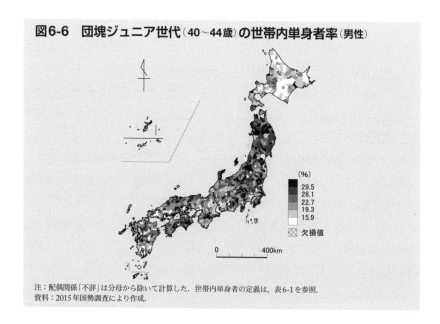

図6-6　団塊ジュニア世代（40〜44歳）の世帯内単身者率（男性）

(%)
29.5
26.1
22.7
19.3
15.9
欠損値

0　　　400km

注：配偶関係「不詳」は分母から除いて計算した．世帯内単身者の定義は，表6-1を参照．
資料：2015年国勢調査により作成．

ものではなく，しかも出身地域の状況と深くかかわっている。

　若年期に新規学卒労働市場の冷え込みに見舞われ，いまなおその影響下にある就職氷河期世代（団塊ジュニア世代）に比べれば，より若い世代の雇用をめぐる状況は改善しているといえるかもしれない。しかし働き盛りの年齢層において非正規雇用率が上昇し，労働力人口率が低下し続けていることが示すように，バブル崩壊が日本の労働市場に大転換をもたらしたことは確実である。自らの所得によって経済的に自立し，新しい世帯を形成することは，以前よりも難しくなっており，その難しさの程度は，明らかに地域差を伴っている。

Ⅴ．再生産の危機

　生れ落ちる時代は選べない。団塊ジュニア世代は，就職氷河期真っ只中の労働市場にデビューせざるを得なかった。就職活動が不本意に終わった就職氷河期世代の中には，いまだに不安定就労から這い上がれなかったり，労働市場そのものから排除されたりしている人が少なくない。

そうした人々は，自立の機会を逸して，40歳台になっても，親元に留まることを余儀なくされている。終章では，このことを再生産の危機ととらえて議論を展開する。それに先立って，この問題意識を簡単に紹介しておきたい。

　資本主義におけるもっとも基本的な関係は，労働者が自分の労働力を資本家に販売し，その対価として得た賃金で生活に必要な資材を購入し，それによって労働力を再生産するというものである。バブル崩壊以降，非正規雇用者の割合が増大し，労働力人口率が低下していることは，この基本的関係から疎外されている人々が傾向的に増加していることを意味する。失業者と非労働力人口からなる非就業者は，労働力の再生産，もっといえば生存のための糧を労働によって得ることができない。非正規雇用者の多くは，就業していても経済的に自立した生活が成り立ちがたい。このような人たちは，労働力の再生産や生存のための生活基盤を親・実家に求めざるを得ない。したがって，支援プログラムの対象者が世帯内単身者に偏っているのは，当然といえる。

　マルクス経済学では，労働者が受け取る賃金には，結婚して新しい世帯を形成し，次の世代を再生産する費用が含まれており，長期的な労働力の再生産が保障されていると仮定してきた。それが理論的には妥当な仮定であったとしても，現実において妥当であることは担保されない。現実に目をやれば，世帯内単身者の多くは，自分の得た賃金で労働力を再生産することすらままならず，世代の再生産は望むべくもない。このように，未婚化や少子化と呼ばれてきたトレンドのある部分は，労働市場の構造的変容，さらにいえばマクロ経済の変容による世代の再生産の困難化によって説明できる。実際，非正規雇用率，非就業率，世帯内単身者率がいずれも高い東北では，有配偶出生率が低い傾向にある（第7章）。

　柄谷（2004，2006）は，労働者が資本に対抗しうる手段として，「資本制の下で働かない」「資本制の生産物を買わない」の2つを挙げた。そして，「働かない」「買わない」ことを可能にする受け皿として，非資本制的な生産・消費協同組合のようなアソシエーションと，オルタナティブな通貨の必要性を説いた。筆者は，労働者の意識的な対抗運動を待たなくても，

資本主義の基盤が揺らいできているように思う。

　賃労働が生活の糧を得る標準的な手段であることに変わりはないし，近未来にそれ以外の手段が主流に躍り出ることはないであろう。しかし，「田舎暮らし」や「新しい自営」といった，賃労働から距離を置いた生活の立て方が芽吹いてきている（藻谷浩介・NHK広島取材班2013；松永2015）。本章が示した労働力人口率の低下は，より黙示的に資本主義の下で「働かない」人々が増加していることの表れである。バブル崩壊以降の個人消費の低迷やデフレ基調は，「買わない」傾向を反映しているし，理念としては，「多様な経済」のように市場における交換以外の経済活動に可能性を見出す動き（Gibson-Graham 2006；山本2017）もある。

　筆者が「働かない」「買わない」にぜひとも付け加えたいのが，すでに述べた再生産の危機である。人生の選択肢が数ある中で，子どもを「産まない」ことを主体的に選ぶ人もいる。これに対して本章が提起するのは，若年期に労働市場において辛酸を舐めた就職氷河期世代には，現在に至るまで十分に「働けない」「買えない」人々がおり，それゆえ次世代を「産めない」という状況が広がり，少子化が進んできたというストーリーである。これについては終章で詳細に検討する。就職氷河期は，自らの労働力の再生産すら困難な人々を生むと同時に，世代の再生産を困難にし，資本主義の存立基盤を揺るがしている。

　就職氷河期世代支援プログラムを展開するにあたり，これまでの積極的労働市場政策の蓄積は貴重である。加えて筆者は，社会的排除に直面している人々を包摂し，8050問題をできる限り回避するためにも，支援プログラムが就労支援にとどまらない展開を見せることを切に期待する。しかし，就職氷河期世代の年齢を考えると，支援プログラムは世代の再生産の危機を救う手立てとはなりえないだろう。

1）　以下の数字は学校基本調査による。なお，就職とは，給料，賃金，報酬その他経常的な収入を得る仕事に就くことであり，自家・自営業への就業を含むが，「一次的な仕事に就いた者」（雇用期間が1年未満または短時間勤務）は含まない。

2) https://www.cas.go.jp/jp/seisaku/shushoku_hyogaki_shien/program.html（2023年8月18日閲覧）。

3) https://www.cas.go.jp/jp/seisaku/shushoku_hyogaki_shien/pdf/20220926followup.pdf（2023年8月18日閲覧）。

4) 休業者も労働力人口に含まれ，失業者には含まれない。

［文献］

石井まこと・宮本みち子・阿部誠編(2017)：『地方に生きる若者たち──インタビューからみえてくる仕事・結婚・暮らしの未来』旬報社。

大久保幸夫(2002)：『新卒無業。──なぜ，彼らは就職しないのか』東洋経済新報社。

柄谷行人(2004)：『トランスクリティーク──カントとマルクス』岩波書店。

柄谷行人(2006)：『世界共和国へ──資本＝ネーション＝国家を超えて』岩波書店。

黒澤昌子・玄田有史(2001)：学校から職場へ──「七・五・三」転職の背景，『日本労働研究雑誌』43(5)：4-18。

玄田有史(1997)：チャンスは一度──世代と賃金格差，『日本労働研究雑誌』39(10)：2-12。

玄田有史・曲沼美恵(2004)：『ニート──フリーターでもなく失業者でもなく』幻冬舎。

国立社会保障・人口問題研究所(2000)：『世帯内単身者に関する実態調査』。

小杉礼子編(2002)：『自由の代償／フリーター──現代若者の就業意識と行動』日本労働研究機構。

社会政策学会編(2005)：『若者──長期化する移行期と社会政策』法律文化社。

中澤高志(2014)：『労働の経済地理学』日本経済評論社。

松永桂子(2015)：『ローカル志向の時代──働き方，産業，経済を考えるヒント』光文社。

宮本みち子(2002)：『若者が「社会的弱者」に転落する』洋泉社。

藻谷浩介・NHK広島取材班(2013)：『里山資本主義──日本経済は「安心の原理」で動く』角川書店。

山田昌弘(1999)：『パラサイト・シングルの時代』筑摩書房。

山本大策(2017)：サービスはグローバル経済化の抵抗拠点になりうるか──「多様な経済」論との関連において，『経済地理学年報』63：60-76。

山本涼子・埴淵知哉・中谷友樹・山内昌和(2021)：国勢調査の「不詳」増加がもたらす統計地図の歪みの可視化，『E-journal GEO』16：1-14。

Gibson-Graham, J. K. (2006)：*A Postcapitalist Politics*, Minneapolis: University of Minnesota Press.

Peck, J. (2001)：*Workfare State*, London: Guilford.

第 7 章

再生産の困難性，
再生産と主体性

　ウェーバー（1986）の『工業立地論』は，経済体制と無関係な純粋理論で
あるがゆえに，所与の労働地において一定の労働費で労働力が無限に供
給されると仮定することが許された。しかし，歴史的に与えられた資本
主義という体制の下で現実的理論を追求するに当たっては，純粋理論に
おける「労働地の成立とその発展に関する法則には大きな欠落があ」
（ウェーバー1986：200）る。『工業立地論』を締めくくるにあたり，ウェーバー
（1986：201）が「資本主義の下で労働力が1つの『商品』として取扱われる事
実が，資本主義の下でのこの『商品』の地域的配分に対してもつ意味は何
であろうか」と問いかけ，この問いに答えることができれば，「われわれ
の現在の経済組織の地域構造のほぼ半ばが明らかになるであろう」とし
たのは，労働力の再生産が純粋理論の外部に位置すること，しかし資本
主義の現状分析にとって労働力の再生産は決して避けて通れない問題で
あることを，いずれも意識していたからであろう。

　それでは，資本主義それ自体の透徹した分析である『資本論』において，
マルクスが「労働者階級の不断の維持と再生産とは，依然として資本の
再生産のための恒常的条件である。資本家は，この条件の充足を，安ん
じて労働者の自己保存本能と生殖本能とにまかせておくことができる」
（マルクス2017：Kindle の位置No.1843-1844）と述べたのはなぜであろうか。資
本は労働力を直接生産することができないのであるが，さしあたり必要
な労働力を自由に得られる状況においては，資本は労働力の再生産が抱

える本質的な困難を顧みることはない。大量の過剰人口が存在する時代に生きたマルクスにとっては，労働力の再生産は理論的に大きな問題とは意識されなかったのであろう。

　商品経済が社会関係を覆いつくす資本主義の下では，本来商品ではない人間の肉体的・精神的能力が労働力として商品化される。労働力も他の商品と同様に，景気変動に応じた需要の循環的変動や，生活のリズムに対応した季節・曜日や時間帯による需要の変化の下にある。しかし，労働力の長期的な需給関係をそれ以上に強く支配するのは，人口動態に起因する労働力の供給側の構造的な変化である。周知の通り，低出生力は多くの先進国に共通する課題である。日本では出生率が40年以上にわたって置換水準を下回った結果，人口が減少局面に入って早くも10年以上が経過した。マルクスの時代とは異なり，労働力の再生産，とくに世代の再生産をブラックボックス化することが許されない現実がある。

　日本においては，出生率の低下によって認識された世代の再生産の不調に対して，1990年代から少子化対策が推進されてきた。政府はこれまで出生率に関して具体的な数値目標を設定するのには慎重であったが，「地方創生」との関連で「希望出生率」なる数値目標が掲げられるに至った。それほどまでに危機意識が高まったのは，約30年にわたる少子化対策がさしたる成果を上げられていないからである。

　労働力の再生産が長期的に安定してなされることは，資本主義が存続する大前提である。しかし労働力は，商品でありながら資本が直接創り出すことはできないし，国家が創り出すこともまたできない。ここに再生産がはらむ根本的な困難性がある。その困難性，特に世代の再生産の困難性は，それが人間の主体的な意思決定にゆだねられていることに起因する。この事実は，子どもを産み育てるという人間としてもっとも重要な契機に関する自己決定権を，われわれが有していることを意味する。この自由は，個人の自己実現や幸福追求の根幹にかかわるが，個人を包含する全体としての資本主義および国家の存続を脅やかす。本章は，これまで十分に意識されてこなかった再生産をめぐる困難性と主体性に関する試論である。

本章の構成は以下の通りである。Ⅱにおいては，近年，再生産に対する関心が人口地理学と労働の地理学にまたがる形で醸成され，プレカリティという概念が両者をつないでいることを紹介する。Ⅲでは，資本と国家は，再生産をシステムに組み入れることでその困難性に対応しようとしてきたが，それが困難になりつつあることを説明する。Ⅲの前半では，戦後の先進資本主義国では，フォーディズムとケインズ主義福祉国家の連関が再生産の困難性を低減させてきたが，オイルショック以降それが機能不全となったことを示す。Ⅲの後半では，同様の整理を日本について行う。すなわち，バブル崩壊までは日本的雇用体系と疑似福祉体制が相補的な関係にあったが，それが瓦解すると再生産の困難性が表出し，少子化政策が着手されるに至る経緯を整理する。現時点では，少子化政策が託そうとする世代の再生産への期待は，国民からの受け取り拒否に遭遇しているといえる。このことについて，プレカリティの高まりとライフコースの個人化から説明するのがⅣである。少子化政策は，国民の大半が結婚・子育てを希望しており，良好な子育て環境が備われば，場所とは無関係に出生率が向上するとの前提に立脚している。Ⅴでは，空間的非定常性という地理学の本質から，こうした政策の根本的問題点を指摘する。一国内での再生産が困難になると，移民の導入が念頭に上ってくるのは避けられない。Ⅵでは，先行研究における再生産と移民の関連付けを紹介したうえで，移民の主体性を捨象して移民受け入れに関する議論が展開している日本の現状を批判する。Ⅶでは，再生産の困難性と主体性，個人と全体の利益の両立というアポリアに立ち戻る。

Ⅱ．人口地理学と労働の地理学を架橋する再生産

　労働力とは，商品化された人間の肉体的・精神的能力であるから，その需要と供給の態様は，人口の量とその構成に依存する。この自明な事実から，人口地理学と労働の地理学の対象領域は相当程度重なっていると予想する読者は少なくないであろう。ところが相互に交流が生まれてきたのは，ここ最近のことである。

計量革命の嵐が過ぎ，人文地理学のほとんどの分野が実証主義・経験主義批判の洗礼を受けた後も，人口地理学は論理実証主義に基づく量的分析にいそしむ傾向にあった（Bailey 2005）。その状況を憂慮して，社会理論の導入による人口地理学の「理論化」の必要性を説く人口地理学者も中にはいた（Findlay and Graham 1991；White and Jackson 1995）が，その箴言が実を結び始めたのは，おおむね2000年以降のことである。

　多様な理論的潮流の中で，筆者が注目するのは，政治経済学的人口地理学の流れである。周知の通り，人口（地理）学においては，自然主義的なマルサスの理論が絶大な力を持っており，政治経済学的アプローチは劣勢であった（Robbins and Smith 2017）[1]。ところが，2000年以降になると，マルサスからマルクスへとでもいうべき動向が生じ，不安定就労層や移民など，経済的にも存在論的にも不確かさに直面している人々の生成と再生産を，相対的過剰人口や労働予備軍といった『資本論』に由来する概念を援用して説明しようとする動きが出てくる（McIntyre and Nast 2011；Tyner 2013, 2015）[2]。さらには，労働力商品化を超えて，労働者の生命そのものが商品化されていく機制を分析しようとする研究も生まれている（Tyner 2016）。

　労働の地理学は，従来の経済地理学が労働力を生産要素の1つに還元してきたことを批判し，労働者が経済景観の生産に携わる行為主体性を持っていることを正当に評価するべきだと主張してきた。Herod（1997）によるこの批判は建設的に受け止められ，資本家と対峙する労働者がスケール・ポリティクスを駆使して資本主義の経済景観を創り出していることを示す研究が多数蓄積された。誕生から四半世紀が経過した今でも，労働の地理学は高い生産性を誇る研究のフロンティアであり続けている（Peck 2018）。先進資本主義国の男性中心の職場に研究が偏っていることや（James and Vira 2012；McDowell 2015；Strauss 2018b），労働者が移動という形で発揮する主体性が明示的に位置付けられてこなかったこと（Lier 2007）への反省が生まれ，これに応えて途上国における研究や移民に焦点を当てた研究が続々と登場しているのである。

　労働の地理学は，もともと政治経済学的分析視角に根差しており，労

働者を対自的な階級と想定して，その主体性を称揚してきた経緯がある。しかし研究の新展開の中で，労働者が本来持つべき主体性を発揮できない状況を直視することの重要性を指摘する研究も現れている（Coe and Lier 2010）。Mitchell（2011）は，労働者が自らの要求や価値観に合わせて空間を変容させて行くこと（spatial fix）を見出した労働の地理学の功績を認めながらも，カリフォルニアにおいてメキシコ移民が制度的に主体性を制約されている状況のつぶさな観察を踏まえ，自分たちのために作られた空間でも，自分たちが創った空間でもなく，他者のために作られた空間において生きざるを得ない人々の現実を拾い上げる必要性を指摘した[3]。こうした流れの中で，労働の地理学においても相対的過剰人口や労働予備軍が注目されるに至った。

相対的過剰人口や労働予備軍といった古典的概念の復古とともに，今日，人口地理学と労働の地理学の知的共通通貨となっているのが，プレカリティという概念である[4]。プレカリティとは，労働市場もしくはより広い人生における，不確実性や予測不可能性に対する脆弱性を意味する。従来型の福祉国家が立ち行かなくなり，雇用者が労働力のフレキシビリティを追求し始めると，多くの労働者が，雇用継続の不確実性や団体交渉権の欠如，失業に対する社会保障の後退，低所得といった，不安定で不確実な状況に置かれるようになった。プレカリティは，このような雇用にまつわる望ましくない状態を表現する言葉として生まれた（Rodgers and Rodgers 1989）。雇用における不確実性や予測不可能性は，人生全体に投影されることから，プレカリティの概念から雇用という限定を外し，現代社会を特徴づける状況としての用法が一般化してきた（Ettlinger 2007）。

相対的過剰人口・労働予備軍という言葉は，特定の人口集団の労働市場における位置を表示するに過ぎない。そのように呼ばれる人々を労働力商品に還元するのではなく，生きる人間と認識し，彼／彼女らの人生を取り巻き，彼／彼女らが直面せざるを得ない困難の特性を一般化した概念が，プレカリティであるといえよう。古典的には，相対的過剰人口・労働予備軍は，資本主義の発展にとって不可欠の存在であり，資本の有機的構成の高度化に伴って人口の絶対的な増加とは独立に生み出される

とされてきた[5]。現状分析を任務とする地理学者の関心は，そのような「純粋資本主義」における相対的過剰人口・労働予備軍の生成にとどまらない。地理学者が突き詰めようとしたのは，現実において，さまざまな要素によって複雑に分断され社会的に調整された労働市場において相対的過剰人口・労働予備軍が生み出されるメカニズム[6]とともに，労働市場のみならず社会全般にわたるジェンダーやエスニシティ，年齢などをめぐる権力関係や，健康や生死に関するポリティクス(バイオポリティクス，ネクロポリティクス)[7]を通じて，プレカリティが階層間，地域間に不均等に配分されていく過程である。こうした探求の結果，プレカリアスな人々(スタンディング(2016)のいうプレカリアート)の社会的再生産[8]のメカニズムを，賃労働関係にとどまらない多様な関係性の下で明らかにする研究が開花してきた(Meehan and Strauss eds. 2015)。

　社会的再生産については，従来の研究が生産過程に偏重し，再生産過程をブラックボックス化してきたことへの批判を込めて，1970年代以降，マルクス主義フェミニストによって本格的な検討が始められた(木本1995；向井2002)。そこでは，資本主義の下で，非資本主義的な家族において再生産が行われる体制が，なぜ，いかにして成立したのかが論点[9]となり，家父長制と資本主義との関係の把握をめぐって議論が展開し(上野1990＝2009；サージェント編1991)，その影響は経済地理学にも波及した。McDowell(1991)は，ポスト・フォーディズムへの移行とともに資本と国家がいずれも再生産への関与を弱めた結果，従来の家父長制的労働者家族は安定性を失い，産業構造の転換によって労働市場において女性と同様の周縁的な処遇に甘んじる男性が増加するとした。2000年代に入ると「再生産の地理学」が1つの研究潮流となり，「人間臭い不確実な日常のあれこれ」(fleshy, messy, and indeterminate stuff of everyday life, Katz 2001：711)にほかならない世帯内部における再生産過程の現実をミクロに分析するという視角が確立した(Mitchell et al. eds 2004)。近年の研究では，再生産を可能にしている社会関係が家族の枠を超えて多様なスケールに拡大し，途上国の低賃金労働力や移民といったプレカリアスな人々によって，先進国の再生産が支えられていることを批判的に検討する研究が目を引く(Meehan and Strauss eds. 2015）。

　相対的過剰人口や産業予備軍と呼びうる人々の生を取り巻くプレカリティが作り出され，振り分けられていく具体的なプロセスに関心が集まったことで，再生産という研究領域が地理学内部で領域横断的に浮上してきたのは，以上の事情による。ところが再生産に関しては，マルクスから始まり，マルクス主義フェミニズムを経て，近年の人口地理学と労働の地理学に至る研究までもが共有する，見過ごせない暗黙の前提がある。それは，社会的再生産が可能となるだけの量の人口が世代を超えて常に再生産されているという前提である。先進資本主義国の多くは，出生率の著しい低下によって世代の再生産に支障をきたしているが，再生産に関する研究においては，途上国の低賃金労働力や移民といった形で，相対的過剰人口が絶えず生み出されているとみなしている。しかし，アフリカや西アジアを除けば，途上国でも出生率はかなり低くなっており，先進国が途上国における再生産に依存できる体制が長期的に継続するとは限らない。

　すでに述べたように，労働力の再生産は資本主義が存続するための前提条件であるが，労働力は資本や国家によって生産できない。マルクスが生きた時代は，労働力の無制限性を前提としてよい時代であったとしても，それは単なる歴史的偶然であり，安定した状態ではない。事実，ヨーロッパの主要国では，早くも1930年代には置換水準を下回るまでに出生率が低下した（岡田2002）。現在の少子化対策につながる政策はこうした事情によって生まれたが，ちょうどその時期に福祉国家が成立し，マクロ経済政策においてケインズ主義が採られるようになったことは偶然ではない。社会主義国のみならず，資本主義国でも，経済や社会における不確実性を緩和する「大きな国家」であることが求められた時代だったのである。第二次世界大戦後には，フォーディズムと呼ばれる発展様式をケインズ主義福祉国家が支え，近代家族によって世代の再生産を含めた労働力の再生産が円滑に行われるシステムが確立した。

　多くの先進資本主義国では，その体制はオイルショックとともに潰えた。次節では，再生産の困難性を低減させる体制が成立し，それが崩壊

していった経緯を，前半では先進資本主義国一般について，後半では日本について，それぞれ整理する。

Ⅲ. 再生産の困難性

1. 再生産の組み込み

　第二次世界大戦後から1970年代までの約30年間，先進資本主義国は「資本主義の黄金時代」を謳歌した（マーグリン・ショアー1993）。レギュラシオン理論は，「黄金時代」の先進資本主義国の経済発展を，フォーディズムという発展様式として理解する（リピエッツ1987；宮町2000a, b）。フォーディズムにおいては，技術革新が生産性の向上に結び付き，それが実質賃金の上昇をもたらし，大衆消費社会が実現するという好循環が駆動する。

　フォーディズムと密接に結びついた国家形態が，ケインズ主義福祉国家である。ポラニー（2009）が「二重運動」として説明したように，無制限の資本主義という「悪魔のひき臼」がもたらした労働者の惨状は，工場法の成立や社会改良主義者の登場，チャーチスト運動といった社会の自己防衛を惹起した。19世紀資本主義は自由放任の「夜警国家」の下で展開してきたが，19世紀末からは国民生活の安定と福祉の増進が国家の機能として認識され，1930年代には福祉国家が姿を現す。ケインズ主義福祉国家においては，手厚い社会保障に加え，総需要の管理による完全雇用の達成が重要な目標であった。市場における交換を第一の原理としながらも，再分配を通じた国民の福祉の向上と生活の安定が国家の任務とされた。コミュニティにおける互酬や家族内部の家政（自給）によって担われてきた部分は社会保障として制度化され，かなりの程度国家に包摂された[10]。

　19世紀末以降，性別役割分業に依拠した近代家族を基本的な単位として，夫の賃労働で得られた「家族賃金」に基づいて労働力と世代の再生産を行う体制が確立してきた。フォーディズムの下で，その体制はより緻密に構築されていった。ケインズ主義福祉国家は，法的地位においても，

社会制度の面でも，イデオロギーの面でも近代家族（異性愛家父長制家族）の形成を優遇し，これを標準とする社会保障体制を構築した。夫の安定した雇用の下で得られる生産性インデックス賃金は，非労働力を含めた家族構成員の再生産を支えるのみならず，耐久消費財の積極的な購入に振り向けられる。消費を通じた再生産には，妻の再生産（無償）労働に加え，耐久消費財を収納し再生産労働を執行するための消費の建造環境としての住宅を必要とする（ハーヴェイ1991）。労働者は商品としての住宅をこぞって買い求め，郊外化はフォーディズムを特徴づける都市地理学的現象となった。第1章で論じたように，近代家族は消費ノルムを通じて蓄積体制を支えるユニットでもあった（海妻2013）。

　発展様式としてのフォーディズムは，市場における交換を第一原理，国家による再分配を補充の原理，互酬と家政を残余の原理とする，「制度化された過程としての経済」（ポランニー1975＝2003）の1つであるといえる（ラヴィル2012）。ポランニーによれば，制度は経済過程に統一性と安定性，構造と機能，歴史と政策を与える。再生産は，資本にとっても，国家にとっても，直接携わることのできない本質的な外部である。そこで，資本と国家は，賃労働関係や諸制度を通じた調整によって，近代家族による労働力の再生産を発展様式に組み込み，統制しようと試みた。マクロ経済の安定的な成長を通じた生活水準の上昇は，将来への見通しを良くし，人々が似通ったライフコースを進む前提条件を用意した。そしてそのことが，近代家族による再生産の規範性を強化した。1970年頃までは，フォーディズムとケインズ主義福祉国家の連関がもたらす統一性と安定性の下で，先進資本主義国の多くは置換水準を上回る出生率を保持していた。

2. 再生産の問題化

　1970年代に入り，オイルショックが発生すると，先進資本主義国が享受してきた高度経済成長は終焉し，フォーディズムは2つの危機を迎える（ラヴィル2012）。第一は，価値の危機である。高度成長期にあっては，経済成長率ならびに生活水準の上昇という単一の量的価値尺度が絶対的であったが，それが相対化され，価値観が多様化した。都市地理学的に

は，フォーディズムと手を取り合って進んだ郊外化のオルタナティブとして，反都市化やジェントリフィケーションが起こった。価値観の多様化と規範の弱体化に平行して，ライフコースは個人化し，結婚や子どもを産み育てることは，個人の人生における選択肢の1つに格下げされた。

　第二の危機は経済的危機である。オイルショックは，フォーディズムという発展様式が途上国のエネルギー・資源を大量かつ安価に消費できるという前提に立脚していたことをあらわにした。ケインズ主義を支えてきた国民経済の完結性はグローバル化の進展によって風穴を開けられ，経済成長率の低下は財政難を招き，従来型の福祉国家は転換を余儀なくされた。フォーディズムとケインズ主義福祉国家の相補的な関係は崩れ，近代家族を基本ユニットとする再生産は，それを下支えしていた安定的な雇用と家族賃金が失われると機能不全となった。経済成長率や生活水準といった単一の価値が満たされる見込みがなくなったことは，価値の危機に拍車をかけた。

　近代家族が再生産の単位としての特権的地位を追われると，それを支える諸制度は合理的な存在理由を失う。価値観が多様化し，女性の労働市場への進出が進むにつれ，近代家族を標準としてきた諸制度はライフコース中立的に改鋳されていった。資本主義と家父長制の結託を批判し，家族賃金を「破壊すべき神話」であるとして糾弾していたマルクス主義フェミニストは，これを歓迎した（中川1994）。一方で，賃労働関係と諸制度による調整によって発展様式に組み込まれ，統制されていた再生産は，再び統御されざる外部となった。

　それに伴って問題を露呈し始めたのが，世代の再生産である。出産は家族の主体的な「計画」であるとの理念が浸透し，人口転換が達成された国において，自由放任の下で世代の再生産が成就する保証はない。オイルショックとほぼ同時期に，先進資本主義国の出生率は置換水準を下回り，少子化社会に突入した。このことは，一国を単位とする長期的な労働力の再生産が持続可能性を失ったことを意味する。少子化の要因については莫大な研究があるが，①結婚・出産に対する価値観の変容と多様化，②女性の社会・労働市場への進出，③主として経済面でのプレカリ

195　　　　　　　　　　　　　　　　　　再生産の困難性，再生産と主体性

ティの増大，といった要因は，衆目の一致するところである（大淵・阿藤編著2005；高橋・大淵編著2015）。これらはフォーディズムが価値の危機と経済的危機にさらされ，これまで世代の再生産を担ってきた近代家族の存立基盤が失われたこととほぼ同義である。

　労働力の再生産は，家族を単位としなくても可能であるが，世代の再生産は，コミューンなどにおける例外を除けば，一組の男女を基本とする家族でなされる。社会が経済成長や生活水準という単一の価値観に統合されていた時代であったからこそ，フォーディズムの下では国家が再生産にとって合理的で効率的な単位として近代家族を標準化し，その形成を推奨することができた。しかし，価値観が多様化し，個人の自己決定権が尊重される時代には，国家が特定のライフコースに肩入れすることは正当化されない。特に出産は女性のリプロダクティブライツ・ヘルスの保障とも関わるので，多くの先進資本主義国は出産を奨励する政策介入には消極的であった。

　先進資本主義国において少子化が深刻な社会問題と認識され，出生率の向上に向けた政策が打ち出されるようになるのは1980年代に入ってからである。北欧諸国やフランスのように，積極的な少子化対策によって比較的高水準の出生率を維持している国がある一方で，置換水準を大きく割り込んでいる国もあり，先進資本主義国の出生率は二極化している。特に合計特殊出生率が1.5を下回った国は，出生率の大きな回復が見込めない「低出生力の罠（low-fertility trap）」に陥っている（Lutz et al. 2006）。

3. 日本の再生産

　日本では，終戦後の激しい労使対立を切り抜けて高度成長期に入ると，雇用者はよほどのことがない限り雇用と家族賃金（年功賃金）を保証する代わりに，労働者はいったん就職した企業にとどまって勤勉に働き続けるという双務的取引の基づく日本的雇用体系が成立した（仁田2003）。フォーディズムと同様に，日本的雇用体系は女性労働力を家計補助に押しとどめることで稼ぎ手である男性の雇用を守り，かつ再生産労働を女性に担わせるという「再生産をめぐる協約」（Gottfried 2015）を含意していた。これに事実婚に対する法律婚の優越性の保障，人工妊娠中絶の実質的合法化

による出生率の調整，母体保護を主目的とする女性の深夜労働禁止，公営住宅や公団住宅における単身者の排除，内助の功を制度化した配偶者控除といった国家による調整が加わり，近代家族を「標準家族」として労働力を再生産する体制が構築された。高度成長期の日本は，「福祉国家」と呼ぶには余りにも福祉が手薄であり，特に住宅に関する部面などにおいて，企業福祉が国家の社会保障を補完する重要な役割を担う疑似福祉体制が造られた。

　1970年代前半に第二次ベビーブームが終結すると，日本では合計特殊出生率が置換水準を恒常的に下回ることとなる。時期を同じくしてオイルショックが勃発し，高度成長期は終わりを迎えたが，日本的雇用体系はさほど打撃を受けなかった[11]。ただし，農村工業化の進展や大都市圏郊外の商業空間化といった需要側の要因と，教育や住宅費の高騰による家計補助の必要性といった供給側の要因が相まって，既婚女性の労働力化が進展するという変化はあった[12]。さらに1986年には男女雇用機会均等法が施行され，努力義務ながら均等待遇へ歩みも始まった。他方で1987年に配偶者特別控除が創設されたことが象徴するように，女性労働力を労働市場における周縁に追いやることで男性稼ぎ手の安定した雇用と収入を保障する「再生産をめぐる協約」は，バブル崩壊までは基本的に保持されたとみてよい。

　1980年代後半には，バブル期の好景気の下で人手不足が発生した。これを受けて，1990年に入国管理法が改正され，日系人に限って就労活動に制限のない在留資格が与えられるようになった。この時点で，出生率が置換水準を下回る状態は15年余り続いていたが，この事実が長期的な再生産の困難化と認識されることはなく，直近の労働力不足を事実上の移民によって解消する弥縫策が採られたのである。

　1990年代初頭にバブルが崩壊すると，日本の経済成長率は大きく低下した。低成長下で強い合理化圧力にさらされた企業は，硬直的な日本的雇用体系に代わるフレキシブルな雇用のあり方を模索し始めた。日本経済団体連合会（経団連）が1995年に公表した『新時代の「日本的経営」』と題する報告書（新・日本的経営システム等研究プロジェクト1995）では，従業員を長

期蓄積能力活用グループ，高度専門能力活用グループ，雇用柔軟型グループの3グループに分けて弾力的な活用を図る「雇用ポートフォリオ」なる考え方が提示されている。このうち長期蓄積能力活用グループは，これまでの日本的雇用体系に相当する処遇を受けられるが，労働者の大多数に相当すると考えられる他の2グループについては，有期雇用で，しかも昇給なしとされている。

　その後の労働市場の再編は，「『必要な都度，必要な人材を，必要な人数だけ採用する』との考え方に立って人の採用・活用を考えていく」（新・日本的経営システム等研究プロジェクト1995：69）という経団連の目論見通りに進んだ。1990年代から，中高年の解雇や希望退社が「リストラ」という言葉とともに耳目を集めたが，実際には新卒採用を絞り込むことで固定的な人件費の削減が図られ，今なお社会問題と認識される「就職氷河期世代」が生み出された（第6章，玄田2001）。正社員の絞り込みとともに，労働力需要の時間変動が激しいサービス業の比重が増したことにより，非正規雇用は著しく増加した。正社員であっても，賃金カーブの傾きは緩やかになり，男性1人の稼得で家計を支えることは困難となった。未婚率が上昇して単独世帯が増加し，子どもを持つ世帯でも共働きがマジョリティとなった。

　日本的雇用体系と近代家族の相補的な関係が崩れ，家族形態が多様化すると，近代家族を「標準」としてそれを支える体制の存在意義は失われる。先行したのは擬似福祉体制の一端を担う企業福祉の後退であった。家族手当を有する事業所は1995年の91.6％から2015年には76.5％まで減少し [13]，住宅関連の福利厚生費（1人1カ月当たり）は1996年度の1万6111円から2019年度の1万1639円へと減少した（日本経済団体連合会2018）[14]。国レベルでは，2001年に男女共同参画会議が設置され，女性のライフスタイルの選択に中立な税制・社会保障・雇用システムの構築に向けた議論が続けられている。目標は女性の自由な就労を阻害している専業主婦を前提とした諸制度の解体であり，一連の議論を受けて配偶者・配偶者特別控除が改正された。

　こうして，日本においても近代家族を再生産の基本的なユニットとす

る発展様式を国家が裏打ちする体制は瓦解した。日本的雇用体系の根底にあった雇用者と労働者の双務的関係が崩れた現在，個々の雇用者には従業員が個別に労働力を再生産する以上の賃金を支払うメリットはない。長期的な労働力不足を確実に招来する低出生率が目の前に示されても，直接的な利益につながらない世代の再生産コストを進んで負担する利他的な雇用者はいないであろう。労働力が公共財の性質を持つ以上，世代の再生産は必然的に国家が対応すべき領域として浮上する。

4. 少子化対策とその成果

　国家は，経済成長率や失業率，人口動態といったマクロ指標を通して，自らが対処すべき問題を認識する。政府が少子化対策に重い腰を上げるきっかけとなったのも，1989年の合計特殊出生率1.57が丙午（1966年）の異常値である1.58を下回ったことである。「健やかに子どもを産み育てる環境づくりに関する関係省庁連絡協議会」なる組織が1991年に立ち上げられたのを皮切りに，1994年には総合的少子化対策の嚆矢といえる「エンゼルプラン」が策定された。この時点で，夫婦共働き世帯を前提として，仕事と子育ての両立を支援するという既定路線は出来上がっていた。

　少子化に対する社会的関心が高まるにつれ，政府の姿勢も，子どもが欲しい夫婦の希望を叶えるという自己実現の後押しにとどまらず，「少子化に歯止めをかけ」，「出生率の低下傾向を反転」させることを目標と掲げるに至った（守泉2015）。それでも合計特殊出生率は低下を続け，2005年には過去最低の1.26を記録し，2008年頃にはついに総人口が減少を始めた。その後，合計特殊出生率は2015年頃まで回復傾向にあったが，再び低下に転じ，コロナ禍の影響もあってか，2022年には再び1.26まで落ち込んでいる。

　守泉（2015）は，1990年代以降の少子化対策を，「結婚」「子育て」「子どもの育ち」の3つの視点から分類し，もっとも注力されてきたのは，親による「子育て」支援であるとした。その主柱は，仕事と家庭の両立支援，保育サービスの拡充，子育て家庭への経済支援である。結婚・出産を経験し仕事と家庭の両立に困難を抱えている夫婦を想定して，保育所を増設し経済的支援を行うという，いわば事後的「環境づくり」を中心に展開

してきたのである。2000年代後半からは，ワーク・ライフ・バランスの確保が子どもを産み育てやすい，「環境づくり」の目玉と位置付けられ，さらには「働き方改革」の名のもとに日本社会の最重要課題に躍り出た感がある。2014年に始動した「地方創生」の最大の課題は，人口減少の克服であり，「希望出生率」1.8の実現を目標として掲げた。そして，その実現のためには，超低出生率の東京圏への人口集中を抑制し，相対的に出生率の高い地方圏に人口の再配置を行うべきであるとした(第4章)。東京圏における子育て環境づくりに限界を見出し，「子育てしやすい環境」の方に人口を動かそうという発想であるが，やはり「環境」を重視した政策であることは共通している。

　しかし，守泉(2015：43)も認めるように，「1990年代から連綿と少子化対策が拡充されてきたにも関わらず，出生率という数字の面では効果がほとんど見られない」。それは，日本における出生率低下の9割方が，未婚率の上昇によっており(岩澤2015)，その流れを食い止められなかったことが大きい(守泉2015)。逆にいえば，少なくともこれまでは夫婦の出生行動に目立った変化はなく，「日本では，結婚の目的が限りなく子どもを持つことと重なりつつある」(岩澤2015：54)という見解も成り立つ。2009年に厚生労働省が「結婚支援」に対して初めて予算を盛り込み(板本2017)，山田編著(2010)によってあっという間に官民の間に「婚活」なる言葉が広がったのは，故あることであった。

　「婚活」は男女のマッチングを試みる点で，単なる「環境づくり」よりも積極的である。一方で，未婚者の大多数は結婚・子育てを切に願っているが，さまざまな障害に直面しているので，これを取り除く必要があるという前提は，これまでの少子化対策と共通である。その根拠は，『出生動向基本調査』において，「いずれ結婚するつもり」と答えた未婚者が，男女とも依然高い水準にあること(男性81.4%，女性84.3%，2021年)に求められていると考えてよい。この「いずれ結婚するつもり」という回答は，すでに婚約者がいる状態から結婚を拒否しないという程度までを広く覆う漠とした態度に過ぎない。

　もう1つの選択肢である，「一生結婚するつもりはない」は，ずっと明

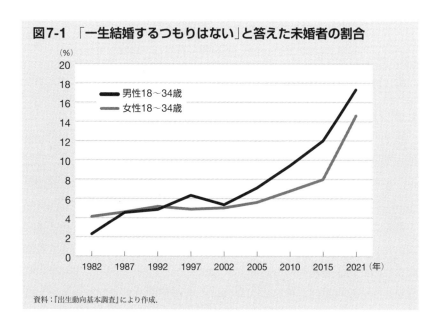

図7-1 「一生結婚するつもりはない」と答えた未婚者の割合

(%)

凡例:
男性18〜34歳
女性18〜34歳

横軸(年):1982 1987 1992 1997 2002 2005 2010 2015 2021

資料:『出生動向基本調査』により作成.

確な意思表示である。そして『出生動向基本調査』を経年的にみると,「一生結婚するつもりはない」と答える未婚者の割合は,2000年代以降,特に近年になって男女とも顕著に上昇し,2021年には男性は17.3%,女性は14.6%となった(**図7-1**)。同調査には,「今のあなたにとって,結婚することにはなにか利点があると思いますか」という問いがある。これに対して,男性の35.3%,女性の28.3%が「利点はない」と答えている(2021年)。

　国家は,次世代の労働者であり,消費者であり,国民である子どもを自ら生み出すことができない。自由主義・民主主義を基本理念としていれば,結婚や出産は個人の意思にゆだねられるべきとの理念に目をつぶり,支援の一線を逸脱した奨励策を展開することもできない。なしうるのは,世代の再生産を国民に期待し,結婚し子どもを産み育てるにあたっての障害の除去したうえで,その期待を国民に託すことに留まる。

　しかし,国家が国民に付託するこの期待は,率直に言って「受け取り拒否」に遭遇しているというのが実状ではなかろうか[15]。「受け取り拒否」が可能である理由は,世代の再生産が個人の主体的な意思決定によっていることに尽きる。次節では,日本において,いかなる事態が再生産

　　　　　　　　　　　　　　　　　再生産の困難性,再生産と主体性

への期待の「受け取り拒否」につながっているのかを検討する。

IV. 再生産と主体性

1. プレカリティが阻む再生産

　日本的雇用体系において，労働者は企業別組合に組織化され，労使関係は集団化されていた。しかし現在では，労使関係は個別化され，正社員，契約社員，パート・アルバイト，派遣・請負といった多様な雇用形態の労働者が同じ雇用者の下で働く状況が一般化した。非正規雇用はもちろんのこと，正社員でも雇用が保障される確証はなく，実質賃金は長期的に低下している。そしてプレカリアスな状況は，雇用を超えて社会のより広い部面を覆いつつある。

　第6章で取り上げた世帯内単身者は，若者を取り巻くプレカリアスな状況を象徴する存在である（**表6-1**）。2015年において団塊ジュニア世代に相当する40〜44歳の男性の就業状態を見ると，世帯内単身者では正規雇用者が48.6%と半数を割っており，正規雇用者に役員と自営業者を合わせても60%に届かない。目を引くのは失業率や非労働力人口率の高さである。特に非労働力人口率の高さは，ニートや引きこもりの存在を強く示唆する。

　同じ年代でも，有配偶者の就業状態は世帯内単身者と比べてはるかに安定している。すなわち，正規雇用者が約4分の3を占め，非正規雇用者や完全失業者，非労働力人口の割合は低い。1人暮らしの未婚者に関しては，21.1%を占める就業状態不詳が，全体の構成比をゆがめている。それでも，**表6-1**において支援対象者に分類される人が19.0%を占めていることから，有配偶者との比較では，就業状態が安定していないことは明らかである。1人暮らしの未婚者は，親から経済的に自立しているにせよ，結婚して世帯を形成している人に比べれば，経済的な基盤は脆弱なのである。

　世帯内単身者や1人暮らしの未婚者の中には，十分な経済基盤を手にしていながら，独身でいることを進んで選択し，親元にとどまったり，1

人暮らしを続けたりしている人もいるであろう。しかし，そのかなりの部分は，プレカリアスな状況ゆえに世帯形成が困難であり，それゆえ国家による世代の再生産の期待を受け取ることができないのである。世帯内単身者の中には，労働の対価として得た賃金によって自らの労働力を再生産することすらままならず，生存の基盤を親に依存している人も少なからずいる。

　プレカリティが地域的に不均等に配分されていることも見逃せない。大都市圏への人口流出に歯止めがかかり，「地方の時代」と呼ばれた1970年代前半以降，地方圏における雇用創出といえば，工業団地などのインフラを整備し，補助金によって工場を誘致するというものであった。自治体による工場誘致は，低賃金労働力を求める資本の意向と合致し，農村工業化が起こった。1973年に勃発したオイルショックは，一般に高度成長期の晩鐘と理解されているが，地方圏出身者にとっては，地元での農外就業によって生活できる可能性が生じたという意味において，ある種の「高度経済成長」の「はじまり」の鐘であった（友田2013）。

　しかし，バブル崩壊以降に生産機能の海外移転が本格化すると，工場誘致による雇用創出という図式は有効性を失った。国内における工場の分布は点的になり，なおかつ間接雇用を多用するようになっている。建設・土木への公共投資も減少し，介護保険や後期高齢者医療制度を通じて財政トランスファーを受ける医療・福祉が，地方圏における事実上の基幹産業となった（第2章）。2016年6月からコロナ禍が顕在化するまで，有効求人倍率はすべての都道府県で1を超える状況にあった。これについて政府は，経済政策や「地方創生」に向けた取り組みの成果であると自賛していた。しかし，有効求人倍率は，男女や年齢，職種をすべて合算した合成指標に過ぎない。その背後には，製造業，建設業という比較的良好な所得が得られる男性職が減少し，医療・福祉という賃金が制度的に低くに抑えられている女性職が増加したという雇用の質的変容が覆い隠されている。

　図7-2は，東京都と山形県における男性の正規雇用者の年間所得を示している。東京都では，年齢にしたがって所得が上がる傾向が顕著であ

　　　　　　　　　　　　再生産の困難性，再生産と主体性

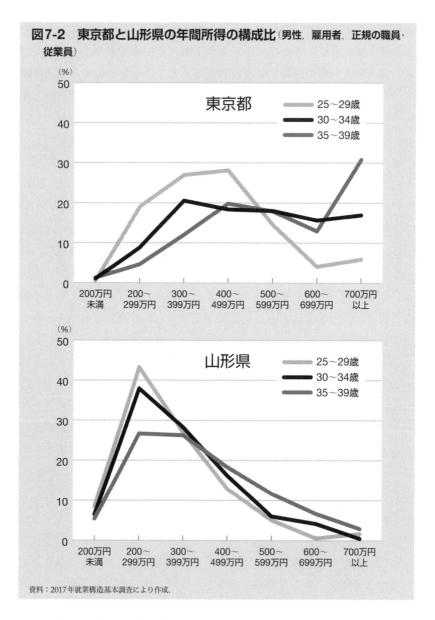

図7-2　東京都と山形県の年間所得の構成比（男性，雇用者，正規の職員・従業員）

東京都

- 25～29歳
- 30～34歳
- 35～39歳

山形県

- 25～29歳
- 30～34歳
- 35～39歳

資料：2017年就業構造基本調査により作成．

り，30歳台の後半に差し掛かると年間所得700万円以上が最頻値となる。これに対して山形県では，20歳台後半の時点では年間所得200～299万円が最も多く，年齢が上がっても年間所得の分布に大きな変化は見られ

ない。このように，家族形成期の所得の地域間格差は著しく大きく，地方圏では年齢の上昇に伴う賃金上昇がほとんど期待できない。もちろん，東京都と山形県とでは住居費をはじめとする生活費に差があるため，正しくはそれを反映させたうえで比較すべきであろう。しかし，大都市圏の大学に子どもを進学させる場合などを考えると，一概に地方圏の方が世代の再生産コストが低いとは言えない。

筆者は山形県，岩手県，大分県，宮崎県において，相対的にプレカリアスな状態にある若者の仕事や家族形成に関する調査に参加したことがある（石井ほか編2017）。地方圏とくに東北では，まさに世帯内単身者となることで低所得の若者でも生活が可能になっている。その反面，親の経済状況も悪化しているため，親が子どもに対して家計への貢献を求め，それが子どもの世帯形成の障害になる例もみられた。また，親も子どもも正規雇用を得て一人前という意識を強く持っており，結婚もそこからようやく念頭に上ってくる（中澤2017）。しかし，現在の地方圏では，雇用と所得が安定した正規雇用の機会はもとより少ない。理想と現実のはざまで，正規雇用を求めて心身を病んだり，正規雇用の地位を失いたくないばかりに劣悪な雇用条件にしがみついたりする若者もいた。雇用のプレカリティは，こうして人生全般のプレカリティに波及していく。

地方圏におけるプレカリティの増大が世代の再生産を阻害していることは，政府も認識している。まち・ひと・しごと創生本部（2015：59）は，「若い世代が希望どおり結婚し，子どもが持てるような年収水準（例えば独身で300万円，夫婦で500万円程度が必要との指摘[16]もある）を確保する安定的雇用が必要である」と記している。政策目標は，しばしばそこに到達する道筋を伴わずに提示される。「地方創生」の場合，その道筋はそれぞれの自治体が「地方版総合戦略」において示すことになっている。しかし**図7-2**を見るにつけ，「独身で300万円，夫婦で500万円」といった目標は，はたして自治体の努力によって達成すべき（できる）目標なのか，はなはだ疑問である。達成可能であるとしても，先述の正規雇用イデオロギーと同様に作用して，労働者の心身の健康を害する結果を生むならば，目標とすべきでない。

　　　　　　　　　　　　　再生産の困難性，再生産と主体性

もっとも，大胆な経済政策の成果によって若者の所得が上昇したとしても，未婚率が低下し，出生率が上昇する保証はない。世代の再生産が個人の選択にゆだねられている以上，結婚し子どもを産み育てる人生が別の人生よりも望ましいと考えられて初めて，世代の再生産がなされるからである。

2. 人生における選択肢

　多くの先進資本主義国ではオイルショックによる「資本主義の黄金時代」の幕引きにより，日本ではバブル崩壊後の日本的雇用体系の解体により，発展様式に組み込まれた基本的ユニットとしての近代家族は経済的存立基盤を失った。また，フェミニズムによる家父長制と資本主義の共犯関係に対する批判が広がり，ジェンダー間の平等が社会一般の理念と認知されるに至って，近代家族はイデオロギー的基盤をも失った。経済成長率の上昇という単一の価値尺度が相対化され，多様な価値観が併存する時代となると，価値観の多様化と規範の弱体化に平行して，ライフコースは個人化する（ベック1998）。結婚や子どもを産み育てること自体が，個人の人生における選択肢の1つに過ぎない時代が到来した。

　個人化社会においては，規範や伝統から自由に人生を設計し，構築することができるが，動員できる資源の多寡によって自己実現に向けた自由度は左右される。前節でみた，世帯内単身者や地方圏の若者は，結婚や子育てを希望したとしても，低所得や不安定就労といったプレカリティが制約となる可能性が高い。他方で，文化資本や社会関係資本，経済資本などの点で恵まれていれば，結婚や子育ての希望はもとより，それ以外の形での自己実現ができる可能性も高まる。以下で説明する人口の東京一極集中と女性の関係性は，以上の文脈と密接にかかわる。

　地方圏からの人口流出と東京一極集中に女性の移動が大きく寄与していることは，増田編著（2014）が「地方消滅」と「極点社会」を克服するために「地方創生」が必要であると主張する論拠の出発点に位置している。この現象について，丸山（2018）は未婚率の上昇ならびに出生率の低下と関連付けた注目すべき分析を行っている。

　東京圏の転入超過における性比は，バブル崩壊までは大きく100を超

えており，地方圏から東京圏への移動者においては男性が卓越していた。ところが1990年代以降は性比が100前後となり，リーマンショック以降は性比が70〜80を示すようになった。転入と転出に分けて分析すると，男性に比べて女性は東京圏に転入する傾向，東京圏に残留する傾向がともに高まっていた。コーホートごとに見ると，男女ともにかつては20〜24歳から25〜29歳にかけて，Uターンに相当する東京圏のシェアの低下がみられた。ところが，1970年以降の出生コーホートでは，25〜29歳以降も東京圏のシェアがかえって高まっており，いったん就職した後に改めて東京圏に移動していることが示唆される。この傾向も，男性に比べて女性においてより顕著である。

　さらに収束計算によって出身地と移動歴別に女性の未婚率を推計したところ，未婚状態での東京圏流入者＞東京圏出身者＞全国平均の順に未婚率が高いことが明らかになった。中川（2005）などの先行研究を踏まえ，丸山（2018）はバブル崩壊後に進学・就職目的で未婚女性が東京圏に流入する傾向が強まり，そうした高学歴女性の間で，晩婚化・非婚化が顕著に進んだと考察し，「移動晩婚相互作用仮説」を提示した。筆者の言葉を補いながら，この仮説を紹介しよう。

　女性の進学率が高まり，遅まきながらジェンダー平等に向けて社会が動き出すと，結婚し子どもを産み育てる以外のライフコースを希求する女性が増える。そのような女性たちにとって，最も多様な選択肢を提供してくれ，なおかつライフコースを画一化させてきた旧来の規範や価値観が最も弱いのは，東京圏である。結婚や子育てへの希望はあっても，人生を織り成す多様な機会の中でそれらは先延ばしにされる。必然的に，東京圏では晩婚化・非婚化と出生率の低下が進行し，それ自体が女性のライフコースに関する価値観を変えていく。それによって結婚や出産はますます相対化され，多様な機会に恵まれた東京圏の魅力が女性を惹きつけるフィードバックが作動する。

　丸山（2018）の移動晩婚相互作用仮説は，東京圏への集中傾向が顕著な女性よりも，むしろ男性の間で結婚忌避が広がっていることや，未婚率が全体として上昇する中で東京圏の未婚率が突出して低い状況ではなく

なっていることとの整合性をどう説明するのかといった課題を残す。しかし，東京圏に流入・残留する女性とそうではない女性の間に結婚・出産に対する意欲に差がある可能性を示唆している点が重要である。

海妻（2013：84-85）は，「フォーディズムの終焉，すなわちもはや工場が工場として明確なかたちをなさなくなったとき，残されたイデオロギー装置としての家族や婚姻制度が，資本主義社会の再生産のために担う役割は，むしろ重みを増していくのではあるまいか」と述べる。そして，これに続けて，「新自由主義が現実の政策において，しばしば『家族の価値』を重視する新保守主義と結びつくのは，おそらくはこのためなのである」と推察する。

安定した賃労働関係と性別役割分業に依拠した再生産が機能不全になった今，結婚・子育てに対する障害の除去を目指す少子化対策以外に民主主義・自由主義国家がなしうるのは，家族の絆や民族・国家の伝統などの保守的価値観を動員して結婚や子どもを産み育てることの「良さ」や「大切さ」をアピールすることでしかない[17]。イデオロギー装置としての家族や婚姻制度の役割が重みを増していくのは，相対的な水準ではその通りであるとしても，個人化社会の中でそのイデオロギー装置自体が弱体化しているため，絶対的な効力は削減されている。結婚や子育ては，望ましい人生を構想し，演じようとする主体にとって選択肢の1つにすぎない。国家が国民に託そうとする再生産の期待は，こうして「受け取り拒否」に遭遇するのである。

V. 子育てしやすい環境——環境決定論を超えて

1. 出発点としての福井モデル

一連の「地方創生」の議論においては，出生率がとりわけ低い東京圏に女性が一極集中する傾向があり，そのことが，国全体の出生率の低下と人口減少に拍車をかけていることを問題視する。東京圏の出生率が低いことの原因は，「子育てしにくい環境」にあるとの想定の下，結婚機会，働き方，保育環境，育児費用，住宅条件といった「子育てしにくい環境」

を構成する因子が，ウェーバーの立地因子さながらに特定されていく[18]。政策の現場では，それらの因子をより細分化し，操作的に定義してKPIとして指標化し，計画年度までの達成を目指すことになる。ここでは丸山（2018）とは異なり，東京圏の出生率の低さについて，東京圏に流入・残留する女性とそうではない女性の間に結婚・子育てに対する意欲に差がないことが想定されている点について注意しておこう。

「子育てしにくい環境」である東京圏への関心の裏返しとして，「子育てしやすい環境」を探る試みも盛んである。出生率の高い地方圏に人口の再配置を図ろうとする「地方創生」の背景には，女性就業率と三世代同居率の高い地方圏こそ，「子育てしやすい環境」であるとの発想がある（増田ほか編著2014）。なかでも注目を集めているのが福井県である。福井県には競争力のある中小企業がまとまって立地し，安定した雇用を提供しているため，男性に限らず女性でも労働力率・正社員率が高い。このことが経済生活を安定させるからか，可処分所得や貯蓄率，持家率といった経済指標は全国の上位に位置する。さらに三世代同居率や近居率が高く，親族による子育て支援が期待できる。自治体は，産学官連携による研究開発などを通じて県内企業の経営基盤を強化し，子育て世帯には保育所の整備などを通じて支援している。福井県においては，安定した経済基盤と子育て支援に支えられて，女性の社会参画と高い出生率が両立しうるメカニズムがあるされ，これが「福井モデル」と呼ばれている（藤吉2015；金井2018）。

福井モデル，とりわけ三世代同居を子育ての「サポート資源」ととらえる視座は，1978年（昭和53年版）の厚生白書が，高齢者介護に関連して同居を「福祉における含み資産」とした視座と基本的に変わらない。頼るべき家族（特に親世代の女性）と既存のジェンダー関係を前提に，安上がりなケアを模索する疑似福祉体制はしっかりと残存しているのである。その点を含め，福井モデルに対しては，さまざまな議論や批判が可能である（金井2018；斉藤2018）。ここでは，より地理学の本質にかかわる点から，福井モデルのようなローカルな「成功事例」を取り上げ，そこから政策的示唆を引き出そうとする姿勢に対して批判を展開したい。

「子育てしやすい環境」との関連で福井モデルから引き出されるのは，同居・近居する親族のサポートにより，女性の就業と育児の両立がしやすいという推論であり，そこから同居・近居の促進という政策の方向性が導き出される。本章で展開したいのは，こうした考え方は，ローカルモデルを重視しているのではなく，むしろ地理を軽視しているという批判である。なぜそう言えるのかを理解するためには，地理学の本質ともかかわる空間的非定常性の概念について知る必要がある。

2. 空間的非定常性について

現実の空間において生起している事象は，相互に独立ではなく，密接に影響し合っている。このことを「空間的非定常性」とよび，それは2つに大別できる (中谷2003)。第一に，空間的事象は事象間の距離が近いほど，相互に強く関連し合うという「空間的従属性」(トブラーの地理学の第一法則) を帯びる。新たな保育所の立地が出生率に正の影響を及ぼすとしても，それは近傍により強く影響するであろう。付近に赤ちゃんを連れた幸せそうな夫婦がたくさんいる街では，自分も子どもが欲しくなる人が増えて結果として出生率が高くなるといった，いわゆる外部性も空間的従属性とみなせる。第二に，空間的事象は事象間の関連性自体が場所によって異なる「空間的異質性」を帯びている。思考実験としては，ある地域では女性の所得の上昇が世帯の経済基盤の安定につながって出生率に正の効果を持つが，別の地域では女性の所得上昇は結婚・子育てによる仕事の中断の機会費用を大きくするため出生率に負の効果を持つといった状態が想定できる。

子育てしやすい環境を構成すると考えられる要素が特定され指標化できたら，それらを説明変数，出生率を被説明変数として，市町村といった地域を単位に重回帰分析を適用するのがオーソドックスなアプローチであろう。この場合，ただ1本の回帰式がモデルとして得られ，それぞれの説明変数と被説明変数 (出生率) の関係は，どこでも同じである。各説明変数の影響力 (パラメータ) が地域とは無関係に一定であるという意味において，通常の重回帰分析はグローバルモデルと呼ばれる。

しかし，現実の空間的事象には空間的非定常性が存在するので，子育

てしやすい環境を構成する要素が出生率に及ぼす影響は，本来地域的に異なる。モデルに即していえば，被説明変数のパラメータは地域によって異なり，したがって得られる回帰式が地域によって異なるローカルモデルを求めることになる（奥野2001）。ローカルモデルの導出を可能にする方法の１つが，地理的加重回帰分析である[19]。鎌田・岩澤（2009）は，出生力の地域差の分析に地理的加重回帰分析を適用しており，核家族世帯割合や失業率が出生率に正の関係を示す地域が見られることなど，グローバルモデルからは得られない貴重な結果を得ている。ここでは，福井モデルを成功事例とみなすような姿勢がむしろ反地理学的であるという筆者の姿勢を鮮明に示すため，あえて説明変数を三世代同居率（12歳未満の子どものいる世帯）と１人当たり所得（納税義務者１人当たり課税対象所得額）に限定して議論を進めたい。また，日本においては，出生率のほとんどが有配偶出生率に規定されているため，説明変数は15〜49歳の有配偶出生率とする。

3. 子育て環境の空間的非定常性

　有配偶出生率，三世代同居率，１人当たり所得の分布をみると，有配偶出生率は九州や中国地方で高いのに対し，三世代同居率は東北から北陸にかけて高い（**図7-3**）。生態学的誤謬の可能性はあるが，市町村単位で見る限り三世代同居率が高いところほど有配偶出生率が高い傾向は認められない。１人当たり所得は，予想通り太平洋ベルトに沿って高い値が並ぶ。試みに有配偶出生率を被説明変数として通常の重回帰分析を行ったが，モデルの適合度はきわめて低い（**表7-1**のOLS）。

　地理的加重回帰分析についても自由度調整決定係数は高いと言えず，ローカル決定係数にもばらつきはあるが，モデルの適合度は明らかに向上した。これによると，三世代同居率が有配偶出生率に対して正の効果を示すのは，新潟県と山形県の一部に限られ，埼玉県東部から長野県中部，近畿北部から山陰にかけて，大分県を除く九州北部など，広い範囲で負の効果がみられる地域が広がる。新潟県と山形県の一部では，１人当たり所得についても有配偶出生率に対して正の効果が見られ，その他青森県東部や静岡県から山梨県にかけて，中四国の一部などにも正の値

　　　　　　　　　　　　　　　再生産の困難性，再生産と主体性

図7-3 出生率関連の指標と地理的加重回帰分析の結果

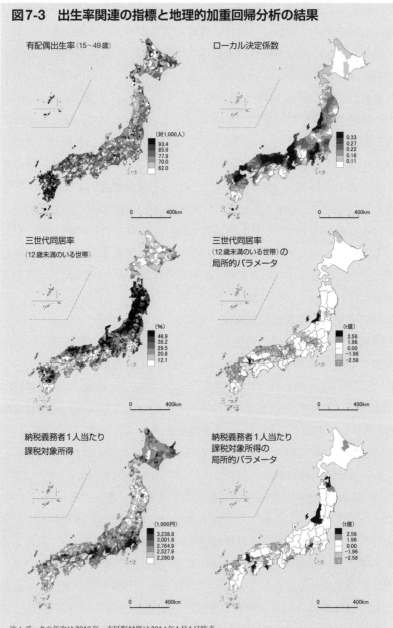

注：データの年次は2010年，市区町村界は2014年1月1日時点．
　有配偶出生率と3世代世帯は『市町村別少子化関係指標』，納税義務者1人当たり課税対象所得は『市区町村別　人口・経済関係データ』に基づく分析結果．

表7-1 地理的加重回帰分析の適用結果（被説明変数：有配偶出生率〈15〜49歳〉）

	OLS	最小値	25%	中央値	75%	最大値	Diff-Criterion
三世代同居率 （12歳未満のいる世帯）	-4.828	-40.003	-7.457	-3.597	-0.564	19.277	-80.67
納税義務者 1人当たり 課税対象所得	-2.522	-22.857	-3.764	0.11	4.124	37.649	-83.943
切片	77.946	59.827	73.086	76.417	80.951	112.941	-148.911

カーネル関数：適応型バイスクエア型　バンド幅＝ 99.000
自由度調整決定係数：0.354888（OLS：0.063334）　AIC:13918（OLS：14493）
有配偶出生率と3世代世帯は『市町村別少子化関係指標』，納税義務者1人当たり課税対象所得は『市区町村別　人口・経済関係データ』に基づく分析結果.

が分布している。三世代同居率の低い西南日本などにおいても，三世代同居率と出生率の間に正の関係が見られる地域が散見される。他方で若狭湾から兵庫県北部や福岡県と山口県の一部では，1人当たり所得が有配偶出生率に対して負の効果を示す地域が認められる。

　以上の分析は，精度の点では問題を抱えている可能性があるが，出生率に影響を及ぼす事象が空間的非定常性を帯びていることを理解するためには有益であろう。これに対して「福井モデル」に範をとろうとする政策的態度は，「子育てしやすい環境」のローカルモデルを追求しているようでいて，その目指すところは「子育てしやすい環境」なるものを細かく要素に「分けて」いけば「分かる」という要素還元主義であり，実際にはどこでも成り立つグローバルモデルを追求している。要素還元主義とグローバルモデルに依拠しているからこそ，いくつかの要素条件を整えれば，場所を問わず「子育てしやすい環境」が再現でき，ひいては出生率向上が期待できるとする環境決定論的な政策に向かうモメントを有している。

　地理的加重回帰分析の適用によってグローバルモデル的な発想を相対化できたとしても，地域ごとにパラメータが違うならば地域ごとに政策的インプットを変えればいいという技術的理解に留まるならば，要素還元主義を脱することはできない。地理学が問題とすべきは空間的非定常性そのものであり，とりわけ事象間の関係が場所によって異なる空間的

　　　　　　　　　　　　　　再生産の困難性，再生産と主体性

異質性がどうして生まれているのかを問うことである。出生率に関して
いえば，特定の地域において出生率に関連する諸事象がどのように絡み
合っているのかを，量的な相関関係のみならず，質的な関係や人々の主
観にまで立ち入って把握することである[20]。そこでは，出生率はさまざ
まな要因の「結果」としてだけではなく，別の事象の「原因」としても登場
する。

　このような視座からの研究の結果が，「出生率を上げる」という政策目
標に資することはあまり期待できない。筆者が期待するのは，「出生率を
上げる」という政策目標を自明に是とし，それに邁進する姿勢を問い直す
知見が得られることである。

VI. 再生産のグローバル化

　一国の領域内での再生産が困難になると，再生産の空間スケールは必
然的にグローバル化する。本節の話題の中心は，日本における外国人労
働者(移民)に向けられるが，再生産のグローバル化は必ずしも人の移動
を伴わないことについて，まず触れておきたい。

　足立(2007：147)は，「資本主義というものは，労働力供給制限がないの
であれば，全てではないにせよ，基本的にはスポット買いの労働力でよ
いと思っているはずだと考えています」と述べている。「資本主義の黄金
時代」以降の資本が追及してきたフレキシブルな蓄積とは，機能的フレ
キシビリティを担う知識・技術を持った中核労働者を一次労働市場に囲
い込み，スポット買いで間に合わせられる労働者を可能な限り二次労働
市場に追いやって数量的フレキシビリティを高めることで，利潤を確保
しようとするものであった(友澤1995)。経団連が提案した雇用ポートフォ
リオの概念に従って，労働力のジャストインタイム化を目指してきたバ
ブル崩壊後の日本企業も同じ路線をたどった。

　先の引用には，「従って労働力の再生産というものを資本主義が考慮
するというのは，労働力供給制限があるという条件下においてのみであ
ろうと考えているのです」(足立2007：147)との言葉が続く。ここで念頭に

置かれているのは，途上国と先進国との関係が垂直貿易を通じた支配従属関係にとどまらず，多国籍企業が登場してグローバルな賃金格差が資本蓄積の源泉として利用されるようになった新国際分業以降の状況である（Fröbel et al. 1980）。資本の関心事は，その時々に必要な労働力の確保であるから，途上国に事実上無制限の低賃金労働力が存在し，それを利用できるのであれば，自国の出生率が置換水準を下回ろうとも問題にはならない。多国籍企業は，非資本主義的生産様式の介在によって圧倒的低コストで再生産される労働力を利用して商品を生産し，それを輸入して莫大な差益を手にするようになった。フランク（1980）らの従属論は，主としてラテンアメリカの経験を踏まえてそうした不等価交換のシステムを批判した。

新国際分業論や従属論は，製造業の多国籍企業が作り出す分業や不等価交換のシステムに注目している。製造業であれば生産した商品を輸送することができるので，生産と消費が時間的・空間的に分離していても，低賃金労働力を活用できる。しかし，生産と消費の同時性・同所性が必要なサービス業の場合は，そうはいかない。サービス経済化が進む一方で，出生率が低迷して労働力が不足する先進資本主義国においては，低賃金のサービス労働に従事する労働力を移民に頼るようになった。サッセン（2008）が注目したように，世界（グローバル）都市では高所得のグローバル人材に加えてそのサービス需要を担う低賃金労働力も移民によって賄われ，エスニシティと対応した階層構造の分極化が起こった。

2000年代に入ると，先進資本主義国では，保育や介護，看護といったケア労働力における女性移民への依存度が高まった。時を同じくして起こってきたフェミニスト経済地理学者たちによる「再生産の地理学」（Katz 2001）は，もっぱら家庭という閉じた空間で行われていた再生産がグローバルな空間スケールと接合していることに着目し，グローバル・ケア・チェーンや「再生産労働の新国際分業」といった隣接分野の概念を取り入れながら研究を展開してきた。ここでもプレカリティが重要な概念であり，移民をプレカリアスな状況に留め置く構造に依存することで，先進資本主義国の中間層の再生産が成り立っていることを倫理的にも批判し

ている。

　先進資本主義国は，再生産を考慮することなく雇用や解雇ができ，場合によっては放逐することができる労働予備軍として，移民を管理するとともに活用している。国ごとに状況は異なるが，移民は一定の条件を満たしている限りにおいて入国と滞在が許されているため，劣悪な労働環境や低賃金，身体の危険を伴う仕事であっても簡単には声を上げられない。移民は，制度的にプレカリアスな状況に置かれ，本来労働者が持つべき主体性を阻害されている場合が多い。ここにおいて，「自分たちのために作られた空間でも，自分たちが創った空間でもなく，他者のために作られた空間において生きていくということ」という「労働者の地理」の問題意識（Mitchell 2011）が重要性を帯びてくる。

　日本の外国人労働力をめぐる状況に目を移そう。2022年10月末現在，日本で働く外国人は労働力人口の2.6%に相当する182.3万人に達しており，2008年10月末の48.6万人の3.75倍という急増ぶりである[21]。就労に制限がない身分に基づく在留資格を除いた外国人労働者122.8万人のうち，専門的・技術的分野の在留資格を有するのは39.1%である。この割合は，かつてに比べれば増えているものの，技能実習生と留学生などの資格外活動の占める割合が大きい状況は続いている。産業別にみると，技能実習生では製造業従業者が48.9%と群を抜いて多く，これに建設業従業者の20.5%が続く。資格外活動では，卸売業・小売業（20.2%），宿泊業・飲食サービス業（32.2%），サービス業（他に分類されないもの）（20.0%）といった，都市的生活を支えるサービス業従業者がその多くを占めている。

　日本では，専門的な知識や技術を必要としない「単純労働」に従事することのみを理由とする就労ビザを発給していない。これは，「移民政策を採らない」という姿勢と通底する。しかし，人口減少による労働力需給のひっ迫が最も差し迫っているのは，「単純労働」の分野なのである。この建前と現実の矛盾を制度的に迂回する方便が，技能実習であり，資格外活動である。

　2019年4月に新設された在留資格「特定技能」もまた，建前と現実の矛盾に手を付けることなく，これを迂回する制度である[22]。14（現在は12）の

特定産業[23]における専門的・技術的分野に在留資格を設定し，5年間で最大35万人程度の外国人労働者を受け入れる制度として始まったが，各所に矛盾を露呈している。まず，「技能実習は非専門的・非技術的分野，特定技能は専門的・技術的分野」と両制度の関係が整理されているが，技能実習制度は「技能，技術又は知識の開発途上国等への移転を図り，開発途上国等の経済発展を担う『人づくり』に協力することを目的として」[24]いるのであるから，ここには整合性がない。特定技能が適用される産業そのものが，専門的・技術的とはいいがたい人手不足かつ低賃金の分野に偏っている（**表7-2**）。

　特定技能には1号と2号があり，高度な知識や技術を有し試験に合格して2号となると，在留期限が無くなり転職や家族の帯同も許される。2023年9月以降は，専門的・技術的分野において在留資格「介護」が設定されている介護業を除くすべての業種で特定技能2号が設定されたが，それ以前に2号が設定されていたのは，建設業と造船・舶用工業の2分野のみであった。このことから，創設時点での在留資格「特定技能」は，さらに多くの外国人を労働生産性が低い分野にスポット買いできる労働力として編入するための制度であったと判断せざるを得ない。

　技能実習生や留学生などの資格外就労の外国人は，就労形態が強く制限されるうえに在留期限が設定されている。これは労働者にとって非常に不利な条件であるにもかかわらず，外国人労働力は増加の一途にある。外国人労働者の自由を大きく制約する内容を伴って在留資格「特定技能」が設定された時点では，日本での就労を希望する外国人が黙っていても集まり，日本の労働力需要を満たしてくれるという楽観的な見通しがあったのであろう。

　ここにおいて，労働者にとって移動は主体性を発揮する1つの形態である，という労働の地理学の重要な提起を思い起こす必要がある（Harvey 2006；Rogaly 2009）[25]。労働者は，いま・ここでの生活に不満を抱いたり，あるいは他所に希望を見出したりしたとき，移動という形で主体性を発揮することができる。移民政策を採っていない日本では，外国人が世代の再生産を行うことを強く制限しており，技能実習生や特定技能での就

表7-2 「特定技能」に相当する産業・職業の有効求人倍率，実労働時間，賃金等

業種	有効求人倍率 (2017年度)(倍)	受入数予定 (5年間)(人)	該当する産業・職業の労働時間と賃金（2017年度）		
			産業・職業*	実労働時間(時間)	賃金(万円)
介護業	3.64	60,000	（職）福祉施設介護員	170	329.6
ビルクリーニング業	2.95	37,000	（職）ビル清掃員	175	240.9
素形材産業	2.83	21,500	（職）金属プレス工	191	414.0
産業機械製造業	2.89	5,250	（職）溶接工	198	429.8
電気・電子情報関連産業	2.75	4,700	（職）機械組立工	189	465.9
建設業	4.13	40,000	（職）型枠大工	188	377.2
造船・船舶用工業	4.2（鉄工）	13,000	（職）鉄工	198	431.5
自動車整備業	3.73	7,000	（産）自動車整備業	186	431.4
航空業	4.17	2,200	（産）運輸に附帯するサービス業	182	477.7
宿泊業	6.15	22,000	（産）宿泊業	183	345.7
農業	1.94	36,500	—	—	—
漁業	漁船員 2.52 水産養殖作業員 2.08	9,000	—	—	—
飲食料品製造業	2.78	34,000	（産）食料品製造業	185	358.2
外食業	4.32	53,000	（産）飲食店	191	371.3
産業合計	1.54	350,000	—	178	491.2

*賃金構造基本統計調査のうち，（産）は産業別の，（職）は職業別の実労働時間・賃金を参照したことを示す．
注：職業については主要なものを取り上げた．実労働時間は所定内実労働時間数＋超過実労働時間数，賃金は決まって支給する賃金×12＋賞与その他で，職業について男女別の数値が記されていた場合には，男女別の人数によって重みづけを行い平均を算出した．
資料：「特定技能の在留資格に係る制度の運用に関する方針について」（2018年12月閣議決定）および賃金構造基本統計調査により作成．

労者には事実上それが許されていない[26]。あくまでもスポット買いできる低賃金労働力の位置づけなのである。今はそれでも日本を目指すアジアの途上国出身者は後を絶たない。しかし，そうした国の多くにおいても，出生率は置換水準前後かそれを下回る水準にある。アジアの途上国

は，経済・社会の両面で多かれ少なかれ日本にキャッチアップし，それに従って出生率はさらに低下する可能性が高い。そうなってもなお，日本での就労に希望を見出し，日本を行先として選んでくれる外国人労働者が無制限に供給されると期待できるであろうか。

すでにわれわれは，海外で生産された商品と国内の外国人労働者なしには，日常生活を送ることができない。つまり，われわれの再生産は，グローバルな労働力および世代の再生産に依存しているのである。そのような体制が持続可能かという観点から，日本の外国人労働者政策について再考する必要がある。

Ⅶ. 個人と社会のアポリア

本章では，労働・雇用の枠を超えて，日本の経済地理学の盲点といえる再生産について論じてきた。人口地理学と労働の地理学の相互交流の結果，相対的過剰人口や労働予備軍といった古典的概念が再評価された。このことは再生産に対する地理学者の関心を喚起する契機となりうるが，目下の関心はプレカリアスな人々が社会的再生産されていることに向けられている。「再生産の地理学」は，世帯内部の再生産の生々しい現実をとらえることに成功したが，世代の再生産そのものが困難に直面しているという問題意識は弱い。

労働者の生殖本能に任せておくだけでは，資本主義が存続するための恒常的条件である労働力の再生産はなされない。だからこそ，資本・国家は，自ら生産することができない人間を，それぞれ労働力・人口として対象化し，その再生産の過程をシステムの内部に包摂しようとした。本章で整理したように，フォーディズムとケインズ主義福祉国家および日本的雇用体系と疑似福祉体制の相補的な関係の下で，近代家族を基本的ユニットとする再生産過程が制御されてきたのである。

価値と経済の両面における危機によってこうした体制が維持できなくなると，再生産は不調を来した。労働力・人口は公共財の性質を持つため，資本が再生産の領域から手を引いても，国家はこれに関わり続けな

けなばならない。しかし労働力・人口は，国家が直接生産することも，国民に生産を強要することもできない。そこで国家は，再生産の障害の除去に努めるとともに，再生産の期待を国民に付託するのであるが，これがボイコットに直面している。本章では，プレカリティの増大によって再生産への期待を「受け取れない」場合と，別の自己実現のために再生産の期待を「受け取らない」場合に二分したが，どちらともいえない例も多いであろう。

　国家は個々の国民に向き合うことなく，その総体である人口を対象として政策を実行する。結果として少子化対策は，児童手当の支給といった経済支援や，子育て環境の整備といったように，経済主義あるいは環境決定論の色彩を帯びる。経済主義も環境決定論も，未婚者の結婚・子育てに対する希望は一様に強く，一定の条件さえ整えば場所とは無関係に世代の再生産が達成されると想定する点において，反地理学的である。実際には，出生率を規定している要因は無数にあり，その絡み合い自体が場所によって異なるため，経済主義的・環境決定論的少子化対策の効果は限定的である。

　一国の領域内での再生産が困難になると，再生産の空間スケールは必然的にグローバル化する。先進資本主義国では，移民労働力に依存して再生産がなされている現状がある。日本では外国人労働者が国内で世代の再生産を行う権利を認めず，彼／彼女らをスポット買いできる労働力とするための政策が採られてきた。労働者は自らの主体性を持って移動する。今後も日本が選ばれる移動先であり続けられるかという問題意識を持って，外国人労働者政策を見直す必要がある。

　再生産の困難性は，再生産が人間の主体的な意思決定に委ねられていることに起因する。このことは，私的利益の追求が全体にとって最適の結果を必ずしももたらさないという個人と社会のアポリアを示すと同時に，新自由主義の教義の無効性をも示す。だからと言って，結婚や出産という人生の最重要局面に関する自己決定権を捨てて，全体（社会）に殉じるべきではない。ライフコースに関する自由の放棄は，全体主義につながる。

再生産の困難性にどう対処すべきかに答えはない。基本的には，すべ
ての人が自らの思い描くライフコースを歩めるようにするという統制的
理念に向けて，政策を含めてできることを考え，実行していくしかない
のではないか。その点では，結婚・子育てを希望する人の障害を取り除
くという方向性は間違っていない。筆者が批判したいのは，これまでの
少子化対策が過度に決定論的，画一的で反地理学的であったことである。
　本章は試論のまま終わるが，読者が本章を契機として再生産をめぐる
問題に目を向けてくれれば幸いである。

1) しかし，再生産に関しては，マルサスに劣らずマルクスも自然主義的であることは，
　　本章のⅠにおける引用から明らかである。

2) 自然主義の克服は，国家の統治に関する議論の方面でもなされた。たとえば，Legg
　　(2005)は，統治のテクノロジーとして体系化された統計学と，それによって対象化さ
　　れた人口に関するフーコーの議論(フーコー2017など)を敷衍し，人口の統治に関する批
　　判的議論を展開している。

3) こうした問題意識に立った研究を，Michell(2011)はLabor's geography(労働者の地理)と
　　呼んでいる。生産要素としての労働力の分布を分析すること(Geography of Labor, 労働力
　　の地理)でも，労働者の主体的な経済景観の形成を明らかにすること(Labor geography, 労
　　働の地理学)でもなく，主体性を制約された労働者たちの眼前にある地理を見よ，とい
　　うことであろう。

4) Butler(2006)は形容詞プレカリアスの名詞形プレカリアスネスとプレカリティを区別
　　し，前者が生きる(死せる)人間すべてが負っている「脆弱性(vulnerability)」であるのに対
　　し，後者は特定の集団のみに課せられた特定の「脆弱性」であるとした。

5) 宇野(1969)は，相対的過剰人口の発生をマルクスの発見した「人口法則」であるとして
　　いる。

6) Strauss(2018a)は，資本主義社会においては，賃労働関係と有償/無償労働の分断すな
　　わちジェンダー関係を通して，ある人の人生を他の人の人生よりもプレカリアスにし
　　ていると述べており，プレカリティの淵源を基本的に雇用に求めている。

7) Tyner(2013, 2015, 2016)のいうバイオ／ネクロポリティクスとは，誰が良い生を送り
　　誰が置き去りにされるかをめぐる調整とせめぎ合いのことである。これまで人口地理
　　学者は，人間の生死を生物学的再生産として客体的に扱ってきたが，タイナーは生死
　　を生身の人間が経験する身体のレベルで，社会的再生産の問題としてとらえようとす
　　る。つまり，18世紀の高い若年死亡率を統計学的に認識するのではなく，資本の利
　　潤追求に駆り立てられたバイオ/ネクロポリティクスの下でプレカリアスな人々が経

験した「切り詰められた生(truncated life)と認識するのである (Tyner 2016)。

8) 本章では，日々の労働力の再生産(労働力の再生産と表記)と世代の再生産を分けて考え，両方を意味する場合には，単に再生産と表記する.ここでのように，プレカリアスな人々が集団として絶えず作り出されること含意する場合には，社会的再生産という言葉を使う。

9) 日本においては，宇野派の流れをくむ経済学者が独自の問題意識から再生産の問題に取り組んできた(松尾1999；向井2002, 2010)。宇野派の原理論においては，すべての社会関係が商品経済に拠っている純粋資本主義を想定するが，労働力の再生産については，家族という非商品経済的関係を持ち込まない限り説明ができないため，この理論的ギャップをどう埋めるかが関心事となってきたのである。

10) 久場(1997)は，レギュラシオン理論に依拠しつつ，従来の経済学のように家族を抽象的経済主体である家計ととらえるのでなく，再生産労働を通じて労働力の再生産を担う共同生活集団ととらえる必要性を論じている。

11) むしろ，1980年代は「日本型経営」の強さが注目を集め，「日本型経営」や「トヨディズム」がアフター(ポスト)・フォーディズムの一典型であるのかといった議論がなされた(加藤・スティーブン1993；宮町2000a)。

12) 上野(1990＝2009)はこのことを「資本制と家父長制の第二の妥協」として重視している。

13)『女性の活躍推進に向けた配偶者手当の在り方に関する検討会報告書』(2016年4月11日)(https://www.mhlw.go.jp/file/05-Shingikai-11201000-Roudoukijunkyoku-Soumuka/0000124230.pdf 2019年8月18日閲覧)。

14) 日本経済団体連合会『第64回 福利厚生費調査結果』による。

15) このような認識は，筆者だけが抱いているものではなく，また，日本だけで起きているわけでもないようである。例えば，ダラ・コスタ(1986：9)は，「女は再生産労働を拒否し，量的にも出産数を減らし，質的にも労働力再生産労働の質を落としてきている」と述べている。

16) 具体的には，日本創成会議・人口減少問題検討分科会(2014)における「結婚・子育て年収500万円モデル」の提案を指していると思われる。

17) たとえば内閣府は，2007年度から「11月の第3日曜日を『家族の日』とし，さらに，その前後1週間を『家族の週間』と定め，この期間を中心として，生命を次代に伝え育んでいくことや，子育てを支える家族と地域の大切さが国民一人ひとりに再認識されるよう呼びかけて」きた。https://www8.cao.go.jp/shoushi/shoushika/family/summary/syushi.html (2019年8月30日閲覧)。

18)『地域少子化・働き方指標』はその一例である(https://www.kantei.go.jp/jp/singi/sousei/info/pdf/h29-05-12-shihyou3-1.pdf 2019年8月13日閲覧)。

19) 地理的加重回帰分析については，第2章のほか，中谷(2003)，鎌田・岩澤(2009)を参照されたい。

20) 工藤(2015)は，岩手県と長崎県において，幅広い年齢層の地域住民と高等学校の教員に結婚観や家族観，進路などについて聞き取り調査を実施し，そこから看取される文化の地域性を，出生率を規定する未婚率の地域差と関連付けようとしている。重要な

示唆を与えてくれる研究であり，これ以外の方法は筆者も思いつかないが，地理的スケールのかなり大きな地域差を聞き取り調査によって説明することの妥当性には若干の疑問が残る。

21）以下，数値は「『外国人雇用状況』の届出状況まとめ（令和4年10月末現在）」による。労働力人口については，労働力調査による。

22）出入国在留管理庁『新たな外国人材の受入れ及び共生社会実現に向けた取組』（日付なし）http://www.moj.go.jp/content/001293198.pdf（2019年8月29日閲覧）。

23）2022年4月に素形材産業，産業機械製造業，電気・電子情報関連産業が一本化された。

24）https://www.mhlw.go.jp/stf/seisakunitsuite/bunya/koyou_roudou/jinzaikaihatsu/global_cooperation/index.html（2019年8月29日閲覧）。

25）紙幅の関係で，ここでは議論を十分に紹介することができないため，中澤（2014:230-232）を参照されたい。

26）出入国在留管理庁『特定技能在留外国人数』によれば，2023年6月末現在で，特定技能2号が適用された外国人は12人にとどまる。この時点での設定業種は，建設業と造船・舶用工業のみであったとはいえ，特定技能2号への移行の基準がきわめて厳しいことを示している。

［文献］

足立眞理子（2007）：グローバル資本主義と再生産領域，『現代思想』35（8）：138-147。

石井まこと・宮本みち子・阿部誠編（2017）：『地方に生きる若者たち——インタビューからみえてくる仕事・結婚・暮らしの未来』旬報社。

板本洋子（2017）：結婚支援がもたらす成果とは，（所収　石井まこと・宮本みち子・阿部誠編『地方に生きる若者たち——インタビューからみえてくる仕事・結婚・暮らしの未来』旬報社：213-220）。

岩野美帆（2015）：少子化をもたらした未婚化および夫婦の変化，（所収　高橋重郷・大淵寛編著『人口減少と少子化対策』原書房：49-72）。

上野千鶴子（1990 = 2009）：『家父長制と資本制——マルクス主義フェミニズムの地平』岩波書店。

ウェーバー，A. 著，篠原泰三訳（1986）：『工業立地論』大明堂。

宇野弘蔵（1969）：『資本論の経済学』岩波書店。

大淵　寛・阿藤誠編著（2005）：『少子化の政策学』原書房。

岡田　實（2002）：人口政策の歴史と家族政策の登場，（所収　日本人口学会編『人口大辞典』培風館：829-834）。

奥野隆史（2001）：計量地理学の新しい潮流——主としてローカルモデルについて，『地理学評論』74A：448-451。

海妻径子（2013）：認知資本主義は婚姻制度を必要とするか——ポスト・フォーディズムにおける蓄積・消費・労働力再生産とジェンダー，『現代思想』41（12）：82-93。

加藤哲郎・スティーブン，R.編（1993）：『国際論争 日本型経営はポスト・フォーディズムか?』窓社。

金井郁（2018）：「福井モデル」の中での生活と労働，『社会政策』10（2）：8-22。

鎌田健司・岩澤美帆（2009）：出生力の地域格差の要因分析——非定常性を考慮した地理的加重回帰法による検証，『人口学研究』45：1-20。

木本喜美子（1995）：『家族・ジェンダー・企業社会——ジェンダー・アプローチの模索』ミネルヴァ書房。

工藤豪（2015）：文化人類学観点からみた結婚の地域性と多様性，（所収　高橋重郷・大淵寛編著『人口減少

と少子化対策』原書房：153-177)。

久場嬉子(1997)：レギュラシオン理論と労働力の社会的再生産，『東京学芸大学紀要 第3部門 社会科学』48：131-141。

玄田有史(2001)：『仕事のなかのあいまいな不安——揺れる若年の現在』中央公論新社。

斉藤悦子(2018)：福井県共働き夫婦の家事労働の社会化と生活時間，『社会政策』10(2)：23-39。

サージェント，L.編，田中かず子訳(1991)：『マルクス主義とフェミニズムの不幸な結婚』勁草書房。

サッセン，S.著，伊豫谷登士翁監訳(2008)：『グローバル・シティ——ニューヨーク・ロンドン・東京から世界を読む』筑摩書房。

新・日本的経営システム等研究プロジェクト(1995)：『新時代の「日本的経営」——挑戦すべき方向とその具体策』日本経営者団体連盟。

スタンディング，G.著，岡野内正監訳(2016)：『プレカリアート——不平等社会が生み出す危険な階級』法律文化社。

高橋重郷・大淵 寛編著(2015)：『人口減少と少子化対策』原書房。

ダラ・コスタ，M.著，伊田久美子・伊藤公雄訳(1986)：『家事労働に賃金を——フェミニズムの新たな展望』インパクト出版会。

友澤和夫(1995)：工業地理学における「フレキシビリティ」研究の展開，『地理科学』50：289-307。

友田滋夫(2013)：「製造業への低賃金労働力給源としての農家」の機能縮小と農村，『歴史と経済』219：14-23。

中川聡史(2005)：東京圏をめぐる近年の人口移動——高学歴者と女性の選択的集中，『人口問題研究』57(1)：25-40。

中川スミ(1994)：「家族賃金」イデオロギー批判と「労働力の価値分割」論——家族単位から個人単位への労働力再生産機構の変化，『社会科学研究』46(3)：257-288。

中澤高志(2014)：『労働の経済地理学』日本経済評論社。

中澤高志(2017)：若者が地方公共セクターで働く意味，(所収 石井まこと・宮本みち子・阿部誠編『地方に生きる若者たち——インタビューからみえてくる仕事・結婚・暮らしの未来』旬報社：137-174)。

中谷友樹(2003)：空間的共変動分析，(所収 杉浦芳夫編『地理空間分析』朝倉書店：23-48)。

仁田道夫(2003)：『変化の中の雇用システム』東京大学出版会。

日本経済団体連合会(2018)：『62回 福利厚生費調査結果報告 2017年度(2017年4月～2018年3月)』(https://www.keidanren.or.jp/policy/2018/115_honbun.pdf#page=20 2023年9月19日閲覧)。

日本創成会議・人口減少問題検討分科会(2014)：『成長を続ける21世紀のために——「ストップ少子化・地方元気戦略」』日本創成会議。

ハーヴェイ，D.著，水岡不二雄監訳(1991)：『都市の資本論——都市空間形成の歴史と理論』青木書店。

フーコー，M.著，高桑和巳訳(2007)：『ミシェル・フーコー講義集成7 安全・領土・人口』筑摩書房。

藤吉雅春(2015)：『福井モデル——未来は地方から始まる』文藝春秋。

フランク，A.G.著，吾郷健二訳(1980)：『従属的蓄積と低開発』岩波書店。

ベック，U.著，東廉・伊藤美登里訳(1998)：『危険社会——新しい近代への道』法政大学出版局。

ポラニー，K.著，野口建彦・栖原学訳(2009)：『新訳 大転換——市場社会の形成と崩壊』東洋経済新報社。

ポランニー，K.著，玉野井芳郎・平野健一郎編訳(1975＝2003)：制度化された過程としての経済，(所収 ポランニー，K.著，玉野井芳郎・平野健一郎編訳『経済の文明史』筑摩書房：361-413)。

マーグリン，S.A.・ショアー，J.B.著，磯谷明徳・植村博恭・海老原明訳(1993)：『資本主義の黄金時代——マルクスとケインズを超えて』東洋経済新報社。

増田寛也編著(2014):『地方消滅——東京一極集中が招く人口急減』中央公論社。

まち・ひと・しごと創生本部(2015):『まち・ひと・しごと創生総合戦略(2015改訂版)』まち・ひと・しごと創生本部。

松尾秀雄(1999):『市場と共同体』ナカニシヤ出版。

マルクス, K. 著, 向坂逸郎訳(2017):『資本論3〔電子書籍版〕』岩波書店。

丸山洋平(2018):『戦後日本の人口移動と家族変動』文眞堂。

宮町良広(2000a):アフター・フォーディズムとレギュラシオンの経済地理学・序説,『大分大学経済論集』52(3):146-168。

宮町良広(2000b):A. リピエッツ——レギュラシオン理論,（所収　矢田俊文・松原宏編著『現代経済地理学——その潮流と地域構造論』ミネルヴァ書房:217-239)。

向井公敏(2002):労働力の再生産と労働者家族の存続,『同志社商学』54(1-3):287-308。

向井公敏(2010):『貨幣と賃労働の再定義——異端派マルクス経済学の系譜』ミネルヴァ書房。

守泉理恵(2015):日本における少子化対策の展開——エンゼルプランから子ども・子育てビジョンまで,（所収　高橋重郷・大淵寛編著『人口減少と少子化対策』原書房:27-48)。

山田昌弘編著(2010):『「婚活」現象の社会学——日本の配偶者選択のいま』東洋経済新報社。

ラヴィル, J = R.(2012):連帯と経済——問題の概略,（所収　ラヴィル, J = R.編, 北島健一ほか訳『連帯経済——その国際的射程』生活書院:16-94)。

リピエッツ, A. 著, 若森章孝・井上泰夫訳(1987):『危機と幻影』新評論。

Bailey, A. (2005): *Making Population Geography*, London: Arnold.

Butler, J. (2006): *Precarious Life: The Powers of Mourning and Violence*, New York: Verso.

Coe, N. M. and Lier, D. C. J. (2010): "Constrained Agency? Re-evaluating the Geography of Labour,"*Progress in Human Geography*, 35: 211-233.

Ettlinger (2007): "Precarity Unbound,*" Alternatives: Global, Local, Political*, 32: 219-340.

Findlay, A. M. and Graham, E. (1991): "The Challenge Facing Population Geography,"Progress in Human Geography, 15: 149-162.

Fröbel, F., J. Heinrichs, and O. Kreye. (1980): *The New International Division of Labour: Structural Unemployment in Industrialised Countries and Industrialisation in Developing Countries*, Cambridge: Cambridge University Press.

Gottfried, H. (2015): *The Reproductive Bargain: Deciphering the Enigma of Japanese Capitalism*, Chicago: Haymarket Books.

Harvey, D. (2006): *Limits to Capital, Reviced Edition*, London: Verso.

Herod, A. (1997): "From a Geography of Labor to a Labor Geography: Labor's Spatial Fix and the Geography of Capitalism," *Antipode*, 29: 1-31.

James, A. and Vira, B. (2012): "Labour Geographies of India's New Service Economy," *Journal of Economic Geography*, 12: 841-875.

Katz (2001): "Vagabond Capitalism and the Necessity of Social Reproduction," *Antipode*, 33: 709-728.

Legg, S. (2005): "Foucault's Population Geographies: Classifications, Biopolitics and Governmental Spaces," *Population, Space and Place*, 11: 137-156

Lier, D. C. (2007): "Places of Work, Scales of Organizing: A Review of Labour Geography," *Geography Compass*, 1: 814-833.

Lutz, W., Skirbekk, V. and Testa, M. R. (2006): "The Low-fertility Trap Hypothesis: Forces that May Lead to Further Postponement and Fewer Births in Europe," *Vienna Yearbook of Population Research*, 2006: 167-192.

McDowell, L. (1991)： "Life without Father and Ford: The New Gender Order of Post-fordism," *Transactions of the Institute of British Geographers*, 16: 400-419.

McDowell, L. (2015)： "The Lives of Others: Body Work, the Production of Difference, and Labor Geographies," *Economic Geography*, 91: 1-23.

McIntyre, M. and Nast, H. J. (2011)： "Bio (necro) polis: Marx, Surplus Populations, and the Spatial Dialectics of Reproduction and 'Race'," *Antipode*, 43: 1465-1488.

Meehan, K. and Strauss, K. eds. (2015)： *Precarious Worlds: Contested Geographies of Social Reproduction*, Athens: The University of Georgia Press.

Mitchell, D. (2011)： "Labor's Geography: Capital, Violence, Guest Workers and the Post-World War II Landscape," *Antipode*, 43: 563-595.

Mitchell, K, Marston, S. A. and Katz, C. eds. (2004)： *Life's Work: Geographies of Social Reproduction*, Oxford: Blackwell.

Peck, J. (2018)： "Pluralizing Labor Geography," In Clark, G. L., Feldman, M. P. and Gertler, M. S. eds. *The New Oxford Handbook of Economic Geography*, Oxford: Oxford University Press: 465-484.

Robbins, P. and Smith, S. H. (2017)： "Baby Bust: Towards Political Demography," *Progress in Human Geography*, 41: 199-219.

Rodgers, G. and Rodgers, J. (1989)： *Precarious Jobs in Labour Market Regulation: The Growth of Atypical Employment in Western Europe*, Brussels: ILO.

Rogaly, B. (2009)： "Spaces of Work and Everyday Life: Labour Geographies and the Agency of Unorganized Temporary Migrant," *Geography Compass*, 3: 1975-1987.

Strauss, K. (2018a)： "Labour Geography I: Towards a Geography of Precarity?" *Progress in Human Geography*, 42: 622-630.

Strauss, K. (2018b)： "Labour Geography II: Being, Knowledge and Agency, " *Progress in Human Geography*, 44: 150–159.

Tyner, J. A. (2013)： "Population Geography I: Surplus Populations," *Progress in Human Geography*, 37: 701-711.

Tyner, J. A. (2015)： "Population Geography II: Mortality, Premature Death, and the Ordering of Life," *Progress in Human Geography*, 39: 360-373.

Tyner, J. A. (2016)： "Population Geography III: Precarity, Dead Peasants, and Truncated Life," *Progress in Human Geography*, 40: 275-289.

White, P. and Jackson, P. (1995)： "(Re) theorizing Population Geography," *International Journal of Population Geography*, 1: 111-123.

終章

資本主義の危機
としての少子化
——生活の空間的組織化の困難化

Ⅰ. 資本主義に対する危機感

　資本主義の危機は，常に統御しえざるもの，すなわち資本主義にとっ
ての外部をめぐって意識される。ローマ・クラブの『成長の限界』が象徴
するように，1970年代に意識されたのは，加速度的に拡大する資本主義
が生態系のキャパシティの限界を超えることに対する危機であった。資
本主義の発展に並行する社会的生産諸力の発展により，生産過程内部に
おいてますますみすぼらしい役割を振り当てられていく（川島1952：88）と
みられていた自然（的生産諸力）が，その有限性という点において，究極的
に統御不可能であるばかりか，公害などを通じて人間の生命に危機をも
たらしていることが改めて認識されたのである。2度のオイルショック
によって，安価な自然資源に依存した先進国の経済成長に終止符が打た
れたという時代背景も，自然の有限性に目を向けさせる契機となった。
　玉野井芳郎の『エコノミーとエコロジー』は，こうした状況への経済学
からの応答であるといえる。玉野井（1978）は，経済を市場における商品
の交換に還元する従来の経済学（主流・反主流を問わない）を超えて，これを
生態系における物質代謝の過程としてとらえなおす「広義の経済学」の必
要性を提唱する。理念的には，人間の必要充足の過程である経済を，よ
り少ない物質代謝率で維持し，エントロピーの増大を最小限にすること
が望ましい。それを実現するために，玉野井（1978）は社会システムに「地
域主義」を導入することを提唱した。地域主義とは，「一定の地域の住民
が，その地域の風土的個性を背景に，その地域の共同体に対して一体感

をもち，地域の行政的・経済的自立性と文化的独立性を追求すること」（玉野井1990：29）であり，こうした地域に根差した生活様式が，エントロピーの増大を抑え，物質代謝の撹乱を小さくすると考えられたのである。地域主義は，経済成長至上主義を問い直そうとする時代背景の中でアカデミズム内外の賛同者を集め，1つの思潮となった（玉野井ほか共編1978）。

　しかし，資本主義が直面した生態系の限界は，現実的にも，経済学的にも乗り越えられてきた。オイルショックによって資源価格が高騰したことを受け，省エネ技術や新たな資源開発，原子力利用などが進み，資源の制約が緩和され，結果的に環境負荷も抑制された。公害や地球環境問題への関心が高まると，今度は有害物質の発生抑制や除去の技術が利潤を生みだすようになる。さらに，主流派経済学が環境経済学という形で生態系を包含する体系を備えるようになると，その考え方が社会に実装され，環境税，排出量取引，静脈産業，再生可能エネルギー産業などの成立により，環境利用や環境負荷自体が交換価値化していったのである。

　一時の寛解ののち，資本主義に対する危機意識が再発したのは，2000年以降のことである。それは，拡大・成長の限界に当面しつつ，弥縫策を重ねながらなお拡大・成長を続けようとする資本主義に対する危機感といえるであろう（シュトレーク2016）。資本主義に対する危機意識というとき，どこに力点を置くかは論者によって異なる。水野（2014）は，資本主義が常に必要とするフロンティア（外部）が消失し，利潤率が低下していることから，経済体制としての資本主義そのものが危機を迎えているとする。しかし，多くの論者は，資本主義が存亡の危機にあるというよりは，資本主義の強力な作用が地球環境や人間性を破壊しつつあることを，現代の危機とみている。

　斎藤（2020）は，人類の存在が全球的な気候や生態系に大きな影響を及ぼす地質時代を意味する「人新世」を冠した新書において，資本主義の下での経済活動が環境の限界に達するほどに物質代謝を撹乱していると警鐘を鳴らし，一世を風靡した。そして，地球環境という人類にとってのコモンズを守り，労働をより民主的で人間的なものにするためには，経

済成長至上主義を脱却し，協同組合のようなローカルなアソシエーショ
ンによって必要を充足する脱成長[1]コミュニズムへの転換が必要であると
し，変革に向けた運動を呼び掛けた。

　広井(2015)は，人類史には拡大・成長の時代と定常化の時代が繰り返
し現れ，市場経済の下で拡大・成長を続けてきた資本主義が環境の制約
に直面して訪れた定常化の時代として，現代を位置づけている。科学技
術のさらなる進歩によって拡大・成長路線に復帰するシナリオもあるが，
広井は人類の幸福にとってそれは望ましくないとする。むしろ定常化の
時代を資本主義から脱却する好機ととらえ，政策的に生産の過剰を抑制
することで時間面での豊かさを確保し，社会保障の充実やストックの再
分配による「資本主義の社会化」を計るとともに，ローカルな経済循環に
基づくコミュニティ経済の充実が必要であるとする。資源や環境の制約
に直面する定常化の時代にこそ，人間はそれを生き抜くための思想や精
神活動を発展させてきた。その歴史に照らし，現代においても，「個人か
ら出発しつつ，地球の有限性や多様性を認識し，個人を超えてその土台
にあるコミュニティや自然(さらにその根底にある自然信仰ないし自然の内発性)と
のつながりを回復する」(広井2021：111)地球倫理が生成することが予期さ
れている。

　ハーヴェイ(2017)は，環境危機を資本主義に関する危機と結びつける
考え方に疑問を呈する。資本主義には，環境にまつわる諸困難を見事に
解決してきた長い歴史があるからであり，地球環境に対する意識の高ま
りや自然災害の発生は，むしろ資本蓄積の機会を提供しているからであ
る。ハーヴェイが危惧するのは，新自由主義の下で資本の運動による収
奪と搾取が激化し，人間の疎外がますます進行していることである。資
本家は，社会的不平等の拡大と非人間的労働の蔓延するこの状態から富
を得ているので，権力によって現状を維持しようとし，結果として大多
数の人間の能力や可能性は抑圧される。ハーヴェイによれば，疎外され
た人々が鬱積した怒りや失望の矛先を資本主義に向け，その力が広範な
対抗運動に結実することによってのみ，資本主義は打倒される可能性が
ある。資本主義が自壊することは期待できない以上，その幕引きは革命

的人間主義によってしかなしえない，とハーヴェイは考えるのである。

　多くの論者が考えるように，システムとしての資本主義は強靭であり，資本は自然や人間性を破壊しつつ自己増殖運動を続けるとみるべきかもしれない。しかし，今日，無力と思われる人間性が，資本主義の基盤を揺るがす契機もあるのではないだろうか。人間性といっても，筆者が想定するのは，ハーヴェイが考えるような，資本の破壊的作用に覚醒した人々が資本に立ち向かい，資本主義を打倒する革命的人間主義ではない。本章が着目するのは，人間の本質と深くかかわる，子どもをもうけるかもうけないかの意思決定である。

　生殖による世代の再生産が本能ではなく個人の意思決定によっていることは，人間とほかの生物との決定的な分水嶺である。筆者は，この人間性の領域における個別の意思決定が，集合的には少子化として立ち現れ，資本主義の存続に対する危機を引き起こしていると考える。なぜなら少子化とは，「資本の再生産の恒常的条件」である「労働者階級の不断の維持と再生産」（マルクス2017）が危機に陥っている状態だからである。

　日本において，少子化すなわち世代の再生産が困難に陥っている状況については，第7章において詳述した。そのうち，本章に関わる部分を要約しておこう。労働力の再生産は，資本主義が存続するための恒常的条件であるが，資本や国家が直接それを担うことはできず，労働者の主体性にゆだねられている。そこで，高度成長期の日本では，日本的雇用体系と疑似福祉体制の相補的な関係の下で，性別役割分業に基づく近代家族を基本的ユニットとして再生産過程を制御する体制が構築されてきた[2]。こうした体制が維持できなくなるにつれ，再生産は不調を来し，出生率は低下した。民主主義国家である以上，国民に出産を強制することはできないから，政府は少子化対策という枠組みで再生産の障害の除去に努めるとともに，再生産の期待を国民に付託する。しかし，明確に拒絶する場合から，引き受けたくてもそれができない場合までの幅があるにせよ，その付託はボイコットに直面し，少子化が解消する兆しはみられない。こうして表面化する再生産の困難性は，再生産が国家や社会による強制ではなく，人間の主体的な意思決定にゆだねられていることの

証左でもある。

　本章では，第7章における再生産の困難性という認識から一歩踏み込み，再生産の困難性の現象形態である少子化を，資本主義が宿命的に胚胎する危機であると位置づける。続くⅡでは，資本主義に胚胎する危機の契機ないし弱点を見出そうとした先達として，柄谷行人による「交換様式論」を詳細に検討する。交換様式論の理論的基盤を踏まえ，柄谷は観念の世界に閉じこもることなく，資本主義への対抗運動を展開した。皮肉にも，その運動が挫折を迎えてしばらくすると，資本主義の根底にある価値の循環過程を阻害するような動向が，社会の中に自生してきたのであった。

　Ⅲでは，資本主義に関する議論における世代の再生産の位置づけについて論じる。独創性に富む交換様式論にも，世代の再生産の不調が来す少子化が，資本主義の存続にとっての危機であることを見落としていたという点で，視野狭窄が残っていた。Ⅲの1では，デヴィッド・ハーヴェイの議論を参照しながら，交換様式論の前提条件の中に，そうした視野狭窄の原因を探っていく。Ⅲの2では，資本主義に対する危機意識と少子化を関連付けた最近の研究を紹介し，それらを批判的に検討する。Ⅳでは，再生産の困難性を単なる再生産費用の不足ではなく生活の空間的組織化の困難性として明確化し，資本主義の危機としての少子化を経済地理学的に分析する方向性を模索する。

　人々が結婚と子育てに対する強い希望を持っているにもかかわらず，それが実現されていないため，実現を阻害する要因を取り除くという論理が，少子化対策に正統性を与えてきた。個と全体の利益が両立するこうした構図は，結婚・子育てに対する希望の衰退によって崩れつつある。Ⅴでは，論文全体の要約に代えて，こうした現状における少子化対策と人間の自由との関係性について，筆者の見解を述べて結びとする。

1. 互酬, 再分配, 商品交換, X

　柄谷は, 『マルクス　その可能性の中心』において, 『資本論』の価値形態論を言語学との類比において分析し, 一般的等価物である貨幣形態が出現することによって, 質的に異なるため本来は比較不可能な個々の商品や労働力の差異がはぎとられ, 数量として立ち現れることを示した(柄谷1978)。価値が生産過程ではなく交換過程から得られることへの着想や, 世界宗教に言及している点など, 交換様式論の萌芽はここにすでに認められる。柄谷が交換様式論を明示的に展開するのは『トランスクリティーク──カントとマルクス』(柄谷2004)の後半においてであり, 『世界共和国へ』(柄谷2006)において, より明快に整理された形で提起されている。

　人類は, 戦争と経済格差という人間と人間との関係と, 環境破壊という人間と環境との関係において, 喫緊の課題を抱えている。柄谷は, その根源は資本と国家にあると見立て, 社会主義の本来の姿である自由なアソシエーション(連合体)に立ち返り, この課題に向きあおうとする。しかし, 元来の理念とは似て非なるソヴィエト型国家社会主義の崩壊に伴い, 資本主義とそれに基づく国家が事実上唯一の社会・経済体制となった現在, 人々はいま・ここにある世界を超克する理念を構想する力を失っている(若林2022)。柄谷は, かつてのアソシエーショニズムの失敗を教訓に, 資本および国家が存立する意味を根源から理解したうえで, これらを揚棄する筋道を提示しようとする。

　通常, マルクス主義者は生産を重視し, 生産様式を理解することこそが下部構造としての経済を理解することであると考え, 事実そのようにしてきた。しかし, それでは資本と国家の関係を的確にとらえることができず, 交換一般のうち市場における交換しか扱うことができない。そこで柄谷は, ポランニーの統合の諸形態(ポランニー2009)を援用して, 理念型としての交換様式の諸類型を提示する。柄谷によれば, 交換様式には, 共同体内部で行われる「互酬」, 国家による支配・被支配という政治的な関係である「再分配」, 自由で対等な交換でありながら階級関係を生む市

場における「商品交換」に加え，いまだ実現していない「交換様式X」があるという[3]。そして，それぞれの交換様式は，特定の組織あるいは主体と結びついている。

　再分配は，何らかの権力が集団の構成員からいったん徴収して再び分配する交換様式であるため，柄谷(2006)においては略取――再分配とも表現される。資本主義社会において，この略取――再分配を担うのは，統治機構としての国家(ステイト)である。国家は外の国家に相対することに自立性の根拠を持ち，暴力を独占して略取――再分配を行う。国家は，それを構成する個人との関係を持続的なものにするために，略取――再分配を互酬的交換であるかのように表象する。絶対王政の下では，個人は臣民として同一の権力に属し，服属と交換に安寧を獲得していた。市民革命以後は，個人は主体[4]とみなされ，国家の暴力性は見えにくくなる。資本主義が発展すると，略取――再分配は商品交換が必然的にもたらす不平等を是正する福祉政策とみなされる。しかし，国家が国民の意思とは独立した意思を持つことに変わりはなく，それは戦争などの非常時に顕在化する。

　資本の増殖を可能にする商品交換は，貨幣を介して市場で行われるものであり，国家が暴力を独占し，国家以外の暴力による略取を禁止してはじめて成立する。商品交換は，個人の間に自由で平等な関係をもたらすと同時に，一般的等価物である貨幣と商品との非対称な関係を生み出す。ここで非対称な関係とは，一般的等価物は任意の商品と交換できるが，特定の商品は，売れない限り一般的等価物と交換することができないことを意味する。産業資本主義は，労働者が生産した商品を自ら買い戻すことによって成立する自己再生的なシステムである。労働者が賃金として得た貨幣と商品を交換し，それを消費して再生産を行うプロセスは，資本の増殖過程に組み込まれている。剰余価値は生産過程で生じるものの，商品が売れない限り，つまり一般的等価物を持つ労働者に買ってもらわない限り，価値が実現しないという矛盾をそこにはらむ。

　資本主義の発展に伴い，商品交換が交換様式の中心を占めるようになると，互酬を基礎付けていた共同体は崩壊し，想像の共同体としての

ネーションがこれを補完するようになる。ネーションは，絶対王政下において個人が臣民として同一の権力に属したことに端を発し，絶対王政が打倒されて自由と平等が実現され，友愛の感情が生まれたときに確立した。ネーションが担うのは，現在生きている人だけでなく，過去を生きた人，未来を生きる人をも含めた互酬の感情である。

　こうして，自由な交換を擁護する資本主義，略取——再分配によって平等を保障する国家，世代を超えた友愛に基づく互酬を支えるネーションの三位一体が完成する。しかし，それは歴史の終わりではなく，特定の共同体に縛られず，互酬を高次元で回復する交換様式Xを中心とする社会がその先にあると柄谷はいう。

　柄谷によれば，交換様式Xは，普遍宗教が啓示した理念である。普遍宗教は，不平等をもたらす資本主義（当時は商人資本）および因習的共同体と国家の拘束に対抗し，互酬的共同体としてのアソシエーションを志向するものとして出現した。普遍宗教は，カントの定言命法（倫理に基づく無条件の命令）と共通し，自分が自由な存在であることが，死者やこれから生まれてくる人を含む他者を手段にしてしまうことであってはならないこと，言い換えれば自由の相互性を理念として共有している。この理念と交換様式との脈絡は，カントの『道徳形而上学理論』の言葉から見て取ることができる。

　　目的の国では，いっさいのものは価格をもつか，さもなければ尊厳をもつか，二つのうちのいずれかである。価格をもつものは，何か他の等価物で置き換えられ得るが，これに反しあらゆる価格を超えているもの，すなわち価のないもの，従ってまた等価物を絶対に許さないものは尊厳を具有する（カント 1976：116）。

　ここで一般的等価物との交換が決して許されず，価格を超越しているもの，それゆえに尊厳を具有するものとは，人間である。手段にすべきでない他者を人間に限定しないならば，自然もまた，価格を超越した尊厳を持つといえる。資本主義は，本来商品ではない自然と人間を，一般

的等価物と置き換え可能な商品に擬制することで成立した。そして資本は，ネーション，国家と強固な三位一体をなし，自己増殖運動を続ける。それは，「悪魔のひき臼」（ポラニー2009）となって自然と人間を棄損しても，ひとりでに止まることはない。資本＝ネーション＝国家の三位一体を揚棄するには，何らかの対抗運動が必要である。柄谷は，具体的な現実の中にではなく，むしろ資本主義の原理論の中に，その方向性を求めていく。

2. 資本＝ネーション＝国家への対抗運動

資本主義に対する対抗運動は，これまでも絶え間なく行われてきたが，それによって資本＝ネーション＝国家の三位一体がぐらつくことはなかった。それは，対抗運動がもっぱら労使の闘争として生産の部面に限局されていたからである。資本家と経営者が分離された現在，経営者と労働者の双方にとって，資本家を打倒することは自らの首を絞めることである。こうして経営者と労働者の利害関係は一致するために，労使の対立は体制内での条件闘争に終始し，最終的には資本や国家の利益に傾くことになる。念のために付言すれば，柄谷はストライキのような生産面における対抗運動に意味がないと言っているわけではなく，それにはおのずから限界があるというのである。

柄谷は，交換様式Xが中心となった社会を構想するにあたり，宇野弘蔵の経済学体系[5]（宇野経済学）における原理論に相当する抽象化されたシステムとしての資本主義の中で，どこにおいて労働者が自由でありうるかを考えた。ここでいう自由とは，制約がない状態のことではなく，カントのいう自由である。すなわち，自由とは意思に基づいてある状態を自ら始める能力であり，自由は自然法則とは独立の原因性を持っている。彼が注目したのは，産業資本主義は労働者が生産した商品を自ら買い戻すシステムであるという原点である。賃金として得た貨幣と交換に，労働者が再生産のための資材を購入する流通過程から，資本は剰余価値を得ている。しかし，その価値の実現は不確実性に満ちている。なぜなら，流通過程において資本は，所有する商品を労働者によって買ってもらうのを待つ身だからである。裏を返せば，何とでも交換できる貨幣すなわ

ち一般的等価物を持っている労働者は，流通過程において資本に対して優位に立っているのである。

　ここから得られる論理的結論は，資本制の下で生産されたものを買わないという，消費のボイコットが，資本主義への有効な対抗運動となり得ることである。商品は，生産されても買われなければ価値が実現できず，価値増殖の回路は回らない。商品が買われないまま残ることは過剰生産を意味し，恐慌を引き起こす。恐慌は，資本にとって大きな打撃となるが，産業資本主義の枠内にとどまっている限りでは，労働者は賃金も生活資材も得ることができず，その生存が危うくなる。したがって，消費のボイコットを実行するためには，資本主義の外で働き，買うことができる受け皿が不可欠である。その受け皿として柄谷が期待するのが，生産者協同組合や消費者協同組合である。資本による価値増殖の回路を離脱するためには，国家がその価値を裏書きし，資本主義を下支えする通貨に代わるような，オルタナティブな通貨の流通も必要である。

　柄谷が彼方に望んでいるのは，貨幣と国家の揚棄である。アソシエーショニズムが目指すのは，自由の相互性が保障される空間を作り上げることである。しかし，貨幣と商品の非対称性があり，労働力が商品化されている限り，他者を等価物で置き換え，手段として扱うことは避けられない。自然についても同じことがいえよう。国家が他の国家との関係において存立している以上，各国が主権を委譲し，世界共和国を作ることでしか，国家間の敵対という自然状態を脱することはできない。貨幣と国家がある限り，人類が直面する人間と人間との関係の問題，そして人間と自然との関係の問題は解消しえない。

　貨幣と国家が揚棄された後に到来する交換様式Xや世界共和国は，いま・ここから無限に遠くにあろうとも，人がそれに向かって近づこうとする理念であり，常に現状に対する批判としてある。一方で，それらは近づこうとする人々の意思とは無関係に，外部から強迫的にもたらされる。したがって，理念に近づくために実現可能なところから能動的に行動することは大切であるが，究極的には受動的に待つしかない，と柄谷はいう。柄谷は交換様式Xや世界共和国，それを支える自由の相互性と

いう倫理が実現されるとすれば，資本による人間と自然の致命的破壊や，世界大戦の惨劇の結果として，人間の意図とは無関係にもたらされると考えているようである。

　柄谷は，ニヒリズムに安座していたわけではない。『トランスクリティーク』の脱稿から間もなく，柄谷は資本主義に対する対抗運動を具体化する道を探り（柄谷編著2000），運動の基盤を固めるべく，2000年にNAMなる組織を結成した（柄谷2021）。NAMが支援するのは，労働運動や消費者運動のような資本主義の枠内で展開される内在的対抗運動と，生産者・消費者協同組合や地域通貨の運営など，既存の資本主義の枠を超えた新たな経済の受け皿を作る超出的対抗運動であり，特に後者に力を入れた。

　NAMは多様な運動体の核となるアソシエーションのアソシエーションを目指したが，結集すべき運動体は育っていなかった。NAMが主導する超出的対抗運動と連動するはずであった内在的対抗運動も，低調であった。そうした状況で，電子通貨の導入をめぐる意見の対立や，意思疎通の難しさなど，NAMの組織や運営にかかる問題点が噴出してきた。2002年末，以後も個人が自由な主体としてプロジェクトや運営に携わり，アソシエーションが成長してくることへの期待を込めつつ，柄谷はNAMの解散を宣言した（柄谷2021）。

3. 自然発生的対抗運動

　交換様式論の意義は，自由が全くないと思われる原理論のレベルにおいて，なおも労働者＝消費者の主体性と自由が存在する領域を提示したことにある。柄谷は，その可能性を現実化するべく，観念論にとどまることなく行動を起こした。残念ながら，表出的な対抗運動は緩慢であり，その試みは頓挫を余儀なくされた。だが，「資本制の下で生産されたものを買わない」「資本制の下で働かない」は，柄谷のような覚醒者の運動を待たずとも陰伏的な形で進行している。

　「資本制の下で生産されたものを買わない」ために発生したのが，デフレである。ロシアのウクライナ進攻という外生的ショックによる世界的な物価上昇が起こるまでは，あらゆる政策をもってしても，日本はデフ

レを脱却することができないでいた。その背景には，所得の長期低迷により，「買いたくても買えない」事情があったことは想像に難くない。しかし，「買わない」生活様式を主体的に追求しようとする人々も現れてきている。橋本(2021)は，身の回りの物を減らし，必要最小限の物的消費にとどめることをよしとする倫理を消費ミニマリズムと呼び，それが支持を集めていることに，拡大・成長のイデオロギーに基づく資本主義を抜け出る方向性を展望する。つまり，橋本(2021)は，柄谷が運動として展開しようとしたことを，人々の価値観の変化の中に見出している。

「資本制の下で働かない」については，自らの労働力の再生産すらままならない失業者や不安定就労者，さらには非労働力人口が，特に男性で増えていることが挙げられる(第6章)。2000年代前半の就職難に見舞われた「就職氷河期世代」の男性は，40歳台となった今も，約10%が非正規雇用に甘んじている。2000年代に比べると，失業率はコロナ禍にあっても低い水準に落ち着いていた。しかし，心身の疾患で働けないか，働く意欲がなくて仕事を探していないために，失業者としてカウントされない非労働力人口の男性が，1990年代後半からじわじわと，しかし一貫してその比率を高めていることが懸念される。

負の要因によって「資本制の下で働か(け)ない」のではなく，「雇われない働き方」[6]を積極的に選択する人々もいる。「田園回帰」の潮流に乗った就農や事業承継(継業)(筒井編2021)，あるいは地方都市での「小商い」(松永2015)といったように，地方圏への人の動きとの関連で「雇われない働き方」が注目されていることが，現代の特徴であるといえる。起業家としてベンチャー企業を立ち上げるのも「雇われない働き方」ではあるが，労働力を購入して価値増殖を目指す価値観は，まさに資本主義のエートスである。これに対して，なりわいづくりを通じて「雇われない働き方」を実現している人々は，匿名的な市場における交換価値の増殖よりも，可視化されたローカルな人と人との関係に基づいて，質的に多様な使用価値を生み出すことに重きを置いている。そうした人々は，なりわいを立てていくために助け合うのみならず，連帯して地域の課題に向き合い，その解決に向けて行動することが多い(中澤2020a，b；石井2020)。柄谷が

資本主義の危機としての少子化──生活の空間的組織化の困難化

NAMに携わっていた2000年代初頭にはまだ顕在化していなかったが，「雇われない働き方」をする人たちを核として，ローカルで互酬的なアソシエーションが自生してきているのである。

　それが積極的になされるか，消極的になされるかを問わず，「資本主義の下で買わ（え）ない」という消費のボイコットと，「資本主義の下で働か（け）ない」という労働のストライキは，価値増殖の循環を途絶させる働きを持つであろう。これらに加えて，「資本主義の下で産ま（め）ない」という世代の再生産のボイコットの帰結である少子化が，資本主義を揺るがす巨大な震源となりつつある。次節では，本章の主題であるこの点に切り込んでいく。

Ⅲ．資本主義における世代の再生産

1. 世代の再生産の不在，あるいは予測不可能性

　柄谷は，資本主義の普遍的構造に内在して，そこから抜け出る穴を見つけようとした。そして，価値形態論の透徹した検討から交換様式論に至り，流通過程においては一般的等価物を持つ労働者が優位に立っていることから，価値増殖過程の中に消費のボイコットという抜け穴を見出した。関根（1995：85）によれば，宇野経済学における原理論とは，もし資本主義が永久運動を続けるとしたならば，いかなる（不自然な）条件が満たされなければならないか，という問題に客観的回答を与える経済学である。高度に抽象化された資本主義経済の基本構造を扱うこの段階では，再生産の単位として家族の存在を前提とする必要性や，労働者の性別や年齢を特定する必要性は無い。単に労働力の再生産費用として賃金が支払われるという条件が満たされているとすればよい。

　これは，ハーヴェイによる資本主義の認識とほぼ同様である。ハーヴェイは，資本主義を「社会生活の物質的・社会的・知的土台を規定し形成するうえで資本の流通過程と蓄積過程とが主導的で支配的になっている社会構成体」（ハーヴェイ2017：24）と定義する。ハーヴェイは，我々が生きている多様な現象学的世界は，それを作り出している本質的メカニズム

とは直接的には一致しないと考える。そこで，人間の抽象力の助けを借りて，資本の流通と蓄積を1つの閉鎖系とみなし，資本主義の本質的メカニズムに関するモデルを構築する。ハーヴェイのいうモデルは，宇野経済学の原理論とほぼ同様である。資本の流通と蓄積に関する抽象モデルを使うことで，資本主義に周期的危機が起こる理由や，資本主義が存続するうえで致命的となりうる矛盾が存在するか否かを解明しようというのが，ハーヴェイの立場である。

　地理学者であるハーヴェイの目的は，抽象モデルを作ることではなく，「進化しつつある有機的総体としての資本主義的生産様式を理解すること」(ハーヴェイ2016：56)である。そして彼は，資本主義的生産様式の中で，原理論のような抽象モデルによって決定論的に説明できる部分はごく限定されると理解している(ハーヴェイ2016)。ハーヴェイによれば，『資本論』における認識の水準は，自然現象は普遍性に，社会的生産は一般性に，分配と交換は特殊性に，そして消費は個別性に，それぞれ設定されているとする。自然現象は，自然法則によって決定論的に説明できる。社会的生産についても，資本主義という歴史的段階においては，資本の運動法則によって決定論的に説明できる。しかし，分配は資本家と労働者の力関係にその水準が左右され，交換は市場における規制や制度の影響を受けるため，偶然的で状況依存的になり，決定論的な説明はできない。消費については，文化や個人的嗜好に規定される欲求や欲望によるところが大きく，カオス的で予測しがたい。消費が予測不可能であるのは，受け取った賃金をどのように費やすかは労働者の選択にゆだねられており，究極的には消費が「経済学の外部に属している」(ハーヴェイ2016：36)からである。

　ハーヴェイが指摘するように，消費が労働者の選択にゆだねられており，予測不可能であるからこそ，柄谷はストライキよりもむしろ消費のボイコットが対抗運動の主軸になると見定めたのである。しかし，賃労働しか選択肢がなく，商品交換が交換様式を席巻する世界において生存するためには，労働者は労働力を販売し，手にした賃金で商品を購入し，消費せざるを得ない。商品交換以外の交換様式も存在するとはいえ，現

状のままでは消費のボイコットが広がる余地はあまりなく，ストライキと同様に，資本主義に内在した対抗運動の域を出ない。そこで柄谷は，NAMにおいて，資本主義の枠外で働き，消費する受け皿を作る超出的対抗運動に力を入れてきたのである。

しかし，世代の再生産は，いま・ここを生きている労働者の生存とは独立した意思決定に基づいてなされる。資本主義の枠外で働き，消費する基盤が整っていない現状では，資本主義の下で子どもを産み，育てる以外の選択肢は非常に乏しい。そのためには，自らの労働力を再生産する以上の費用を継続的に負担する必要がある。生存すらままならない所得水準ならもちろんのこと，子どもを産み育てるのは経済的に難しい，あるいはメリットがないと主観的に判断すれば，労働者は世代の再生産をボイコットする自由を有する。社会的規範が弱体化し，人々のライフコースの自由度が増大した個人化社会（ベック1998；バウマン2008）においては，子どもを産み育てる人生は，選択肢の1つでしかない。仕事においてであれ，趣味においてであれ，子どもを産み育てる以外の方面での自己実現を目指す人は，世代の再生産を積極的にボイコットする自由がある。

賃金に関する暗黙の了解も変化してきた。マルクス経済学における賃金は，次世代を含む労働力の再生産費用である。これは理論体系が選択した1つの仮定であるが，ケインズ主義福祉国家においては，生計費に基づく家族賃金が広がりを見せ，賃金は次世代を含む労働力の再生産費用であるべきとの理念が現実のものとなった。家族賃金という分配のあり方は，一定の経済成長が期待できる時代背景における資本家と労働者の力関係の産物である。しかし，今や賃金は次世代を含めた労働力再生産費用ではない。新自由主義と親和的な新古典派経済学（人的資本論）によれば，賃金は労働者の限界生産力に応じて支払われる。世間的にも，賃金は労働市場におけるその人の価値を示すものであるとされ，個人に対して支払われる報酬であると理解されている（ローゼンフェルド2022）。それをどのように使おうと，個人の自由である。

関根（1995：111）は，「いかに精密に構成された理論であってもそのなかでは説明できない外的前提の上に立っているのでは，その前提の可否に

よって結論は真理とも虚偽ともなりうるのであって，説明がそれ自体で完結しているとはいえない」と述べている。これは，宇野経済学の原理論とヘーゲルの論理学との対応関係を論じる文脈での主張であり，関根は原理論がそれ自体で完結した閉鎖系をなすと想定している。労働者の大半が自死を望むという前提が歴史貫通的に非合理であるとするならば，労働者による日々の労働力の再生産については，資本主義の枠内にしか所得機会と消費機会が存在しないと仮定することで，原理論の体系は論理的整合性をとることができよう。しかし，労働者の生存とは独立した意思決定に基づく世代の再生産については，原理論の中ではそれが保証されることの可否を決定することができない。マルクスの生きた時代は，出生率が高く相対的過剰人口が常に存在していたため，それを自然状態として『資本論』は書かれた。それは特殊歴史的な状況であり，『資本論』の理論体系にとっては外的前提にすぎない。そして，その外的前提が崩れつつある今も，ほとんどの研究者はその問題点を十分には認識していない。柄谷もまた，そうであったと言わざるを得ない。

2. 少子化と資本主義に関する議論の新潮流

最近になって，資本主義に関する危機意識と関連づけて，少子化について論究する研究が登場してきた。宇野経済学の重鎮である伊藤誠は，現下の「人口減少は，中世までの諸社会にときおり生じた，疫病や戦争などの経済外的要因による人口減少とは性質が異なる。それは資本主義のもとでの経済生活の自律的運動内部に生じた変化であり，しかも経済生活の原則的基盤を自己破壊する意味をもっていないか」(伊藤2017：4)と述べている。原理論，段階論，現状分析のどの水準で理解するかによって「経済生活の自律的運動内部に生じた変化」という言葉の意味は変わってくるが，少子化が資本主義の危機となりうる可能性が表明されている。

宇野経済学を理論的支柱とする経済理論学会は，『少子化と現代資本主義』を共通論題として大会を開催し，それに基づく貴重な論考も得られた。溝口(2021)は資本主義の機能不全による再生産の行き詰まりとして，少子化と自殺を位置づけている。ここで少子化はそれ自体が問題であるというよりは，「生きづらさ」の指標とみなされており，資本主義の

存立にとっての危機であるとの認識は希薄である。宮嵜（2021）は，高齢者福祉の充実によって子どもに期待されてきた社会保障機能が薄れる一方で，新自由主義的政策による雇用の不安定化と所得の低迷が世代の再生産を困難にしたことが，少子化を推し進めたとする。勝村（2021）は，資本主義というシステムの帰結として生じた少子化が，システム自体の存続を危うくするという矛盾を明確に認識している。溝口（2021）と宮嵜（2021）では，少子化の要因を，十分な再生産費用＝賃金の確保が困難になったという分配の問題として焦点化しているのに対して，勝村（2021：31）は「経済的に十分な次世代形成費が確保できていたとしても，生活過程には本源的弾力性があ」り，世代の再生産が確約されるわけではないことを指摘している。ハーヴェイの整理に倣えば，消費＝再生産が，意識や志向性，欲求などに依存する予測不可能性を持つことが意識されているといえる。

　少子化を資本主義の機能不全と位置付けて分析する試みがようやく登場してきたことは，筆者としても心強い。しかし，これらの論考は経済決定論の色彩が強い。雇用の不安定化や所得の停滞・減少が少子化に与えた影響は大きいが，それを機械論的な因果関係においてのみとらえるのでは不十分である。経済的に苦しくても人々を結婚や子育てに追い立てる皆婚社会的規範が弱まり，世代の再生産に結び付く意思決定が選択肢に格下げされるという社会の変化が，人々の意識を変化させ，それが少子化を結果している側面を十分に考慮すべきである[7]。第7章においてボイコットという言葉に込めたのは，変化する社会的文脈の中で，個人が経済状態を含む自らの現状や未来への展望を勘案して行う主体的意思決定が，少子化をもたらしているという認識であった。

　これに対して以下で問題にしたいのは，人々の労働力および世代の再生産が現実の空間において行われていることが捨象されてきた点である。一定水準の所得の確保は，労働力および世代の再生産がなされるための条件であるが，そうした所得機会がどこにあるのかによって，再生産の可能性や困難性は変わってくる。人間は，時間的・空間的に制約された存在であり，その制約の中で，所得機会，消費機会，共同生活機会を編

成して生活している。家族の共同生活において子育てをすることが前提であれば，住居から通勤可能な範囲に十分な所得が得られる機会があり，同程度の空間的広がりの内部において生活に必要な財やサービスのニーズが充足できることが，再生産の条件となる。次章では，加藤 (2018) の「空間的組織化論」を援用して，世代の再生産の困難性を空間的側面から検討する[8]

IV. 生活の空間的組織化と世代の再生産

1. 空間的組織化論について

　加藤和暢 (2018) の提起した空間的組織化論は，所得機会，消費機会，共同生活機会を人間が生活を送るうえで不可欠の契機であるとみなし，時空間的制約の下で行われる3つの機会の確保とその編成が，資本主義の発展とともに歴史的にどのように変遷してきたのかを整序する枠組みである[9]。子どもはケアや社会化のために，一定の年齢までは共同生活を必要とする。日本の現実では，子育てのための共同生活の基本的単位 (共同生活機会) は，依然として家族である。家族はある場所に住居を構え，そこを拠点に労働力および世代の再生産を行う。そのためには，何らかの所得を得る機会 (所得機会) と，それを元手に必要な財やサービスを調達する機会 (消費機会) を確保しなければならない。人間は，時間的にも空間的にも制約された存在であるから，一定の領域の内部において共同生活機会，所得機会，消費機会を編成し，労働力と世代の再生産を行うことになる。その空間的組織化のあり方は，地理的な多様性を持ちつつも，資本主義の発展の各段階において一定の枠内に収まる，と加藤は考える。

　日本の経済地理学は，伝統的に経済活動の地理的配置あるいは立地が作り出す生産の経済地理を把握することを目指してきた。戦後経済地理学の1つの到達点といえる矢田俊文の「国民経済の地域構造論」(矢田 2015) は，拡大・成長へと邁進する冷徹な資本の論理が作り上げる地域的分業体系の解明を目標に掲げた。論理展開の起点を主導産業の立地に置いていた点で，「国民経済の地域構造論」は生産の経済地理学の代表格である。

　　　　資本主義の危機としての少子化——生活の空間的組織化の困難化

これに対して空間的組織化論は，立地よりも経済循環に着目する。経済循環といっても，循環範式のような資本の運動を契機とする抽象的な価値の循環ではなく，生活過程において起こる使用価値レベルでの経済循環が，空間的にどのように組織化されてきたのかを具体的に明らかにしようとする。生活が「人間そのものの生命を維持し再生産し発達させるあらゆる活動」(角田1992：74)であるならば，空間的組織化論は必然的に生産の経済地理学よりも再生産の経済地理学の方に傾く。

　経済地理学における空間的組織化論の位置づけは，経済学一般における生活様式論のそれに相当する。マルクス経済学は，資本主義の発展段階に応じた生産様式を，社会を規定する下部構造であるとして，その解明に力を注いできた。これに対して生活様式論は，生活様式が生産様式に対して相対的独自性を持つとし，福祉国家が整備する共同消費手段によって立つ都市的生活様式が，独占資本主義の維持に貢献していることなど，現代の生活様式に対する批判を展開した(成瀬1988；角田1992；橋本1994)。生活様式論のいう生活様式とは，人間と生活手段の結びつきが示す一定の様式のことである。したがってそれは，再生産のための必要充足が時空間的制約の下でなされる一定の様式を明らかにしようとする空間的組織化論に通底する。

　生活様式論の主要な業績は，1990年代までに著されたものがほとんどであるが，生活の個人化が進んでいることや，DINKs世帯などの非伝統的家族形態が登場していることなど，少子化に結び付く生活様式の変化への目配りもある。しかし，そうした変化は都市的生活様式の行き着く先に位置づけられているにすぎず，変化をもたらした要因については説得的な説明がない。その理由の1つは，生活様式論においては，再生産が現実の時空間的制約の下で組織化されているという事実[10]を捨象していたからであると考える。

　資本主義の危機としての少子化という問題提起をする本章は，少子化を再生産の困難性の表れととらえる。再生産の困難性について，第7章では，労働市場における不確実性や予測不可能性に対する脆弱性(プレカリティ)の高まりとその地理的不均等性に力点を置いて議論を展開した。

これに対して本章では，世代の再生産を円滑に行いうる生活の空間的組織化が困難になったことが少子化の一因であり，そのことが新たな生活の空間的組織化のあり方を生み出し，結果として都市構造を変容させてきたことを示唆する。

2. 日本における生活の空間的組織化の変遷

(1) 職住分離と性別役割分業に基づく生活の空間的組織化

　資本主義の下での労働力商品化が全面展開する以前は，所得機会，消費機会，共同生活機会は，農村・都市を問わず空間的にも機能的にも未分化のままローカルな共同体に閉じ込められており，非市場の領域に属していた (**図8-1**)。人々にとって最も重要なことは，生業によって生存のための必要を満たすことであった。家族は再生産の単位である以上に生産の単位として機能し，子どもを含めたすべての構成員が，労働力として必要の充足に貢献することが求められた。

　近代化によって伝統的な共同体が弱体化し，人々が労働者として労働市場に包摂されると，所得機会，消費機会，共同生活機会は空間的・時間的に分離していく。人々の生活は商品経済に取り込まれ，労働力を販売して賃金を得る所得機会の確保が第一義的に重要となる。所得機会を核として，賃金を生活資材と交換するための消費機会が備わった産業都市が生成する。再生産のうち共同体が担っていた部分は，非市場領域の家族，より厳密には異性愛家父長制家族に内部化されたため，家族という共同生活機会に所属することは死活的に重要であった。

　3つの機会の時空間的分離に伴い，職住分離の生活様式が徐々に浸透し，そのマクロな帰結として，所得機会が集積する都心を，家族を単位とする共同生活機会の拠点である郊外が取り巻く都市圏が誕生してくる。産業化の初期段階では，家族総働きで必要充足を図る必要があったが，生産力が向上し家族賃金が支払われるようになると，家族内の性別役割分業が明確化し，既婚女性は主婦化して労働力および世代の再生産に専念する近代家族が成立する (落合2019)。近代家族からは，生産の単位としての性格が失われ，再生産の単位 (より限定するならば子育てのユニット) へと純化していく。

図8-1　生活の空間的組織化の変遷

近代化以前：3契機は共同体の中にあって未分化

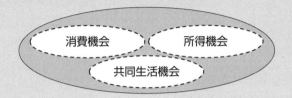

都心と郊外からなる近代都市：
職住分離・性別役割分業に基づく生活の空間的組織化

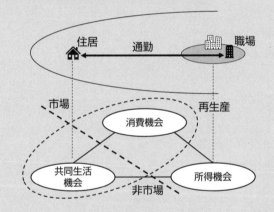

都心居住：夫婦共働きを前提とするコンパクトな生活の空間的組織化

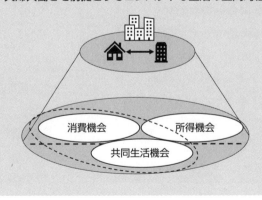

筆者作成.

日本では，戦間期に私鉄資本などによる郊外住宅地の開発が始まり，専業主婦の裾野が大都市の工員世帯にまで広がる（千本1990）など，職住分離や近代家族の成立に向けた動きが顕在化した。しかし，その動きが本格的に大衆化するのは，第二次世界大戦後のことである（中澤2019a）。1950年代後半から1970年頃にかけては大規模な向都離村の人口移動が発生し，人々の多くは家族の形成と成長に見合う居住空間を求めて都市内部で住み替えを行い，それが著しい郊外化を引き起こした（谷1997）。こうして成立した都心と郊外からなる大都市圏は，男性が都心に通勤して生産労働に専念し，女性が郊外の住居を拠点とする再生産労働に特化することを前提として，生活の空間的組織化が行われた帰結である。そこに内包されるジェンダー非対称性の是非をさておけば，人々が結婚適齢期や2人っ子規範など家族規範の強い影響下にあり，世代の再生産をカバーしうる水準の賃金が支払われている限りにおいて，生活の空間的組織化は順調であった。機能的に再生産に特化し，男女の分業によってその効率性を追求した点において，近代家族は近代の理念に忠実であった。

　オイルショックの発生によって高度経済成長に終止符が打たれると，日本は安定成長期へと移行する。そして1970年代前半から未婚率は上昇し，出生率は継続的に低下を続けてきた。加藤彰彦（2011）は，経済成長率の低下に伴う階層格差の拡大と，個人主義イデオロギーの普及による共同体的結婚システムの弱体化が，1970年代以降に未婚率を上昇させた主因であるとした。具体的には，相対的に低階層の男性の家計支持力が低下して未婚率が上昇し，それが女性にも波及すると同時に，個人主義の浸透によって親族や地域社会，会社といった共同体によるマッチング機能が低下した。経済成長率の低下に伴う所得機会の劣化によって，性別役割分業を前提として共同生活機会としての家族を形成することが難しくなったことに加え，家族の形成をドライブするような規範が薄らぎ，社会の個人化が進展していったのである。

　安定成長期から1990年代にかけては，郊外化が一層進展するとともに，郊外が単に都心に従属する空間にとどまらず，消費機会を充実させ，所

得機会をも備えるようになった時期である（川口1990；富田1995；佐藤2016）。同時に，職住分離と性別役割分業に立脚する再生産の空間的組織化を維持するための前提条件が崩れていった時期でもある。バブル崩壊までは名目賃金を上回るペースでの地価高騰が続き，稼ぎ手である男性は長時間通勤と長時間労働を余儀なくされた。住宅価格の高騰や教育費の増大に伴って，男性の所得のみで家計を支持することは難しくなり，追加所得を求めて女性の労働力化が進んだ。それは，女性が生産労働と再生産労働のダブルバインドのなかで，所得機会，消費機会，共同生活機会のすべてを1人で空間的組織化する状況を生んだ。女性に課せられた強い時空間的制約は，所得機会へのアクセスの「空間的足かせ(spatial entrapment)」(Hanson and Pratt 1988)となり，既婚女性の多くは自宅周辺（郊外）で成長してきた小売業やサービス業などの消費機会に所得機会を求めざるを得なかった。一方，男女雇用機会均等法をきっかけとして，従来よりも女性のキャリア追求の道が広がった。男女の賃金格差は今に至るまで残るが，経済的自立を果たすシングル（未婚単身）女性は増加し，未婚率の上昇に拍車がかかった。シングル女性は，男性に比べて都心居住志向が強く，のちに顕在化する人口の都心回帰を先取りする存在であった（若林ほか編著2002）。

　バブル崩壊とそれに伴う低成長期の到来によって，従来型の生活の空間的組織化は一層困難になった。失われた10年と呼ばれる1990年代には，地価は反転急落したが，大都市圏の空間構造に目立った変化がないまま，未婚率の上昇と出生率の低下は継続した。しかし世紀の変わり目に差し掛かると，地価の下落によって都心周辺に手ごろな価格のマンションが数多く供給されるようになり（久保2015），人口の都心回帰と呼ばれる現象が起こった（小池2017）。人口の都心回帰は，国土レベルでの人口の東京一極集中と軌を一にして，現在に至るまで継続している。

(2) コンパクトな生活の空間的組織化を求めて

　2005年前後になると，20歳台後半や30歳台前半の未婚率の上昇に歯止めがかかり，下落を続けていた出生率が上昇に転じた（**図8-2**）。出生率の上昇は全国値についてもみられる（**図1-3**）が，東京都の区部と市部で比

図8-2　東京都区部の人口と合計特殊出生率の推移

資料：東京都統計年鑑，秋田県衛生統計年鑑により作成.

較すると，上昇幅は区部の方が大きく，市部との差は縮小している。区部の中でもとりわけ目を引くのが，都心3区の動向である。2005年ごろまでは1を切る水準であった合計特殊出生率はそこから急伸し，今や港区や中央区は秋田県を上回る水準に達している。「地方創生」論は出生率が極端に低い東京への人口の一極集中が，国家レベルでの人口減少に拍車をかけるとの危機意識に立脚し，大都市圏から地方圏への人口の再配置を政策の主柱としていた（増田編著2014）。しかし，一口に東京といっても地域差があり，都心の出生率はむしろ高いのである。

　こうした変化は，新たな生活の空間的組織化の表れであると解釈できる。バブル崩壊以降の低成長期には，とりわけ男性の所得が低下したため，家族を形成して家計を維持するためには共働きが不可欠となる世帯が増えた。そうした経済的必要とは別に，仕事を自己実現の機会と位置付けてキャリアを重視し，結婚後もフルタイムでの就業を積極的に希望する女性が増加した。しかし，結婚後，再生産労働の多くを女性が負担する状況は，本質的には変化していない。そうなると，特に女性がフル

タイムで働いている世帯では，3つの機会の空間的隔たりが大きいと，生活の空間的組織化が難しくなる。一方，都心周辺に住居を構えることができれば，ここを拠点として所得機会と消費機会をコンパクトに組み合わせた生活の空間的組織化が可能となる（中澤1999；矢部2015）。加藤（2018：92）の言葉を借りれば，アクセシビリティが最も高い都心にいることによって，「行動と行動のつなぎコスト」は削減され，生産労働と再生産労働のダブルバインドが多少なりとも緩和できる。人口の都心回帰と2000年代後半からの都心における出生率の顕著な高まりがそれですべて説明できるわけではないであろうが，その背後には，共働き世帯による新たな空間的組織化戦略があるというのが，筆者の仮説である[11]。

　現在では，子育て世帯の多数派は共働き世帯である。女性の就労を前提とすれば，大都市圏では都心もしくは鉄道駅の近隣（駅チカ）が，生活の空間的組織化において当然に有利であり，事実都心や駅チカのマンションが人気を博している。しかし，アクセシビリティの高い土地は宿命的に希少であり，それゆえ地代が高い。バブル崩壊後，低未利用であった都心や駅チカのマンション適地の開発は一巡し，東京圏における年間の供給戸数は2000年代前半の約半分である（図8-3）。供給の減少は価格の高騰を生み，東京圏のマンションの平均価格は6000万円を超えている。都心や駅チカを拠点とするコンパクトな生活の空間的組織化によって，結婚，子育て，キャリア形成を織り交ぜた自己実現が図れている女性は，一部に過ぎない。

　都心や駅チカの住まいでなくとも，コンパクトな生活の空間的組織化は可能であるが，その実現は十分な所得機会の存否にかかっている。モータリゼーションが進んだ地方圏では，物理距離の広がりはあっても時間距離においてコンパクトな生活の空間的組織化がなされてきたはずである。それにもかかわらず，秋田県の合計特殊出生率が凋落したのは，バブル崩壊以降，地方圏では所得機会が劣化し，夫婦の所得を合算しても家族を形成し世代の再生産を行いうる生活の空間的組織化が困難になったからであり，それゆえ東京一極集中に拍車がかかったのであろう[12]。2000年以降，大都市圏郊外や地方都市では，狭小な敷地に安価な

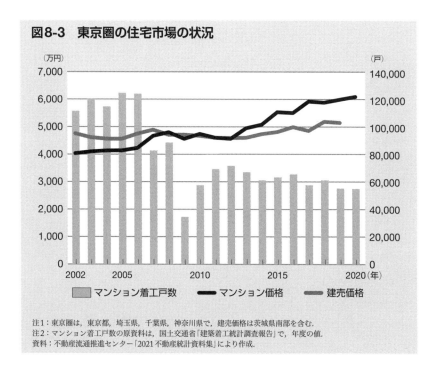

図8-3　東京圏の住宅市場の状況

（万円）　　　　　　　　　　　　　　　　　　　　　　　　　　（戸）

注1：東京圏は，東京都，埼玉県，千葉県，神奈川県で，建売価格は茨城県南部を含む.
注2：マンション着工戸数の原資料は，国土交通省「建築着工統計調査報告」で，年度の値.
資料：不動産流通推進センター「2021不動産統計資料集」により作成.

分譲住宅を供給するパワービルダーと呼ばれる住宅メーカーが成長してきた。熊野（2020）は，パワービルダーなどによって形成される低層高密の住宅地における住まいを，都心居住にも郊外居住にも還元されない「まちなか居住」と位置付けている。まちなか居住という住まい方は，都心居住とは違った形で，生活の空間的組織化を達成しようとする世帯のニーズの表れであるといえる。

　情報通信技術の発達によって時空間的制約にとらわれない生活の空間的組織化がもたらされることへの期待は，今に始まったことではない（トフラー1982）。COVID-19のパンデミックは，対面接触の機会を極力減らすことへの強制力として働き，情報通信技術の潜在的可能性を解き放った。日本でも，長年の政策的努力が達成しえなかったテレワークの普及が一挙に進み，所得機会への物理的移動を伴わない働き方が浸透した（中澤2022）。消費機会への物理的移動も，情報通信技術を経由した通信販売やフードデリバリーに置き換えられた。こうした変化は，物理的近接性

　　　　　　　　　　　資本主義の危機としての少子化——生活の空間的組織化の困難化

にとらわれることのない新たな生活の空間的組織化の可能性[13]を示す（中澤2021）と同時に，深刻な問題も露呈している。社会生活を支える仕事は往々にしてテレワークへの置き換えが困難であり，なおかつ不安定就労や低賃金であるという矛盾は，その1つである。人々の感染リスクの低下に寄与した宅配業務は，雇用関係にないギグワーカーが，がんじがらめの時空間的制約と感染リスクに直面しながら，出来高払いで担っている。共同生活機会である家族の形成に影を落とし，婚姻件数や出生数を低迷させている[14]ことも，部分的には情報通信技術による対面接触の代替がもたらした副作用かもしれない。

　ここまで検討してきた階層性を伴って進む生活の空間的組織化の変容は，世代の再生産が行われることを前提にして，家族を単位としてなされるものである。しかし，この間増加してきたのは，成人しても親との共同生活を続ける人，離家はしても共同生活機会としての家族を形成しない人，家族形成はしても世代の再生産はしない人など，家族による世代の再生産に与しない人々である。世代の再生産の希望を持つ人々は，経済的制約と時空間的制約の中でその希望を実現しようとし，都心居住やまちなか居住に基づく新しい生活の空間的組織化を編み出してきた。しかし，国民の大半を，ある支配的な生活の空間的組織化の下に包摂し，世代の再生産に動員する体制は，すでに失われているのである。

V．人間の生命という外部

　少子化が国家的課題と認識され，少子化対策が始まってから30年以上が経過した。この間，2008年には少子化の必然的帰結である人口減少が現実となり，2014年からは初めて出生率の目標数値を掲げた少子化対策が，「地方創生」の看板の下で推進されてきた。しかし，三位一体をなす資本＝ネーション＝国家は，それぞれの理念に縛られて，十分な身動きが取れないでいる。資本にとっては，労働力と賃金の自由な交換に基づいて，当面の利潤が確保できればそれでよい。企業は優秀な人材を集めるのに資する限りにおいてワーク・ライフ・バランスを喧伝するが，彼

／彼女らの結婚や子育ての意思決定には今のところ関知していない。国家の基本的理念は平等であり，少子化対策はしつつも再分配のライフコース中立性から大きく逸脱することはしていない。国民の感情としては，人口減少によって想像の共同体としての国家（ネーション）とその身体といえる国土（地方）が消滅するのは避けたいところである。しかし，結婚や子育てをするかしないかという自分の意思決定と関連づけて，そのことを考える人は少ない。

　再生産に関する意思決定の自由が保障されているにもかかわらず，少子化対策が正当化される一般的な理由付け[15]は，結婚・子育てを希望しているにもかかわらず，実現への障害に突き当たっている国民が多いというものである。少子化対策は，出産奨励ではなく障害の除去であるという論理であり，現に日本の少子化対策はその線に沿って進められてきた。しかし，成果は出ていない。そもそも，国民の希望を足し合わせた国民希望出生率1.8は置換水準に到達しないし，足しあわされた希望には，差し迫った願望から子どもがいないよりはいた方がいいという程度までの幅がある。そのような幅のある意思表明を集計してみたところで，確認できるのは未婚者の結婚意欲と結婚希望者の理想子ども数が減退・減少する傾向である。最新（2021年）の『出生動向基本調査』によれば，未婚者のうち「一生結婚するつもりはない」と答えた男性は17.3%，女性は14.6%となり，いずれも過去最高を記録した。また，未婚者のうち将来結婚する意向がある人の希望子ども数は，平均で男性が1.82人，女性が1.79人であり，初めて男女の両方が2人を下回った。もはや障害を除去して希望に応えるだけでは，少子化を食い止めることはできない。

　少子化対策の目的が国家単位での社会の持続可能性を確保することにあり，移民の受け入れをその手段から排除するのであれば，少子化対策には阻害要因の除去に加えて「人々の結婚と子どもを産み育てる希望を応援する」（松田2021：243）何らかの積極的手段が必要な段階に至っている。社会の持続可能性を支えうるのは，人間の自由意思に基づく世代の再生産のみであるから，国家がその存続のために少子化対策を実施するのは当然である[16]。そのことは筆者も理解するが，松田（2021：245）が「社会と

して個人の結婚・出産における選択の自由を尊重すること，ただし，それは社会が人口面で持続できることが前提となる」というとき，筆者は不安を掻き立てられる。

「希望を応援する」姿勢にも，意思の尊重から奨励を経て半ば強制に近い推奨まで幅があり，その手段もさまざまなものが考えられる[17]。個人の結婚や子育ての希望を実現する自由を拡大する少子化対策には，筆者も賛同する。その希望を実現する自由の拡大には，保育の充実や経済支援に加えて，生活の空間的組織化という観点が重要であるという本章の知見は，今後の少子化対策に何らかの示唆を与えるかもしれない。

しかし，結婚や子育ての希望そのものが衰退している。国家がそのことを強く問題視するようになり，「社会が人口面で持続できること」という「前提」が「鉄則」へと格上げされれば，「希望を応援する姿勢」は強い方向に振れるであろう。その結果，結婚や子育てに関する自由が制約され，人間が目的から社会を持続させるための手段に転化される危険性がありはしないだろうか。「地方創生」の下で，地域が目的ではなく，国家全体の人口減少対策や経済成長の手段とされる傾向にあったこと（第4章）を，筆者は想起してしまう。

繰り返しになるが，筆者は社会の持続可能性よりも，結婚・子育てに関する個人の選択の自由が尊重されるのであれば，少子化対策の実施に賛同する。Robbins and Smith（2017）が指摘するように，19世紀から20世紀に生み出された社会理論は，拡大・成長する社会を暗黙の前提としているため，むしろそれが認識論的障害になって，われわれは縮小・衰退という現実をつかみあぐねている。これは，従来の少子化対策とそれを支える社会理論にも言えるのではないか。縮小・衰退する社会に向き合う新しい社会科学が創造され，それに根差した政策が構想されたとき，少子化という長いトンネルの向こうに光が見えるのかもしれない。

ただし，それが成就して出生率が短期間のうちに置換水準を回復したとしても，人口減少に歯止めがかかるまでには半世紀ほどの時間を要する（増田ほか編著2014）。社会の動きは止められず，しかも我々はその内部にいる。どのようなものであれ，政策とは「時計を止めないで時計を修理す

る」[18]作業を，時計の中からやるような困難な試みなのである。われわれができること・なすべきことは，少子化と人口減少という現在進行形の事実を受け止めながら，社会という時計をできるだけ滑らかに動かし続ける方策を考えていくことに尽きる[19]。

　今のところ，少子化に対して強い危機意識を抱いているのは，国土に緊縛された国家である。高い可動性を有する資本は，グローバルな生産ネットワークの構築による利潤追求に邁進している(宮町2022)。しかし，今世紀半ばには世界人口が減少に転じるとの予測[20]が的中すれば，少なくともリアルな世界における資本蓄積の基盤が失われる。そのとき，資本が危機の源泉を世代の再生産の不調に見出したならば，かつて環境の危機を内部化によって克服したように，資本は世代の再生産を内部化しようとするのではなかろうか。つとに少子化対策に取り組んできた国家はこれに同調し，資本＝ネーション＝国家の三位一体は一層強化されるであろう。その具体的な有様を思い描くことは難しいが，世代の再生産の内部化は，資本主義の成立に際して起こった労働力の商品化とは次元を異にする暴力性を帯びるであろう。一般的等価物との交換が決して許されず，価格を超越しているはずの人間存在そのものが商品化されることになるからである。

　人間は国家および資本主義の存続のために生きているわけではない。したがって，最も重要なことは，国家と資本に対する人間の生命の外部性を守ることであり，自由を守ることである。世代の再生産が形作る人間の生命の円環は，本質的には資本主義の外部にあり，個人の意志にゆだねられた究極の自由の領域にある。それは，カント的な意味でも自由であり，資本主義の基盤を掘り崩す事態の起点となっている。資本と国家は，世代の再生産にかかわる意思決定に影響を及ぼすことはできるが，最後の一線を越えて踏み込むことはできていない。言い方を変えれば，少子化という現象は，資本と国家が最後の一線を越えて人間性を蹂躙するに至っておらず，世代の再生産に関する意思決定の自由がわれわれの手元にあることの証なのである。

　資本主義に関連して柄谷行人の業績に言及した日本の地理学者は少ない（例えば柄谷（1978）を参照した石井（1994）など）。翻って欧米では，柄谷（2004）の英訳などを契機としてラディカル地理学者の間でその独創性が認知されつつある。Dialogues in Human Geography誌では，特集が組まれ，柄谷とジョエル・ウェインライトの対談に加え，交換様式論に関する論考が掲載された（Karatani and Wainwright 2012；Asher 2012；Graham and Shaw 2012；Goonewardena and Orzeck 2012；Wainwright 2012）。これらは，いずれも『現代思想』42（18）に邦訳が掲載されている。

＊　　＊　　＊

　本章は，資本主義の存続のためには，世代の再生産による労働者階級の再生産が不可欠であるとの前提に立って立論されているが，この前提が覆る可能性もある。少子化によって労働力が不足すれば，資本はその有機的構成を高めることによって，その障壁を乗り越えようとするであろう。その結果，資本の自己増殖にとって「社会的労働がしだいに重要ではなくなってきて」おり，「世界人口の大部分は，資本の立場からすれば，ますます使い捨て可能な無用のものになりつつある」（ハーヴェイ2017：153）と考える論者もいる。その認識が正しければ，自らの労働力を生存すら危うい水準の賃金と交換せざるを得ない「過剰な生」と，過剰人口を使い捨てする「守られた生」との線引きがなされるディストピアが訪れる（Yates 2011）。それを避けるためには，資本主義を揚棄することが不可欠であるという提起がなされているのである（Shaw and Waterstone 2021）。

　これに関わる議論は，経済地理学と人口地理学が相互乗り入れする領域において緒に就いたばかりである（Tyner 2013, 2015, 2016；Strauss 2018a, b, 2020）。再生産の困難化が新たな過剰人口の発生の表れであるとするならば，本章における少子化のとらえ方は修正を余儀なくされるであろう。その検討は，筆者に課せられた今後の課題である。

1） 脱成長は，脱資本主義およびポスト資本主義に必然的に随伴する理念である。それは，のちに紹介する広井 (2015) が指摘するように，資本主義は拡大・成長のイデオロギーを特徴としているからである。代表的論者であるラトゥーシュ (2010) は，持続可能な開発といった概念は，自然や人間性への配慮を見せながらも，「開発」を死守しようとする点で欺瞞であると厳しく批判する。

2） 日本のような疑似福祉国家も含め，福祉国家の主要な機能は，労働力再生産の負担を社会化することにより，資本主義における社会関係を維持・再生産し，資本蓄積を補完・促進することである (成瀬1988)。そのため，のちに詳述する柄谷 (2004, 2006) は，国家の揚棄なくしてポスト資本主義は構想できないとするアナキズム的な立場に立つ。これとは好対照に，広井 (2015) は，国家による再生産の社会化を，資本主義を支えるシステムの根元にまで拡大することをもって，ポスト資本主義を展望している。

3） 交換様式論は，発展段階論を想定したものではない。資本主義社会においては，市場における交換が優勢になるが，再分配は国家による租税や福祉として執り行われるし，のちに述べるように，コミュニティが担ってきた互酬もまた，創造の共同体としてのネーションが肩代わりするようになる。

4） 英語では，「臣民」も「主体」も "subject" である。この言葉には，「自律的な意思を持つはずの主体が，いつのまにか誰かに従属する意思を内面化するという過程が埋め込まれている」(中澤秀雄 2013：239)。市民社会における主体は，想像の共同体として機能し，略取―再分配を互酬として行うネーション＝ステイトに対して，進んで服属するという矛盾した存在であるといえる。

5） 宇野弘蔵は，マルクス経済学からイデオロギーを取り去り，経済学を，演繹的理論体系によって純粋な資本主義の法則を解明する原理論 (宇野2016)，国家の経済政策を標識として資本主義の発展段階を把握する段階論 (宇野1974)，現実の資本主義を分析する現状分析からなるものとした。

6） ここには，実質的には賃労働関係に縛られる「フリーランス」や「ギグワーク」を含まない。

7） 松田 (2021) は，仕事や結婚に対する価値観や性別役割分業意識が結婚の意思決定に与える影響は，男性では雇用劣化の影響と同等かそれ以上であり，女性では雇用劣化の影響よりも強いことを明らかにしている。未婚率の上昇が少子化の主要な要因であることから，少子化の背景に人々の意識の変化があることは確実である。

8） 加藤 (2018) では，「経済の空間的組織化」と表現されているが，空間的組織化論の出発点となった論文 (加藤1992) は，「生活における空間的組織化」と題されている。本章の内容との親和性は後者の方が高いことから，以下では生活の空間的組織化と表現する。

9） 筆者による空間的組織論の整理および批判については，中澤 (2019a, b) を参照されたい。

10） 空間的視点が全くなかったわけではなく，都市的生活様式と農村的生活様式の相違や，都市的生活様式の台頭などには強い関心が向けられた。

11） 時間地理学は，人間にとって不可避である時間と空間の制約に注目し，そうした外的制約の下における人々の選択によって，社会生活がどのような時空間的パターンを呈

するのかを明らかにしようとする分析枠組みである(杉浦1989)。そうした枠組みに照らせば，都心居住は生活の空間的組織化にかかる時間地理学的制約を低減するための世帯戦略と位置付けることもできる(中澤1999)。時間地理学については，現存の時間地理学的制約を生み出している構造的要因に目を向けていないこと，制約を強調するあまり人間の主体性を軽視して現存の時空間的制約を所与とする傾向にあったこと，ジェンダーやエスニシティ，セクシュアリティなどがはぎとられた抽象的な人間像を想定していたことなどに対して，さまざまな批判が寄せられてきた(西村2002)。このような批判は，本章にも該当するであろう。しかし，現段階では，少子化の背景には生活の空間的組織化の困難化，言い換えれば世帯における再生産をめぐる時空間的制約の高まりがあること自体が明確に認識されていないため，本章では問題提起を優先した。

12) 地方圏における若者の経済的自立と家族形成の難しさについては，(石井ほか編2017)を参照されたい。

13) 都心居住の働く既婚女性は，長時間労働に従事することが多いため，ネットスーパーの利用など，情報通信技術による物理的移動の代替をコロナ禍以前から積極的に行っていたという(矢部2014)。

14) 人口動態総覧によれば，婚姻件数は2018年の58万6481組から2022年の50万4878組(概数)に，出生数は2018年の91万8400人から2022年の77万0747人(概数)にそれぞれ激減し，出生数は史上最低を更新した。

15) これは倫理学や正義論に属する問題であり，松元・井上編(2019)は，主として分析哲学の立場から，これに切り込んでいる。しかし，歴史や地理を捨象した思考実験に基づく一般論としての「人口問題の正議論」にとどまっており，日本の現状との間には相当の距離がある。

16) 正確には，人類および人類社会が自明に存続するべきものである限りにおいて，理解できる。ベネター(2017)は，分析哲学によって，生きていれば苦を経験することが避けられないので，始めから存在しないこと(生まれないこと)の方が常に良いという「反出生主義」を唱え，議論を呼んでいる。反出生主義の反響については，現代思想編(2019)に詳しい。

17) 松田(2021)は大きな国家を実現し，結婚と子どもを産み育てる希望を持った人々への再分配を強化する方向性を打ち出しており，強制ではなく阻害要因の除去プラス経済面での奨励に基づく少子化対策を構想している。

18) この表現は，2022年7月23日に行われた経済地理学会関東支部例会において，山本昌弘が，磯辺俊彦の言葉として発したものであり(新井ほか2022：221)，筆者の琴線に触れた。山本氏にご教示いただいた通り，確かに磯辺(1980：52)にこの表現を見出すことができるが，そこでは東畑精一の言葉として紹介されている。正確には，東畑の著作からの引用というよりは，今村奈良臣が大学院生時代のエピソードとして伝える東畑の言葉である可能性が高い(https://www.jacom.or.jp/noukyo/rensai/2017/04/170401-32392.php 2022年10月7日閲覧)。

19) 柄谷の「能動的におこなうとしても，究極的には受動的でなければならない。急ぎつ

つ，待つ」(柄谷・佐藤2014：29)という言葉は，少子化対策に対する筆者の姿勢と一致する。

20) ブリッカー・イビットソン(2020)をはじめ，世界人口が今世紀半ばから減少するとの予測は，次第に受け入れられつつある。日本経済新聞は，2021年8月下旬に『人口と世界』と題する連載記事と関連記事をまとめて掲載した。そこでは，世界人口が2064年の97億人をピークに減少するとのワシントン大学の予測を前提に，人口減少が世界および日本の経済や社会に突きつける問題が数多く指摘されている。

［文献］

新井祥穂・山崎亮一・山本昌弘・中澤高志(2022)：農業経済学と経済地理学の対話——山崎亮一『労働市場の地域特性と農業構造をめぐって』，『経済地理学年報』68：216-227。

石井まこと(2020)：地方労働市場と地方高卒・大卒者のライフコース——地方女性自営業の創業事例をふまえて，『日本労働研究雑誌』718：54-66。

石井まこと・宮本みち子・阿部誠編(2017)：『地方に生きる若者たち——インタビューからみえてくる仕事・結婚・暮らしの未来』旬報社。

石井雄二(1994)：川島哲郎氏の「自然的生産諸力」概念の回顧と再考——「関係」論的視座からのテクストの試み，『阪南論集 社会科学編』30(1)：207-223。

磯辺俊彦(1980)：土地所有転換の課題——集団的土地利用秩序の問題構図，『農業経済研究』52(2)：52-59。

伊藤誠(2017)：『資本主義の限界とオルタナティブ』岩波書店。

宇野弘蔵(1974)：『宇野弘蔵著作集　第7巻　経済政策論』岩波書店。

宇野弘蔵(2016)：『経済原論』岩波書店。

落合恵美子(2019)：『第4版　21世紀家族へ——家族の戦後体制の見かた・超えかた』有斐閣。

角田修一(1992)：『生活様式の経済学』青木書店。

勝村務(2021)：人口を〈再生産〉するということ——人口減少と資本蓄積，『季刊経済理論』58(1)：27-33。

加藤彰彦(2011)：未婚化を推し進めてきた2つの力——経済成長の低下と個人主義のイデオロギー，『人口問題研究』67(2)：3-39。

加藤和暢(1992)：生活における空間的組織化——地方「活性化」の分析視点，『組織科学』26(2)：55-63。

加藤和暢(2018)：『経済地理学再考——経済循環の「空間的組織化」論による統合』ミネルヴァ書房。

柄谷行人(1978)：『マルクス——その可能性の中心』講談社。

柄谷行人(2004)：『トランスクリティーク——カントとマルクス』岩波書店。

柄谷行人(2006)：『世界共和国へ——資本＝ネーション＝国家を超えて』岩波書店。

柄谷行人(2021)：『ニューアソシエーショニスト宣言』作品社。

柄谷行人編著(2000)：『可能なるコミュニズム』太田出版。

柄谷行人・佐藤優(2014)：柄谷国家論を検討する，『現代思想』42(18)：8-29。

川口太郎(1990)：大都市圏の構造変化と郊外，『地域学研究』3：101-113。

川島哲郎(1952)：自然的生産諸力について——ウイットフォーゲル批判によせて，『大阪市大経済学年報』2：59-114。

カント,E.著，篠田英雄訳(1976)：『道徳形而上学言論』岩波書店。

久保倫子(2015)：『東京大都市圏におけるハウジング研究——都心居住と郊外住宅地の衰退』古今書

資本主義の危機としての少子化——生活の空間的組織化の困難化

院。

熊野貴文 (2020)：「「まちなか居住」論を踏まえた大都市における戸建分譲住宅の居住者に関する予察，『駿台史学』168：49-70。

現代思想編 (2019)：『反出生主義を考える――「生まれてこないほうが良かったという思想」』（現代思想47(14)）青土社。

小池司朗 (2017)：東京都区部における「都心回帰」の人口学的分析，『人口問題研究』53：23-45。

斎藤幸平 (2020)：『人新世の「資本論」』集英社。

佐藤英人 (2016)：『東京大都市圏郊外の変化とオフィス立地――オフィス移転からみた業務核都市のすがた』古今書院。

シュトレーク，W. 著，鈴木直訳 (2016)：『時間かせぎの資本主義――いつまで危機を先送りできるか』みすず書房。

杉浦芳夫 (1989)：『立地と空間的行動』古今書院。

関根友彦 (1995)：『経済学の方向転換――広義の経済学事始』東信堂。

谷謙二 (1997)：大都市圏郊外住民の居住経歴に関する分析――高蔵寺ニュータウン戸建住宅居住者の事例，『地理学評論』70A：263-286。

玉野井芳郎 (1978)：『エコノミーとエコロジー――広義の経済学への道』みすず書房。

玉野井芳郎 (1990)：『玉野井芳郎著作集3――地域主義からの出発』学陽書房。

玉野井芳郎・清成忠男・中村尚司共編 (1978)：『地域主義――新しい思潮への理論と実践の試み』学陽書房。

千本暁子 (1990)：日本における性別役割分業の形成――家計調査をとおして，（所収　荻野美穂・姫岡とし子・長谷川博子・田辺玲子・千本暁子・落合恵美子『制度としての〈女〉――性・産・家族の比較社会史』平凡社：187-228）。

筒井一伸編 (2021)：『田園回帰がひらく新しい都市農山村関係――現場から理論まで』ナカニシヤ出版。

トフラー，A. 著，徳岡孝夫監訳 (1982)：『第三の波』中央公論社。

富田和暁 (1995)：『大都市圏の構造的変容』古今書院。

中澤高志 (1999)：Dual Earner, Dual Career 世帯の地理学――欧米における研究を中心に，『空間・社会・地理思想』4：19-32。

中澤高志 (2019a)：『住まいと仕事の地理学』旬報社。

中澤高志 (2019b)：地理学復権への道標――『経済地理学再考』考，『経済地理学年報』65：219-231。

中澤高志 (2020a)：地方都市でなりわいをつくる――大分県佐伯市にみる雇われない働き方の可能性，『日本労働研究雑誌』718：67-84。

中澤高志 (2020b)：地方都市の若手創業者にみる雇われない働き方・暮らし方の可能性――長野県・上田での調査から，『地理学評論』93A：149-172。

中澤高志 (2021)：コロナ禍で揺らぐ仕事と住まいの境界，『NETT』113：20-23。

中澤高志 (2022)：『テレワーク人口実態調査』に基づくコロナ禍における市区町村別テレワーカー率の推計，『E-jounal GEO』17：210-229。

中澤秀雄 (2013)：原発立地自治体の連続と変容，『現代思想』41(3)：234-245。

成瀬龍夫 (1988)：『生活様式の経済理論――現代資本主義の生産・労働・生活過程分析』御茶の水書房。

西村雄一郎 (2002)：職場におけるジェンダーの地理学――日本での展開に向けて，『地理学評論』75：571-590。

橋本和孝 (1994)：『増補版　生活様式の社会理論――消費の人間化を求めて』東信堂。

橋本努（2021）：『消費ミニマリズムの倫理と脱資本主義の精神』筑摩書房。

ハーヴェイ, D. 著，森田成也・中村好孝訳（2016）：『〈資本論〉第2巻・第3巻入門』作品社。

ハーヴェイ, D. 著，大屋定晴・中村好孝・新井田智幸・色摩泰匡訳（2017）：『資本主義の終焉——資本の17の矛盾とグローバル経済の未来』作品社。

バウマン, Z. 著，澤井敦・菅野博史・鈴木智之訳（2008）：『個人化社会』青弓社。

広井良典（2015）：『ポスト資本主義——科学・人間・社会の未来』岩波書店。

広井良典（2021）：『無と意識の人類史——私たちはどこへ向かうのか』東洋経済新報社。

ブリッカー, D. ・イビットソン, J. 著，河合雅司解説，倉田幸信訳（2020）：『2050年世界人口大減少』文藝春秋。

ベック, U. 著，東廉・伊藤美登里訳（1998）：『危険社会——新しい近代への道』法政大学出版局。

ベネター, D. 著，小島和男・田村宜義訳（2017）：『生まれてこないほうが良かった——存在してしまうことの害悪』すずさわ書店。

ポラニー, K. 著，野口建彦・栖原学訳（2009）：『新訳　大転換——市場社会の形成と崩壊』東洋経済新報社。

増田寛也編著（2014）：『地方消滅——東京一極集中が招く人口急減』中央公論社。

松田茂樹（2021）：『続　少子化論——出生率回復と〈自由な社会〉』学文社。

松永桂子（2015）：『ローカル志向の時代——働き方，産業，経済を考えるヒント』光文社。

松元雅和・井上彰（2019）：『人口問題の正義論』世界思想社。

マルクス, K. 著，向坂逸郎訳（2017）：『資本論3（電子書籍版）』岩波書店。

水野和夫（2014）：『資本主義の終焉と歴史の危機』集英社。

溝口由己（2021）：少子化要因分析の視点——資本主義の機能不全としての少子化，『季刊経済理論』58（1）：4-15。

宮嵜晃臣（2021）：少子化の歴史的位相と日本の特性，『季刊経済理論』58（1）：16-26。

宮町良広（2022）：グローバル生産ネットワーク論の発展と論争——英語圏の経済地理学理論における「ヘゲモニー化」?，『経済地理学年報』68：4-28。

ラトゥーシュ, S. 著，中野佳裕訳（2010）：『経済成長なき社会発展は可能か?——〈脱成長〉と〈ポスト開発〉の経済学』作品社。

ローゼンフェルド, J. 著，川添節子訳（2022）：『給料はあなたの価値なのか——賃金と経済にまつわる神話を解く』みすず書房。

矢田俊文（2015）：『地域構造論　《上》理論編』原書房。

矢部直人（2014）：東京都心部に居住する子どもをもつ就業主婦の生活時間——インターネットの利用が及ぼす効果の分析を中心にして，『地学雑誌』123：269-284。

矢部直人（2015）：働きながら子育てをする場所としての東京都心。（所収　日野正輝・香川貴志編『変わりゆく日本の大都市圏——ポスト成長社会における都市のかたち』ナカニシヤ出版：149-170）。

若林幹夫（2022）：『ノスタルジアとユートピア』岩波書店。

若林芳樹・神谷浩夫・木下禮子・由井義通・矢野桂司編著（2002）：『シングル女性の都市空間』大明堂。

Asher, K. (2012)："The Footwork of Critique," *Dialogues in Human Geography*, 2: 53-59,

Goonewardena, K. and Orzeck, R. (2012)："X Marks the Spot: Marxist Intercourse and Kantian Anarchism in Kojin Karatani," *Dialogues in Human Geography*, 2: 64-70,

Graham, I. and Shaw, R. (2012)："The Challenge of X," Dialogues in Human Geography, 2: 60-63,

Hanson, S. and Pratt, G. (1988)："Spatial Dimensions of the Gender Division of Labor in a Local Labor Market," *Urban geography*, 9: 180-202,

Karatani, K. and Wainwright, J. (2012)： "Critique is Impossible without Moves: An Interview of Kojin Karatani by Joel Wainwright," *Dialogues in Human Geography*, 2: 30-52,

Robbins, P. and Smith, S. H. (2017)： "Baby Bust: Towards Political Demography," *Progress in Human Geography*, 41: 199-219,

Shaw, I. G. R. and Waterstone, M. (2021)： "A Planet of Surplus Life: Building Worlds Beyond Capitalism," *Antipode*, 53: 1787-1806,

Strauss, K. (2018a)： "Labour Geography I: Towards a Geography of Precarity?" *Progress in Human Geography*, 42: 622-630,

Strauss, K. (2018b)： "Labour Geography II: Being, Knowledge and Agency," *Progress in Human Geography*, 44: 150-159,

Strauss, K. (2020)： "Labour geography III: Precarity, Racial Capitalisms and Infrastructure," *Progress in Human Geography*, 44: 1212-1224,

Tyner, J. A. (2013)： "Population Geography I: Surplus Populations," *Progress in Human Geography*, 37: 701-711,

Tyner, J. A. (2015)： "Population Geography II: Mortality, Premature Death, and the Ordering of Life," *Progress in Human Geography*, 39: 360-373,

Tyner, J. A. (2016)： "Population Geography III: Precarity, Dead Peasants, and Truncated Life," *Progress in Human Geography*, 40: 275-289,

Wainwright, J. (2012)： "Comments in Reply," *Dialogues in Human Geography*, 2: 71-75,

Yates, M. (2011)： "The Human-as-Waste, the Labor Theory of Value and Disposability in Contemporary Capitalism," *Antipode*, 43: 1679-1695,

あとがき

　本書の原稿が整いつつある時期に，イギリス・ミッドランドの中核都市，バーミンガム市が財政破綻したという衝撃的なニュースに接した。衝撃的なのは，その事実よりも理由である。

　バーミンガム市は，ごみ収集や道路清掃などに従事する男性職員にはボーナスを支払う一方で，教育助手や給食，介護などに従事する女性職員にはこれを支払ってこなかった。明らかなジェンダー差別であり，不当であるこの仕打ちに対して，約5000人の女性職員が異議を申し立てる訴訟を起こした。バーミンガム市に勝ち目がないことは明白である気がするが，同市はよもや負けるとは思っていなかったらしい。和解を選ぶことなく戦い続け，結果的に敗訴したバーミンガム市は，莫大な未払金請求に当面し，財政破綻に至ったのである。

　バーミンガム市における男女の待遇格差に対しては，性別役割分業が当たり前であった時代にはさしたる疑問の声は上がらなかったのであろうが，現代の感覚からすれば，明らかに不当である。女性職員たちは，当然保証されるべき個人の権利を主張し，不公正な取扱いに対して勇気をもって立ち上がった。その結果，バーミンガム市は財政破綻に陥り，今後厳しい緊縮財政を強いられる。教育，ゴミ収集，道路などのインフラ整備，公園や図書館の運営といった各種の公共サービスは切り詰められ，100万人を超えるバーミンガム市民は，それを甘んじて受け入れなければならない。

バーミンガム市の財政破綻は，個人の権利の追求が，必ずしも社会の利益にはならないことを雄弁に物語っている。本書が扱ってきたのも，これと同様の個人と社会のアポリアについてである。幸福のかたちはさまざまであり，個人が自分で創り上げていくものである。子どもを産み育てる幸せも，それを選ばない幸せもある。都会でしか得られない幸せも，都会では得られない幸せもある。個人の幸福追求権が基本的人権として保証されているからこそ，少子化や東京一極集中といった社会問題が発生する。問題の根幹が基本的人権の領域にあるため，国家による少子化対策や地方創生に関する政策は，基本的に国民に対する「お願い」ベースにならざるを得ない。当然，その効果は限定的になる。

　私は，個人が幸福のかたちを自由に設定し，それを追求する権利が尊重される社会が続くことを望む。そうであれば，これからの日本がポスト拡大・成長社会であること，もっと言えば縮んでいくことは避けられない。「社会の動きは止められず，しかも我々はその内部にいる。どのようなものであれ，政策とは『時計を止めないで時計を修理する』作業を，時計の中からやるような困難な試みなのである。われわれができること・なすべきことは，少子化と人口減少という現在進行形の事実を受け止めながら，社会という時計をできるだけ滑らかに動かし続ける方策を考えていくことに尽きる」という終章の言葉は，本書を締めくくるにあたり，感じたままを記したものである。本書ではそこまで到達できなかったが，社会の縮退が爆発ならぬ爆縮にならないように，どうやったらスマートに，幸せに縮んでいくことができるかを，今後はじっくりと，具体的に考えていきたい。この問いは，縮退の先に待ち受ける「消滅」を，どのようにしたら創造的に先送りできるか，と言い換えることができる。それは単なる「延命」ではなく，社会の「健康寿命」を伸ばすような，消滅の「創造的先送り」でなければならない。

　本書を構成する各章の初出は，以下のとおりである。

第1章　中澤髙志(2007)：戦後日本の地域構造・都市構造と労働力・世代の再生産に関する一考察，『経済地理学年報』53：153-172。

第2章 中澤高志(2019)：ポスト拡大・成長社会における労働市場の地理的多様性——空間的非定常性をめぐる経済地理学的省察，『地域経済学研究』37：3-16。

第3章 中澤高志(2015)：若者のライフコースからみた大都市圏と地方圏をめぐる地域格差の輻輳，『地域経済学研究』29：2-20。

第4章 中澤高志(2016)：「地方創生」の目的論，『経済地理学年報』62：285-305。

第5章 中澤高志(2018)：政治経済学的人口地理学の可能性——『縮小ニッポンの衝撃』を手掛かりに，『経済地理学年報』64：165-180。

第6章 中澤高志(2019)：融けない氷河——「就職氷河期世代」の地理を考える，『地理』64(11)：22-31。

第7章 中澤高志(2019)：再生産の困難性，再生産と主体性，『経済地理学年報』65：312-337。

終章 中澤高志(2023)：資本主義の危機としての少子化——生活の空間的組織化の困難化，『地域経済学研究』44：3-23。

第1章を除けば，『労働の経済地理学』を出版した後に取り組んだ研究を一書にまとめたのが本書であるが，自発的な意思決定による投稿論文として書かれたのは，第5章に相当する論文だけである。それ以外はシンポジウムやラウンドテーブルでの報告内容に基づくものか，特集号向けの原稿であった。本書は，折に触れて私にお声がけくださった方々，とりわけ経済地理学会と日本地域経済学会の関係者の方々のご厚情の賜物である。

本書が偶然の産物かといえば，必ずしもそうではない。『労働の経済地理学』に続く研究として，「再生産の経済地理学」に取り組みたいとの考えはあり，少子化と地方創生が重要な位置を占めるという感触をもって，ノートにアイディアを書きつけたりしていた。在外研究でバンクーバーのUBCにいたころのことである。同時期にハーバード大学で在外研究をしていた半澤誠司さんと示し合わせて，コルゲート大学の山本大策さんのところに押しかけて研究会をやることになったときに，そのアイディアの一端をレ

ジュメにして持って行った。用意したレジュメは2つあって，1つは『経済地理学とは何か』の第7章前半の題材であり，もう1つは本書の終章のプロトタイプであった。本書の落としどころは早い段階で決まっていたわけである。しかし，内容を整理して言語化するのは思ったよりも困難であった。初出一覧からは，終章に相当する原稿の執筆に時間を要した分，刊行が遅くなった事情が見て取れるだろう。本書の刊行をもって学恩に報いることができるとは思っていないが，大学院生時代の恩師である荒井良雄先生の帝京大学退職と，大学院生の頃から応援してくださった同僚である松橋公治先生の退職には間に合いそうである。

　本書を書き上げ，なんとなく宿題を終えたような気になり，今はほっとしている。同時に，在外研究の2年間にいそしんだ知識のインプットを，これですっかり使い果たしてしまった感覚がある。いくら地理学がフィールド科学であるとはいえ，研究において一番重要な作業は，文献を批判的かつ創造的に読むことを通じて，いま・ここにいるわけではない他者と対話することである，と私は考えている。年々忙しくなる日常の中で，文献を通じた対話の時間をひねり出す工夫をしながら，次のサバティカルを楽しみに待つとしよう。

2023年10月　積読本だらけの自宅研究室にて

[著者紹介]

中澤高志(なかざわ　たかし)

明治大学経営学部教授。東京大学総合文化研究科博士課程修了。博士(学術)東京大学。大分大学経済学部准教授，明治大学経営学部准教授を経て現職。専門は経済地理学，都市社会地理学。著書に『職業キャリアの空間的軌跡』(大学教育出版)，『労働の経済地理学』(日本経済評論社)，『住まいと仕事の地理学』(旬報社)，『経済地理学とは何か』(旬報社)など。

ポスト拡大・成長の経済地理学へ
――地方創生・少子化・地域構造

2024年2月25日　初版第1刷発行

著者	中澤高志
ブックデザイン	宮脇宗平
発行者	木内洋育
発行所	株式会社旬報社
	〒162-0041　東京都新宿区早稲田鶴巻町544
	TEL：03-5579-8973　FAX：03-5579-8975
	ホームページ https://www.junposha.com/
印刷・製本	中央精版印刷株式会社